習近平對鄧小平的復仇

陷害其父習仲勳的罪魁禍首正是鄧小平

遠藤 譽

前言

1921年7月23日至31日，中國共產黨第一次全國代表大會在上海召開（該會後期改到浙江省嘉興的南湖，並在船上召開）。當時的中國是由蔣介石（1887—1975）領導的國民黨統治之「中華民國」政府。由於共產黨代表大會在會議期間受到干擾，當時的資料記錄也因丟失而無法確認會議舉行的具體日期；因此，中國共產黨在1941年6月舉行的紀念中共成立20周年代表大會上，正式明定7月1日為中國共產黨的生日；也因此，今年2021年7月1日，正是「中國共產黨建黨一百周年」的紀念日。

現在的中國，即中華人民共和國，誕生於1949年10月1日，建國後被稱為是「新中國」。新中國之所以得以成立，是因為毛澤東（1893—1976）等人率領的部隊，從國民黨軍隊的重重圍剿中逃離，然因共產黨之根據地都被國民黨剿滅，只能長征北上，在走投無路之下，獲知包括延安在內的西北革命根據地依然存在，而進入該地獲得拯救。因此我們可以說，當時如果沒有西北革命根據地的存在，中國共產黨的軍隊很可能會被國民黨軍隊殲滅，因而也就不可能出現後來的新中國。

聽聞西北革命根據地存在的消息後，毛澤東非常高興，並由衷地感謝根據地的創建者。而現任中國共產黨的總書記習近平（1953—）的父親習仲勳（1913—2002），正是西北革命根據地創建者中的一員。

毛澤東高度評價習仲勳，說他「比諸葛亮還厲害」，並且把他的前輩——西北革命根據地的領導者高崗（1905—1954），視為自己的接班人。

然而在新中國成立後不久，高崗就被打成意圖謀反的反黨分子，並在1954年被迫自殺，那次向毛澤東秘密舉報高崗的正是鄧小平（1905—1997）與陳雲（1905—1995）。

1962年，他們還利用小說《劉志丹》的出版問題，把當時已晉升為國務院副總理的習仲勳也打成了反黨分子，將他趕下了台。

劉志丹（1903—1936）是建立西北革命根據地的英雄人物，也是習仲勳和高崗的前輩和戰友。習仲勳企圖透過讚美劉志丹，去為高崗恢復名譽，從而被打成反黨分子，關進了監獄，度過了16年的鐵窗生活。因為在當時，發表讚美長征、重視延安和西北革命根據地的種種言論，都是十分困難的。

1976年9月9日，毛澤東去世。由於他發動的文化大革命給國家造成了長達十年的浩劫（1966—1976），使中國上下產生了一種否定毛澤東的思潮。而被毛澤東指定為接班人的華國鋒（1921—2008，中共中央主席、國務院總理、中央軍委主席），則因為「堅持對毛澤東的個人崇拜」，而被鄧小平拉下了馬，鄧小平也因此成為中國實質最高領導人。鄧小平推動了改革開放，不僅被譽為「改革開放的總設計師」、「現代中國之父」，也讓他的神話席捲全球，並且成為一種定論。

然而習近平上臺後，這一切發生了變化。

習近平經常引用毛澤東語錄，用「我是延安人」來形容自己，並關注西北革命根據地，好像要讓中國人「重返毛澤東時代」。

不僅如此，習近平還在2016年10月，隆重舉行了「紀念紅軍長征勝利80周年大會」，重訪長征途經之處，就像重新踏上了長征旅途一樣。一年之後，習近平在美國川普政權制裁中國，兩國關係變得緊張之時，也一再用「長征」做為比喻，呼籲大家忍耐，並拋出了「中國共產黨終將獲得勝利」的論點。

因為其父習仲勳是西北革命根據地的創建者之一，所以習近平重視延安精神可以理解，但是從他制定的國家戰略方針來看，這一切並不足以成為他今日所作所為的主要原因。

事情應該和高崗事件有關。該事件至今為止，仍然疑點重重。

鄧小平等人以高崗企圖謀反為名打倒了他，並聯手陳雲，一直到高崗死前仍不給他恢復名譽。高崗的妻子李力群（1920—2020）對此直說：「鄧小平比毛澤東還霸道」

云云。從這一點上可以看出，鄧小平在這一事件上是起到很大作用的。

如果不弄清楚發生這些事件的原委，我們就無法真正了解「什麼是中國共產黨」、「什麼是習近平政權」。

在徹底解剖「高崗事件」的過程中，筆者又發現了一個驚人的事實——那就是鄧小平為了奪天下，被野心驅使，與陳雲一同陷害高崗的真相。

本書在第二章用了許多資料來證明這件事情；它不是臆測，而是真相。

鄧小平用奸計反對並拒絕毛澤東所提「讓西北革命根據地的革命家到中央來工作」之政策，在高崗自殺後得到晉升，擔任了中共中央書記處總書記等職務。

「高崗事件」的罪魁禍首，就是鄧小平。

高崗的秘書趙家梁在2008年發表的回憶錄中，也證實了這點。

趙家梁這本名為《半截墓碑下的往事——高崗在北京》一書，直到鄧小平去世後的1997年，才開始執筆，耗費了10年的時間，終於在香港出版。

根據這本書的證言及對周遭各種情況的分析，筆者有充分的把握確信自己已揭曉自1954年來，發生在中國共產黨內部這一神秘事件的真相。

鄧小平是否也想利用小說《劉志丹》事件來陷害創建

西北革命根據地的習仲勳呢？他是不是覺得，必須將西北革命根據地來的人全部消滅，才能搬走自己走向成功道路上的絆腳石呢？

這種疑雲在筆者的腦海中揮之不去。

1962年，時任雲南省委書記的閻紅彥，在中國的報紙上指責該小說「為高崗翻案」，並向康生（1898—1975）告狀。而康生則透過楊尚昆（1907—1998，時任中央書記處候補書記），向鄧小平報告了這件事的來龍去脈。康生被稱為是「中國的貝利亞」（貝利亞是史達林時代清除政治對手的領導人）；因為康生在蘇聯史達林那裡，學會了整套蘇聯秘密警察清除政治對手，將之處以極刑的手段和方法。

這樣的說法聽來似乎有點道理，但仔細從當時這些人物的相互關係來看，卻又是個不太可能的故事。

因為，閻紅彥和康生沒有任何直接關係，雲南省委書記也不太可能直接向康生告狀；更重要的是，閻紅彥在國共內戰時期本就是鄧小平軍隊中的直系下屬。閻紅彥與鄧小平的關係十分密切，他本人正是因為和鄧小平的關係才得以升遷。因此，他對鄧小平應該是言聽計從的。

對於這件事，康生的秘書後來也曾經回憶道：「康生和鄧小平的關係非常的好。」

此外，閻紅彥在西北革命根據地時，還是劉志丹另一名對立者謝子長（1897—1935）的部下。

由於毛澤東等人決定把西北革命根據地作為中央紅軍最終的落腳點，並決定讓黨中央和政府機構進駐延安，才得以使謝子長他們不得不中止企圖活埋劉志丹等人（即劉志丹、高崗、習仲勳等）的殺戮行動，並因此清算了謝子長的罪行。

毛澤東來到延安之後非常喜歡高崗，而閻紅彥卻對高崗懷恨在心。筆者經調查分析發現：是鄧小平和閻紅彥聯手策劃了使習仲勳下台的陰謀。且閻紅彥還在那個宣布剝奪習仲勳所有職務的會議當晚，到鄧小平家舉杯慶祝。

本書將在第三章仔細分析這些證據，並探討真相。

為了理解上述這點，我們必須先搞清楚劉志丹和謝子長之間的矛盾。這些敘述看上去似乎繞了遠路，但透過第一章的內容，我們可以更加理解西北革命根據地的實際情況，以及他們同意中央紅軍結束長征，並接納黨中央進駐延安的真正原因。

習仲勳在1978年2月重返政壇，他首先赴任的地點是廣東。

為了開發深圳這個荒涼偏僻之地，阻止為養家糊口逃往香港的大陸民眾，習仲勳認為必須將毗鄰香港的深圳地區發展起來，因此他懇求中央給廣東「放權」。當時他腦海中浮現的，很可能就是在西北革命根據地創建「革命特區」一事，因此「經濟特區」這一概念，很可能就是因其西北經驗應運而生的。

現在多數人認為，改革開放和經濟特區都是鄧小平提出來的，其實不然。華國鋒就曾用與改革開放相似的「對外開放」一詞。（參考 2008 年《還原華國鋒》等論文）。而深圳經濟特區，則更是習仲勳歷經嘔心瀝血的思考與奮鬥，才得以實現的。

習近平在 2012 年 11 月中共十八大上被選為中共中央總書記後，曾特意地想強調這點，因此，他上任後的首次視察地點就選擇了深圳。

習近平的父親習仲勳因鄧小平的陰謀下台，至今算來已經過了 50 年。這是累積了半個世紀的忍耐和怨恨終於得到爆發的機會。如果不認清這一點，我們就無法認識習近平的國家戰略，和他為什麼要修改憲法，取消國家主席任期制，以及至今為止所一直克制隱瞞企圖復仇雪恨的怨念。

關於這一點我會在第七章中論述。

強化了「鄧小平神話」的是日本。

中國共產黨在 1989 年 6 月 4 日，用武力鎮壓了年輕人追求自由民主的抗議運動。這個天安門事件（六四事件）使中國共產黨一黨專政的獨裁體制，遭遇被推翻的危機。

從那之後，柏林圍牆倒了，共產主義極權政府的領導者蘇聯也解體了。六四事件是中國共產黨一黨專政獨裁體制極可能遭崩解的最大危機，也是民主派唯一的一個機會；但在那時，日本幫助了中國，叫停了這場危機。

當時西方發達國家試圖聯手對中國實施經濟制裁，但日本不僅不參與，甚至還幫中國呼籲，讓西方國家解除正在實施的經濟制裁等行動，且特意安排天皇在 1992 年訪問中國，反使正齊心協力制裁中國的西方國家，紛紛掉頭，改變政策，前去「投資中國市場」，使中國的經濟得以復甦。

2010 年，中國的 GPD 已超過日本，並且有預測稱，中國將在 2028 年超越美國。

由於經濟的復甦成長，鄧小平對民主自由追求者的武力鎮壓，在中國被認為是正確的決策，這一見解甚至傳到了西方；至少不少日本媒體和政經界要人都接納了這種觀點。

人類難道真能允許這種暴力鎮壓言論民主自由的觀點，成為統治全世界的普世價值嗎？

習近平在向鄧小平復仇時，曾多次面對「到底是優先選擇為父親報仇，還是選擇維持一黨專政獨裁體制」的這個難題。然而無法忽視的是，習近平在進行了重中之重的反覆考慮後，最終還是選擇了「維持一黨專制」的獨裁體制。

習近平為了維持一黨專制的獨裁體制，不惜背叛了父親的想法，正是他政治生涯中最大的悲哀。

習仲勳在逝世前一直關心少數民族。1990 年，他在面對鄧小平的打擊下，即使將從政治舞台消失的前一天，仍在會議上推動立法，提出應「保護不同意見」的論點。然而習近平否認了這種論點，對此，他應受到良心的譴責。

這正是習近平政權的軟肋。

如果想推翻或動搖他堅持的一黨專政獨裁體制，這裡應該就是個破口。

中國共產黨的歷史是一部血淋淋、被野心仇恨驅動的歷史。

要正視這一點，就必須推翻「鄧小平神話」。

從毛澤東開始，經習仲勳等人努力所獲得最甜美的革命勝利果實，卻全被鄧小平這個陰謀野心家給奪走了。

習近平現在所推行的國家戰略，正基於這個原因。

如今，即便得糾正日本的立場，我們也必須鼓起勇氣，打破「鄧小平神話」，並用智慧來追蹤洞察歷史的真相。

如果本書的論述能為此一追求做出些許貢獻的話，筆者將深感榮幸。

目錄

第三章

小說《劉志丹》和習仲勳的下台——陷害他的又是鄧小平

第四章

文革結束以後中共中央內部出現的激烈的權力鬥爭——導致華國鋒下台的是鄧小平的陰謀

第五章

習仲勳與廣東省的「經濟特區」

第七章 習近平對鄧小平的「復仇」形式

第一章

習仲勳和毛澤東在西北革命根據地

㊀ 習仲勳的童年和其時代背景：和少數民族在一起的童年生活

習近平的父親習仲勳於1913年10月15日，出生在中國西北陝西省富平縣淡村鎮中合村。富平縣在陝西省的中部，位於關中平原和陝北高原的廣漠黃土高原。關中平原南邊流淌著渭水，北邊則矗立著橋山，被稱為是渭水平原，是一塊十分肥沃的土地。自古以來，西周、前漢和唐朝等多個朝代，都把那裡的長安（西安）定為王朝的首都，因此習仲勳從小就幢憬著華夏文明，並把那種情感深深地印刻在自己的腦海中，並將它傳給了習近平。因此我們可以想像，往後習近平所提出，期望建立「一帶一路」經濟圈的構想，應該與父親給他的影響有關。（關於這一點，將於本書第七章提及。）

中國的北方有著險要的山脈丘陵，因此中華人民共和國的建國者毛澤東，把位處於黃土高原中的延安作為革命根據地這點，可以說是既決定了習仲勳的命運，也決定了中國共產黨的發展走向。

現在的國家主席習近平把自己稱為是「延安人」，對此筆者可以確定，假如我們不去理解陝西省富平縣的歷史，那麼我們就無法了解「中國共產黨的政權是什麼」以及「習近平到底是個什麼樣的人」等問題。

習仲勳的祖父母在1885年就離開已經住慣了的河南鄭州，並三番兩次的流浪後定居到富平縣。他的祖父在流浪途中去世，由祖母一人辛苦扶養孩子。假如他們晚個兩年離開鄭州，遇上1887年的那場黃河洪災的話，習近平這個人或許就不會出現在這個世上了。

1887年的這場洪災，受難人數無法統計，有說是150萬人，也有說是700萬人的，根據金氏世界紀錄發表的統計，好像是控制在90萬人左右。

其實習氏家族前往的那個陝西省，不僅有河南來的人，湖北、山東以及四川省來的移民也非常之多。因為在1862年到1873年間發生於陝西省的「回民起義」，使那裡的人口減少了一半。「回」即是「回教」的意思。在中國，伊斯蘭教用「回」這個文字來表達。他們的方言中經常出現「回回……」這樣的語氣，所以回民就是伊斯蘭教徒。

從現在的地圖來看，陝西省和寧夏回族自治區與甘肅省接鄰，和青海省、西藏自治區及新疆維吾爾族自治區等一樣，漢民族都和包括伊斯蘭教徒在內的少數民族混住在一起。所以習仲勳從小就和各民族的人民苦樂同享，和少數民族的關係非常融洽。但是作為他的兒子，為什麼習近平會去鎮壓少數民族呢？這一點我們必須從中國共產黨一黨專政獨裁體制潛在的本質和該體制的極限性去進行研究和考證。(關於這一點，本書第七章會提出論證。)

發生於 1862 年的回民起義，以陝西甘肅地區為中心，是回族中最強悍的東干人發起的。這場經歷了十年戰亂的結局使(陝西省、甘肅省)地區的人口整整減少了一半。根據《中國人口史》的記載，1861 年，甘肅省(當時該省還包括了寧夏和青海省的部分地區)的人口總數為 1900 萬，但是到了 1880 年後，就只剩下了 495.5 萬了。(犧牲了 1,400 萬人?)。陝西省在 1861 年的人口總數為 1,394 萬人，但到了 1879 年後，更只剩下 772 萬人。

東干人主要由住在中亞的哈薩克和吉爾吉斯領內費爾迦納山谷的中國回民所構成。和他們一樣，1851 年興起的「太平天國運動」，也給中國的清朝造成了大動亂。那時自稱天王的洪秀全，以基督教信仰為紐帶，組建了「太平天國」。那場動亂一直持續到了 1864 年。

1862 年，太平天國軍隊進入了陝西省，和以當地漢族保安團長率領的部隊(清朝民兵組織)，及一部分恐懼於漢族武裝的回民部隊之間，進行了稱之為「渭水戰役」的殘酷戰爭。這場漢回雙方對立的戰爭結果，卻讓回民組織覺醒，為延續太平天國的精神，繼續舉行了以回民為主要力量的「回民起義」。

1840 年，英國發動的鴉片戰爭經歷兩年戰亂後結束，但是隨之泛起的卻是橫行作亂的土匪和強盜。對此，太平天國趁機將他們吸收，納入自己的軍隊中。由於陝甘寧一帶土匪猖獗，像「哥老會」那樣為互助自衛而成立的農民組織（反體制組織），在當地逐漸壯大，從而使由秘密結社所組建的（紅幫等組織）類似「大刀會」那樣民間自發性組織，大量地進入到陝甘寧邊區。

這些民兵組織在1911年10月10日爆發推翻清朝的辛亥革命中非常活躍。在1921年中國共產黨誕生以後，也出現了同樣的情況。那些哥老會、大刀會中的一些人和土匪一起混進了共產黨，在黨內活躍了起來，比如此後轉移到中國東北的大刀會人馬，在1932年滿洲國成立後，竟然搖身一變，成了抗日義勇軍裡的戰士。

讓習仲勳的命運遭遇不測的重要原因之一，就是他捲入了當時的各種組織宗派之間，這也是中華人民共和國誕生後之所以政治運動頻發難以自控的一個原因。表面上看來，這些事情好像和土匪盜賊沒有關係，也因此筆者認為，有必要對那個時代下的歷史背景去作一些說明。

2014年，習近平掌權後出版的《習近平畫傳》中，講到了習仲勳祖父的長子，應該是習仲勳叔伯輩那個被稱作「老虎」的人，他為了能有飯吃而加入了軍隊，因支持義和團而受到八國聯軍攻擊，不得不逃到西安來成為避難的慈禧太后與光緒皇帝的警衛，並在之後去了富平老家的事。

那個老虎把數十兩銀子交給了母親（習仲勳的祖母）後回到了部隊，此後就失蹤了。習家人用這些銀子買了土地，開始經營鴉片生意，勉強地過上了正常人的生活。

也正是因為這個原因，習仲勳才得以在 1922 年到村裡的小學上學。

1925 年的 3 到 4 月間，習仲勳到離村幾公里遠的立誠中學去了兩次。一次是參加孫文的追悼大會，另一次是參加被稱為是愛國將軍的胡景翼的追悼儀式。

這是習仲勳自出生以來第一次離開出生地淡村鎮中合村，因此他不僅對外面的世界感到驚奇，更為那兩位先烈「為國家而犧牲」的事跡而震驚。特別是胡景翼這個出生在陝西省富平縣的年輕將軍，他殉職時才 33 歲。每想到富平縣能夠孕育出那麼多愛國將領，當時年僅 12 歲的習仲勳，心情非常激動。

● 青少年時期的革命活動

第二年，即 1926 年，習仲勳到立誠中小學高年級班去上學了。

當時的農村小學學制為四年制，因此五、六年級的學生被稱為是「高年級小學班」，並常常被併入中學裡學習。

立誠中學是胡景翼建立的學校。當時那裡還是一個宣傳馬克思主義的活動據點。1905 年，在東京赤阪成立了以孫文為中心的中國革命同盟會，那是一個以推翻滿清王朝為目的的政治團體。胡景翼在 1910 年也加入了同盟會，並成為陝西省同盟會的重要幹部。當時胡景翼只有 18 歲。

正因如此，習仲勳在 12 歲那年也體會到了馬克思主義的真諦，參與了這個年齡本不該涉入的愛國運動。他閱讀了包括《中國青年》和《共進》在內的雜誌，並加入了「立誠青年社」，還在 13 歲時加入了中國共產主義青年團。那時正是他小學的恩師，在富平召開為成立共產黨組織而舉行群眾大會及遊行示威的時候；習仲勳不僅參加了遊行，還在遊行隊伍中擔任了散發傳單的工作。

1912 年 1 月 1 日中華民國建國。那是由國民黨政府（孫文在 1919 年把自己在當時成立的中華革命黨改稱為國民黨）統治的國家。

在那樣的氣氛下，中國共產黨第一屆全國代表大會，於 1921 年 7 月 21 日在上海舉行。參加的代表一共有 13 名。因為其中的一位是代理出席，所以真正現身的代表只有 12 名，此外還有兩名共產國際的代表。關於這個部分，筆者在下面會談到。與會中間，由於法租界巡捕房警察搜查了作為會場的一名黨代表的家，所以代表們又在 7 月 31 日將會場轉移到浙江省嘉興市飄在南湖上的一艘船上。由於大家覺得毛澤東在會上沈默寡言，又非常神經質，所以讓他擔任了記錄文書的工作。

那次大會是背著國民黨政權召開的，所以資料遺失了很多，就像筆者在前言中所言，中國共產黨把 7 月 1 日定為黨的建黨紀念日，是在 1941 年決定的。因為建黨當時中國共產黨的黨員只有 50 人（也有一說是 30 人），且在一年後的 1922 年 7 月召開黨第二屆全國代表大會時，好像也只有 195 人左右，和當時擁有 13 萬 5000 黨員的國民黨相比，是絕對無法競爭的。

當時共產國際的代表提出的策略是：要中國共產黨去「寄生」在孫文建立的國民黨中發展，並說這是唯一出路。共產國際是在 1919 年創辦的，是一個由共產主義政黨組成的國際聯盟組織，本部設在莫斯科。它的全稱為「共產國際（國際共產主義）」，英文被寫成 Communist International，等於「Com＋Intern＝Cominterun」，所以被稱為「共產國際」。

蘇聯在 1917 年誕生後，由於在國際上得不到很多國家的承認，所以它期望「赤化」他們，把各個國家變為共產主義國家。這個共產國際組織就是為此目的而成立的。他們潛伏進美國和日本政界，（比如由當時的《朝日新聞》記者——尾崎秀實介紹，蘇聯間諜理查 · 佐爾格（德語：Richard Sorge，俄語：Рихард Зорге）潛進日本近衛內閣政府中。這個事情後來被稱之為「佐格爾事件」）。總之，共產國際組織當時想要赤化的最大目標，就是中國。

為此他們提出的一邊寄宿在國民黨內部，一邊分崩離間國民黨組織，藉著國民黨的骨幹去發展壯大的「陰謀」，作為決議，很快地被批准了。

共產國際首先從說服孫文入手，從「寄宿」開始到具體行動為止，共產黨員都是經過了細緻的考慮之後才列出理由去說服孫文的。

對此，最初孫文是堅決反對的，但共產國際的代表越飛（俄語：Адольф Абрамович Иоффе）提出了「蘇聯將放棄在中國的所有特權」，並保證「絕不會在中國推行共產主義」，且表示「堅決支持維護中華民國的統一和獨立」等等美麗的詞令，從而說服了孫文，同意實施國共合作的方針。

國共合作指的是國民黨和共產黨之間應互相幫助、共同協作。他們之間最初的合作在歷史上被稱為是「第一次國共合作」。當時國民黨與共產黨互相協手，共同對付割據各地的軍閥及他們背後隱藏的帝國主義列強。這個國共合作的方針，於 1923 年 6 月 12 日在廣州舉行的中國共產黨第三屆全體會議上被正式決定，成為共產黨的既定方針。

然而，國民黨內部有部分人堅決不認同孫文聽從共產國際的指令，同時在共產黨內部也有不少反對者，這個問題在中國共產黨內部的會議上發生了爭執，其結果是雙方同意在「共產黨員可以以個人名義加入國民黨」的特殊形式上得到了妥協，而這種形式正是共產國際最初所構想的計劃。

然而孫文並不知情，他以統一中國的理想與熱情燃燒著。1924年1月24日，在廣州舉行的第一屆國民黨全國代表大會上提出（當時新入黨的國民黨員原有9,018人，而在大會召開時，黨員人數已增至14萬5,700人），要在三民主義的基礎上去實行國共合作，「聯蘇（和蘇聯聯手），容共（允許共產黨的存在）以及扶助工農」，並還把它寫進了國民黨的綱領。

以毛澤東為首兼任了國民黨中諸多職位的共產黨員，都參與了這個會議。國共的第一次合作就這樣展開了。

然而當孫文在1925年去世後的第二年，蔣介石利用「中山艦」事件拘捕了不少共產黨員。1927年，掌握了實權的蔣介石作為國民革命軍的總司令，在南京成立國民政府，並在上海發動政變，逮捕鎮壓共產黨員，使得第一次的國共合作崩潰瓦解。

讓蔣介石發動政變去鎮壓共產黨的真正原因，實質上和共產國際的行動有關。1926年3月18日，軍艦「中山艦」突然出現在由蔣介石擔任校長的黃埔軍校海面上，這是一起「蘇聯企圖將蔣介石綁架到蘇聯」的陰謀。事後蔣介石曾在他親筆撰寫的日記上這麼寫道（來源取自於史丹佛大學胡佛研究所）。對於此一說法，中國共產黨當然是否認的。

1927年開始，國共內戰爆發了。

也正因此，在 13 歲便加入了共青團，參加了遊行並做了散發傳單等「革命工作」的習仲勳，到了 1927 年國共內戰開始後，也就將「中華民國」和「國民黨」當成了他的敵人。習仲勳將個人參與「革命工作」的最終目標，設定為讓中國共產黨取得天下。為此他不僅把國民黨軍隊視為敵人，也把支持他們的地方軍閥和當地的富豪當成了敵人。

因為當初的共產黨並沒有和國民黨正面開戰的力量，所以他們的「革命工作」也漸漸地產生了變化，開始了那種把間諜和特務派到國民黨部隊去引誘策反、襲擊當地富豪，對地方軍閥進行游擊戰、奪取武器等行動。

認清習仲勳的心境變化是很重要的，否則就不可能了解他是為了什麼要那麼做，又是在怎樣的情況下去做那些事情。

15歲，
在監獄中成為共產黨員

1928年的春節剛過不久，習仲勳就到陝西省三原縣的省立第三師範學院上學去了。這裡是一個革命活動的據點。習仲勳在當年4月參加學生運動時被逮捕入監，又在兩個月後被轉押到西安軍事法院的監獄。那時他只有15歲，作為一個共青團員，他在獄中直接加入共產黨的事被傳開了，並且還受到了關注。

此後的8月，因為陝西省政府主席親自參與對獄中學生的審訊中說道：「那些犯人難道不是一些幼稚的孩子嗎？……」對此，法院當庭作出了保釋的決議。隨後，好像是習仲勳的親戚，委託了在西安開當鋪的村民，協助交付了保證金，將習仲勳從獄中保了出來。

然而，習家的狀況並沒有因習仲勳的獲釋而得到改善，相反地不幸還一個接著一個。首先是父親，因為過度擔憂而在那年11月病故；此後的1929年6月，他的母親也因突發的疾病而去世。這不僅打斷了習仲勳一邊學習一邊參與革命活動的計劃，就連繼續在學校讀書，都變得不可能了。

那一年正值關中地區持續發生大饑荒。1930年的2月，習仲勳接到了鄰村三原縣武字區共產黨組織的指示，參加了武字區救濟委員會救援饑民的活動，他趁機組織成立了淡村農民協會，並動員當地農民去參加武裝鬥爭。

這時他又接到了中國共產黨武字區委員會，要他們「派內線打入進紮營，在長武縣的國民黨王德修部隊中事兵運工作」的指示。為此他馬上根據指示，潛入到敵營去尋找人選，自己也藉機打入了王德修擔任營長的二營裡，擔任了二營二連的特務長。

當時，不管是共產黨還是國民黨，互相想辦法在對方的領導中樞安插內線已經成為一種常態，所以在中國人互相爭霸的過程中，朋友和敵人都混在一起，幾乎分不清了。不滿18歲的習仲勳當時被任命為敵方陣營的委員會書記，並開始下功夫，為如何在敵營裡秘密發展中共黨員而動著腦筋。

年輕時的習仲勳

1932年3月，王德修的部隊前往陝甘邊區的鳳縣兩當、徽縣以及成縣的途中舉行起義。這個以失敗而告終的「兩當起義」，給習仲勳帶來了深深的挫折。

1932年6月，習仲勳回到了富平，為了和黨組織取得聯繫，他一邊隱匿在和陝甘邊區革命委員會一干人等之間，一邊尋找活躍在陝甘邊區的共產黨的游擊隊。這支陝甘邊區的游擊隊的領導就是劉志丹，也是後面要提及的小說《劉志丹》中的主人翁。在那年的8月，習仲勳終於打聽到了劉志丹已經到達陝西省照金鎮以北十里地金剛廟的消息。

和劉志丹的相遇
以及西北革命根據地

2019年8月12日共青團主辦的《中國青年報》第六版，詳細地介紹他倆的相遇，實則關係到全中國的命運前途。考慮到這是一篇介紹習近平政權進入第二個五年的階段性專題報導，從中能看到習近平期望以這種形式將事蹟載入「歷史」中的想法，為此筆者特意摘錄概括如下*：

1932年8至9月間，在楊枝柳樹生長繁茂的「楊柳坪」這個地方，19歲的習仲勳和長他10歲的劉志丹相遇了。

那是位在現今陝西省銅川耀州區照金鎮往南，走約5公里左右的一個小山村。劉志丹和習仲勳這兩個革命家在那裡熱情地握手並進行了交流。

當時，謝子長和劉志丹帶領陝甘邊區的游擊隊來到了照金，在楊柳坪休息，整頓游擊隊的內情編制，而剛剛經歷了兩當起義失敗的習仲勳，也正是在那時趕去的。

對於那次會見，自己和劉志丹之間建立了對革命的熱

---

* 資料來源：《中青在綫》網站 http://zqb.cyol.com/html/2019-08/12/nw.D110000zgqnb_20190812_3-06.htm

情及深厚的友誼，習仲勳曾多次這樣談起過。

「我很早就知道劉志丹的名字，也聽聞很多關於他的革命活動故事，這位傳奇人物的英雄事跡被反覆地傳頌著；但在親自面見之後，他卻以一個平凡戰士的形象留駐在我腦海中……他是個非常親切且容易結交的人，常常和士兵坐在一起談笑，被我們親切地稱為『老劉』。」

那時的習仲勳才只19歲，且剛剛經歷了兩當起義的挫敗，處於情緒低落之際，卻沒想能在此刻遇上自己一直憧憬並且敬重的劉志丹，那種感激之情，是和自己的「失敗」所產生的無奈所深深交織在一起的。

劉志丹緊緊握住習仲勳的雙手並跟他說：「革命能害怕失敗嗎？把失敗當成是挑戰就對了。失敗是成功之母，我失敗的次數不知道要比你多多少……」溫暖地鼓勵他。

習仲勳聽了這些話之後非常感動，並在此後多次談起下述情景：

「劉志丹的態度非常誠懇且率直，有著很大的吸引力，能夠一下子地抓住人心，那種親和力就像是擁抱，讓我覺得就像是老朋友再次相會了一般。他的臉形瘦削，但是鼻樑很高，眼光敏銳但又充滿著溫暖，臉上也一直滿溢著笑容。」

後來劉志丹也講道：

「這幾年陝甘邊區大大小小舉行了70多次起義，但基本上都失敗了，其根本的原因正是軍事運動和農民運動沒

有結合在一起，形成不了一個革命根據地。如果我們都能像毛澤東建立的井岡山那種牢固的根據地的話，那我們的游擊戰就一定能取得成功。」

在建立革命根據地的問題上，劉志丹還強調說：「我們要創造敵人的弱點。」他把成就此事的必要條件告訴了習仲勳，這些話使習仲勳深受觸動，並促使他在那之後全心投入建立陝甘邊區革命根據地和陝北革命根據地的工作中。

以上都是《中國青年報》上記載的內容，但是很多人對這篇文章中所講的「陝甘邊區的游擊隊是謝子長和劉志丹帶領來到照金的」的說法，存在著不同意見。從文章的這種表述看上去，好像謝子長和劉志丹是互相盡力協作的，然而實際上，這兩個人卻是水火不容。因為他們倆是各自分開，並沒有同時去見習仲勳，而習仲勳也是在分別受到他們兩人的指教之後才和他們告別的。（根據《習仲勳傳》）

謝子長認為「自己才是山大王」，並以此為據一直不斷地去批判劉志丹，企圖把劉志丹搞下來。他採取了「通殺」的方針，並且把跟劉志丹站在同一邊的習仲勳也算在內。是毛澤東及時趕到陝甘邊區革命根據地，在那個緊要關頭出手，才阻止了一場屠殺。這一幕在此後也成了一個知名的歷史事件。

如果劉志丹和習仲勳沒有在陝甘邊區建立革命根據地，那麼長征途中的毛澤東就找不到落腳點，延安這個革命根據地就不可能存在，而這些問題又很可能和新中國能否誕生有著關聯。

毫無疑問地，劉志丹和習仲勳在謝子長他們的無情打擊下建立了陝甘邊區革命根據地，頑強地存活著迎接毛澤東來到陝西，那種豐功偉績真的是無法計算、無與倫比的。

這也是習仲勳在30年後，因為策劃出版小說《劉志丹》而被捕入獄，能夠堅強地度過16年監獄生活的原因，並也是今天的習近平政權之所以能誕生且發展的重要因素。本書將根據習仲勳受到陷害乃源自於鄧小平的這一事實，去作出追蹤、證明。

為了知道我們應該在哪裡，如何去解析習近平政權的真實狀況，那麼就必須詳細地去考察劉志丹和謝子長之間的鬥爭，以及這個鬥爭和習仲勳的關係。這是一個穿梭交織著複雜歷史的過程，讓我們一起去探明真相攜手同行吧！

劉志丹和謝子長之間的鬥爭

首先用圖表 1–1 把劉志丹和謝子長的基本情況顯示出來。關於他們在建國後和鄧小平的關係，筆者會在第二章和第三章中詳細分析。為了能夠更好地理解事情發展的順序，筆者做了圖表 1–1 供大家參考。

圖表 1-1 ｜ 劉志丹、謝子長的基本情報以及與鄧小平之間的關係

名字	出生年	出生地點	開始革命的時期	與同伴及鄧小平之間的關係
劉志丹	1903 年	陝西省保安縣	1924 年（入團）	有習仲勳、高崗等同伴。建國後鄧小平視高崗為對手將其逼到自殺。
謝子長	1897 年	陝西省安定縣	1925 年（入黨）	有閻紅彥、郭洪濤等同伴。鄧小平利用閻紅彥陰謀打倒習仲勳。

（後面會提到，高崗和習仲勳都得到了毛澤東的賞識。鄧小平則試圖扳倒他們。）

● 關於劉志丹

劉志丹 1903 年出生於陝西省的保安縣。1924 年加入中國社會主義青年團，1925 年加入中國共產黨。中國社會主義青年團是 1920 年成立的，1925 年改名為中國共產主義青年團。它在 1920 年成立的目的是為了在第二年的

1921 年去成立中國共產黨做準備。

1926 年，劉志丹進入了廣州黃埔軍校第四期學習班，在那裡經受軍事訓練。黃埔軍校是中華民國的國民黨在 1924 年建立的，蔣介石是第一任校長。由於當時還是國共合作期間，所以共產黨員也可以在裡面學習。劉志丹在那裡畢業後被分派到馮玉祥的國民軍，又在那接受了軍事訓練。但是在 1927 年國共兩黨分裂以後，他和黃埔軍校同期的鄧小平一起被驅逐出國民黨的軍隊。此後劉志丹接受了中國共產黨陝西省委員會的指示，潛入到敵營去做共產黨的內線，並在 1928 年領導了渭華起義，成為西北革命軍事委員會的主席。

渭華是用陝西省的渭南和華縣這兩地的地名合在一起的稱呼。在渭華起義時，中共陝西省委命令劉志丹和謝子長一起聯合參加戰鬥。起義失敗後，劉志丹回到陝北，擔任了陝北特委（特別委員會）的軍委書記。

● 關於謝子長

謝子長於 1897 年出生在陝西省的安定縣，比劉志丹大 6 歲。1919 年他到西安市省立一中以及陝北聯合縣立榆林中學上學，1922 年到太原去學習軍事。太原在山西省，它是在後文中解開謎團的一把重要鑰匙，現在先請諸位記下這一點。

1924年，謝子長回陝西省安定縣組織了民團，之後又去天津和北京參加了革命鬥爭。謝子長在天津和北京遇到的事情對他來說有著決定性的因素。

謝子長在1925年加入中國共產黨。1926年，他接到指示馬上回到了安定縣，又以「團總」的身份，參加了他在1924年組織的民團的革命活動。1927年2月，謝子長被選為安定縣地方行政會議主席團的成員和農民協公促進委員會委員。

就像劉志丹被尊稱為「老劉」一樣，謝子長被尊稱為「謝青天」。「青天」在古代被意味著是「能夠幫助除惡的廉潔官員」。如同剛才所述，他和劉志丹一起合作參加了渭華起義。起義失敗後，謝子長回到了陝北成為陝北特委軍事委員會委員。

當時陝西有「陝北革命根據地」和「陝甘邊區根據地」，它們在1935年合併成為「西北革命根據地」。為了明白它的位置以及它和延安在地理上的關係，筆者把各革命根據地的位置在地圖上表示出來。（參照40頁。）

從地圖上看「陝甘邊區革命根據地」，在劉志丹的出生地「保安」，它在劉志丹戰死之後被改名為「志丹縣」，以此來紀念劉志丹。另外，「陝北革命根據地」在謝子長的出生地「安定」（瓦窯堡街道）。謝子長戰死後不久安定縣被改名為「子長縣」。因此可以這麼說，「陝甘邊區革命

圖表 1-2｜ 西北革命根據地形成與發展示意圖（陝西測繪地理信息局編制）

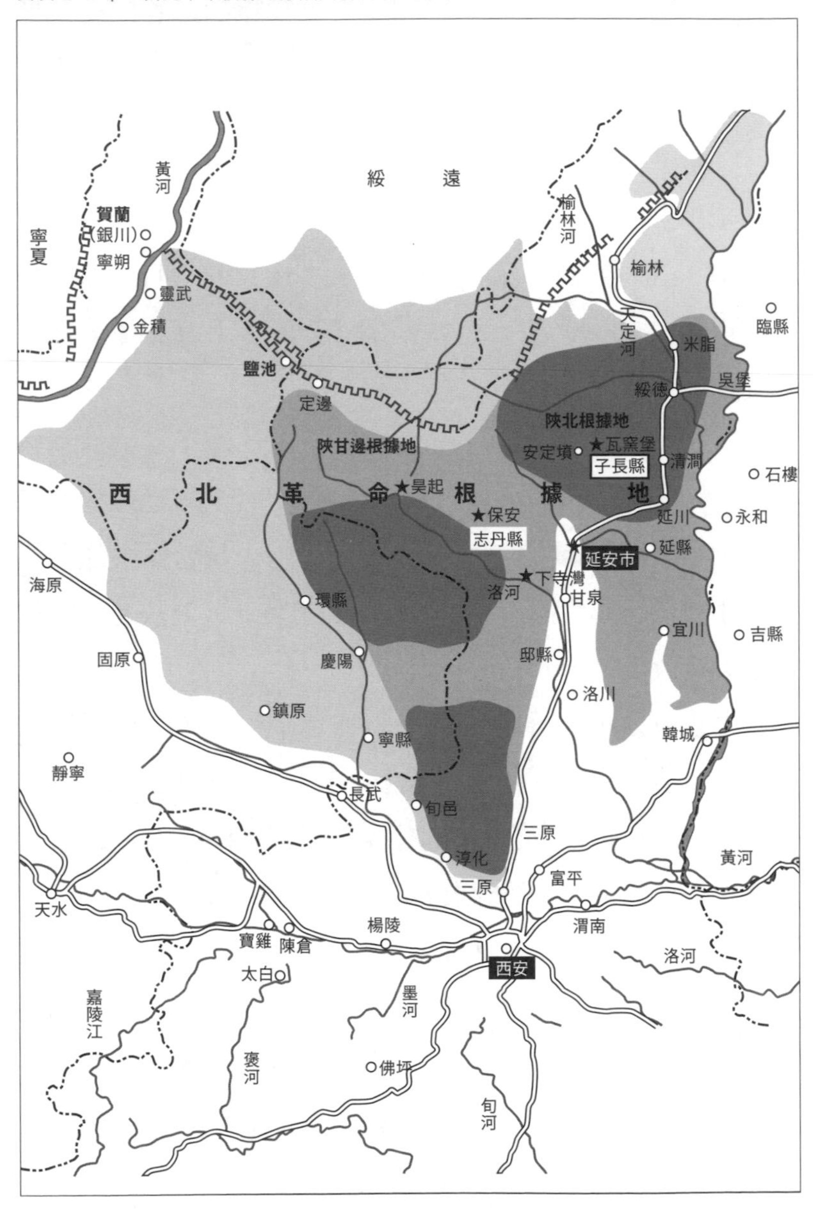

根據地」主要是劉志單的地盤，「陝北革命根據地」主要是謝子長的地盤。

總之，他們各有各的勢力範圍。

到那時為止以及從那以後的一段時間內，兩人頻繁地在所屬的部門和部隊編制變化中參與革命活動，但若一味地去強調那些故事，本書所要講的主要內容就會看不清了。

先從他們兩人最初發生的衝突事件說起吧！

關於這個事件有很多說明，且讓我們先去看看那些描述，再一一地去追溯說明。然而，若在交代這些過程中要再加上關於習仲勳的細節，那麼不僅毛澤東到達陝北以及他救出習仲勳的這個部分就要寫一本書，並且也同樣會模糊本書所想講的重點。為此，筆者還是把焦點對準在為什麼習仲勳會被判入獄 16 年之事件真相來敘述。

筆者會在讀者知道發生在劉志丹和謝子長身上的那些事件真相後，再去補充說明關於習仲勳的部分。

關於這兩個人之間有著數不清的研究文章，而習近平政權的誕生，又提高了研究中國西北歷史的價值，為此又出現了更多新的史實。

還健在的當事者們懷著「不把真實的歷史留下來就死不瞑目」的決心，執意去發表包括當時的記錄在內的回憶錄，其中的那個《西北革命歷史網》（微博網絡）信用度很好，而且很多信息都是新的。

在左邊插圖上寫著的「中國工農紅軍二十六軍」和「中國工農紅軍二十七軍」的文字，很像是習仲勳的筆跡，推估大概是習仲勳親筆寫的吧！

《西北革命歷史網》的文字下面，有著習近平的署名文字。

陝甘革命根據地為黨中央和各路長征紅軍提供了落腳點，為後來的八路軍主力奔赴抗日前線提供了出發點，成為土地革命戰爭後期碩果僅存的完整革命根據地。這片熱土孕育了革命，為中國的革命作出了歷史性的貢獻。

這是一種從深深積累著的嫉妒和不平中發出的聲音……它對鄧小平輕視和削弱習仲勳與其同志們所建立的西北革命根據地之偉大功績，表達著咬牙切齒的憤慨情緒。

在那些文字的右下寫著近似於口號般的習近平政權名言：「銘記歷史，緬懷先烈，不忘初心。」

這些文字除了陳腐之外沒有別的，但是從「習近平對

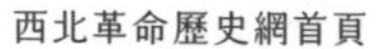
西北革命歷史網首頁

鄧小平復仇」的視角來看，這些個從牙縫中擠出來的文字還是有著很深的含意的。

在記述劉志丹和謝子長的鬥爭真相中，筆者不會一字一句像寫論文那樣地去引用文獻，也不會因引用文獻而中斷思考。筆者將盡可能地透過描述多方歷史真相，去加深理解這些極可能影響日本人生活的習近平政權中樞，並將之抽絲剝繭，加以分析。

筆者會提出參考了哪些資料，並標明出處。除了《西北革命歷史網》之外，還有在定期刊物《黨史縱橫》2011年第03期上發表，由法學博士，陝西師範大學教師，黨史研究者魏德平所寫，名為〈習仲勳與「陝北肅反」〉的文章。它還在2013年9月4日中國共產黨的機關報《人民日報》姐妹版《環球時報》的電子版《環球網》轉載），以及陝西師範大學歷史文化學院黃正林教授寫的眾多論文等。

讓我們試著去考證當時所發生的事情吧！

① 發生在1932年1月的三甲塬事件
——掌握著關鍵作用的是到山西工作的閻紅彥

2017年10月12日的《人民政治協商報》上登載了謝子長的長子謝紹明（當時92歲）寫的回憶錄文章 *。

---

* 資料來源：人民網——《中國共產黨新聞網》http://dangshi.people.com.cn/BIG5n1/2017/1012/c85037-29584167.html

根據這篇回憶錄〈懷念我的父親謝子長〉所介紹，謝子長曾經在1930年末去天津參加了中共中央北方局會議。會議結束後他去了山西，在古巢的太原和山西特委書記見了面，就第47軍的起義以及在呂梁山區建立紅色武裝等問題上交換了意見，並把由此寫就的《視察平定的報告書》，提交給了北方局軍事委員會。

前面「關於謝子長」的篇章中提到，「把他去山西省太原和天津北京的事都先擱下」的原因，就是因為謝子長除了陝西以外，在山西省和天津及北京都有他的地盤。

當時中國共產黨在全國各地都設置了「地方局」。1924年，中共中央北方局成立時，也把總部設在了北京，(此處一度被稱為是北方區委)，到了1927年，中央北方局又移到了天津。謝子長在1930年出席中央北方局會議時，其總部已經遷移到了天津。那時山西省也隸屬於北方局管轄。謝子長在那接到了指派他去山西省參加革命活動的指令。

回到陝北以後，謝子長把閻紅彥等十幾個地下黨員叫到了山西省，要他們在山西省建立紅軍晉西關係隊。

1909年生的閻紅彥和謝子長一樣，出生於陝西省安定縣。中國國土廣大，人們對自己出生地的認知，有如認定自己是哪個國家的人一樣，因此，同鄉的觀念十分強烈。謝子長比閻紅彥大12歲，他一定也把這個同鄉當成是自己的弟弟了吧。為此我們不難想像，全心投入革命活動中的兩人關係之親密。只是，那裡面留下的仇恨，也會像改變中國國家命運的重擔一樣深刻沈重。無疑地，如果靜下心來去思考習近平「對鄧小平復仇」的那種心態，我們就會發現至今為止誰也不會去想到的那些東西。

出生於極其貧困的農民家庭的閻紅彥，為了能夠有飯吃，在 1924 年（15 歲的時候）加入了陝北一個軍閥的軍隊。他在軍隊中的上司連隊長，一個名叫李象久的人，在加入共產黨的儀式中認識了謝子長。其後，他被謝子長燃燒的熱情所感動而參加了革命活動，並在 1925 年加入了中國共產黨。

閻紅彥在 1927 年 10 月參加了以謝子長為領導的清澗暴動，那時他擔任旅部警衛排排長，這可說是他自出生以來第一次感受到了自尊。這使得他對謝子長產生了無法言喻的尊敬和忠誠。這個情況改寫了習仲勳的歷史，也在習近平的心裡埋下了深深的意念。

謝子長在清澗暴動失敗後，讓閻紅彥逃到自己在山西省的地盤，因此，閻紅彥出現在上文提到的中國共產黨山西省委員會成立的「中國工農紅軍晉西關係隊」裡，就不奇怪了。

1931 年 3 月，山西省黨委的黨員骨幹 20 餘人在山西省孝義縣成立了「中國工農紅軍晉西關係隊」，並在 9 月渡過黃河到達陝北，還在 10 月和經營煙草鴉片商人的保安部隊合併，被陝西省黨委命名為「陝北關係隊」。

由於1927年第一次國共合作的崩潰，中共中央對共產黨的軍隊編制作了大幅度改編。一直被稱為「鐵軍」，由朱德為指揮官的共產黨部隊，在1928年和毛澤東在井岡山指揮的部隊會師後，被改編成為「中國工農革命軍第四軍」，到了1930年後它又被稱為「中國工農紅軍第一方面軍」，這個紅軍今後又在軍隊系統中被分編成為第26軍和第28軍等30多個種類。

那個事件的發生是和「紅軍」這個名稱有關係的。

劉志丹在1931年8月舉行的暴動失敗了。為了吸取教訓，他趁機把所謂「有志」的同志集中起來，在陝甘邊區（陝西省和甘肅省的交界一帶）成立了「南梁關係隊」，部隊總共有300多個人和200多枝槍。

本章最初提到，中國共產黨在第一屆代表大會時的黨員人數只有30至50人左右，其中能夠持槍進行戰鬥的恐怕還不到幾個人，因此在全國各地能夠贊同共產黨並參加武裝起義的只有極少數人。因此，參加南梁部隊的戰士，就如本章最初所講的那樣，混雜著很多「土匪」以及「哥老會」和「大刀會」等民團匪賊，就不是一件奇怪的事情了。這些人絕不是可被描述成被革命的熱情所燃燒而追求什麼「夢想」的人，他們只是為了利益而戰，勝者為王，敗了就離開再去跟隨別的首領，這種現象在當時比比皆是，非常普遍。

當時，中共中央要求全國的軍隊重新編制，但是在陝西，就連圍繞著是否把自己的部隊稱作為「紅軍」這樣的事情，都發生了激烈的爭辯。

中國的語言裡經常會出現是否要打出「紅旗」這樣的話，但這絕不是是否「要打出共產黨的紅旗」，而是革命部隊能否用「紅軍」這兩個字去表示。圍繞著部隊能否用「紅軍」這兩個字去命名，則成了那起事件的原因。

中國共產黨陝西省委在 1931 年 10 月讓陝北關係隊和南梁關係隊合併之後，要謝子長以陪著高崗（1932 年 1 月的中共陝甘工農紅軍關係隊委員會書記）的形式去當地視察。關於高崗的說明很長，讓我們隨著事件的推移在後文去追述 *。

高崗在 11 月上旬來到南梁，向部隊傳達了陝西省委的指示。

當時已進入嚴冬，但會師部隊的飲食和冬裝仍未獲得解決，因此省委決定將部隊臨時編入到當地的軍閥陳珪璋那裡，只是仍然借用十一旅的番號，把陝北關係支隊編為第一團，南梁關係隊編為第二團，由謝子長和劉志丹臨時

---

* 資料來源：《西北革命歷史網》http://www.htqly.org/index/info/shuji_infopid/4055/id/2488.shtml（該網址於 2021/12/8 前仍有效，可惜截至出版前該網址已無法連線。）

去擔任正副旅長，管轄那支隊伍，而陳珪璋部則要為他們劃出防地，並解決他們的給養。

但是，劉志丹對此表示不同意，並流露出一些不滿。

劉志丹知道，陳珪璋那時雖然靠向共產黨，但不管怎麼說他就是個軍閥，他的目的是想利用共產黨的力量去戰勝其他的軍閥，奪取更大的勢力範圍罷了。

事實也是如此，因為當時甘肅省各地軍閥割據，統治著隴東周邊 14 縣的陳珪璋部隊當時正處於四面楚歌之境，當陳珪璋得知知劉志丹部隊有很多士兵時，立即去勸誘劉志丹，同意向他支付軍費，讓他當十一旅的旅團長，同時也要求他們作為陳珪璋的軍隊去打仗。

也因此劉志丹認為陳珪璋不可信，在他率部逃出陳珪璋的地盤後，提出了反對意見。劉志丹擔心的是，如果他的部隊與謝子長等一起到陳珪璋那去，很可能造成共產黨關係隊全軍覆沒的下場。

劉志丹對共產黨陝西省委的這一指示表示不解，他說：「自己有 1,000 餘人的部隊，有能力完全獨立行動，應該打出紅旗去創立根據地。」他希望高崗能再次去西安（當時的共產黨陝西省委所在地），向省委提出自己的意見。對於他的想法，謝子長也是同意的。

同年 12 月，中共陝西省委派榮子卿來部隊傳達了省委的指示，即那個知名的陝西省委關於陝甘邊區關係隊指示信。因為信件很長，在此就不一一說明，但是可以明確的說，那個指示受到了王明的影響。

王明在毛澤東抵達延安，建立牢固的根據地後一直認為：「毛澤東是他最大的競爭對手。」王明1925年加入中國共產黨，之後在莫斯科的中山大學留學。他初期擔任中國共產黨在莫斯科黨支部的工作，1931年被共產國際派遣，作為共產國際的中國代表回國，成為左右中國共產黨的一個重要人物。

勞動者在城市中心舉行暴動讓革命獲得成功的史達林，非常看不起提倡以農民革命為中心的「鄉下人」毛澤東。史達林認為，像毛澤東這樣的農民不可能理解西方的馬克思主義理論。他甚至把毛澤東稱作是「人造黃油」，是「偽馬克思主義者」。在共產國際的上層人士間，那時正憂心忡忡地期望著能有人去對連學歷都沒有的毛澤東進行報復。

王明是毛澤東最為討厭的，代表著莫斯科布爾什維克高層，並從那裡回來的代表。他在1931年6月擔任中共中央總書記代理。中共中央總書記的名稱在1945年6月改為「中共中央主席」，由毛澤東擔任。

1931年12月，中共陝西省委發布對陝甘邊區關係隊的指示信時，正是王明的全盛時期。因此這個指示充滿著布爾什維克的味道是不言而喻的。王明的那種絕不允許任何反駁的態勢，在以後要寫到的「1942年延安整風運動」中漸漸地消失，但是在30年代初期王明君臨黨中央的時期，中共陝西省委則要藉著他的威嚴，去發布基本上符合他路線的指示。這封指示的信件裡充滿著「要把那種教育程度低下、革命意識低劣的無賴趕出去」的煽動性語言。

這些問題和前面提到的謝子長曾經在北方局，和中共中央去巡視過去工作過的地方局有關，從他的那些經歷來看，我們大致上可以認定，謝子長確實忠誠地執行了蘇聯領導階層意志的王明路線。

謝子長根據中共陝西省委的那份指示，嚴厲地批評了劉志丹一夥人，說他們是一群「由不純分子組成，什麼都不是的無賴集團」。

然而，從中共中央第一屆黨代表大會開會時全國只有30名黨員的狀況來分析，那些混雜著土匪、無賴、流浪漢和比他們的素質稍好一點的如「哥老會」與「大刀會」那種人的關係隊，在全國是隨處可見的。就連毛澤東建立的井岡山革命根據地也是一樣，那裡除了山賊以外，連「馬刀會」裡面的人也充斥在關係隊的隊伍裡。

劉志丹的隊伍也不例外。他們之中的很多人是受到了劉志丹的精神煽動影響，或者是因與他有某些共鳴才走到隊伍裡來的。當然也有一部分是想跟著勝利的一方去權衡利害關係的，但更多的則是一些為了劉志丹「可以脫去一層皮」的，具有俠義心腸的人。在這個時候要把意味著是「共產黨軍隊」的「紅軍」這樣的稱呼寫在部隊裡面，不僅會遭受反對，許多人甚至會離隊而去，對於這一點，劉志丹自然是非常清楚的。

然而，只要能夠為了相同的目標去戰鬥，「部隊」就能獲得戰鬥力，為此劉志丹認為：「只要慢慢地在思想上進行教育，這些問題都能得到解決。」

無論如何，只要能把劉志丹一夥打下去，自己的隊伍就會成為「山大王」的念頭，終究使謝子長動了殺機。他決定殺害劉志丹隊伍中的主要骨幹，把他們的武器全部奪過來。於是那一起抓劉志丹和他的部下，把他們監禁關押，進而殺害的事件發生了。

1932 年 1 月初，劉志丹和謝子長率領著經過妥協被改稱為「西北反帝同盟軍」的部隊，到達甘肅省正寧縣東北的柴橋子村，他們在那駐紮並開始訓練。謝子長在那裡主持召開了軍人大會，中共陝西省委代表榮子卿在會上宣布「西北反帝同盟軍」正式成立，由謝子長擔任同盟軍的總指揮，劉志丹擔任副總指揮。

他們的下面設兩個支隊和一個警衛大隊，戰鬥人員一共有 700 人，還有 400 多支槍。在這支同盟軍內部，原謝子長的陝北關係隊叫「第一支隊」，原劉志丹的南梁關係隊叫第二支隊。在這之上，第一支隊又分成三個大隊，閻紅彥擔任第一大隊隊長，兵力（即人數和槍支的數量）好像也要比劉志丹那邊多一點。

以下是站在謝子長一邊的幹部雷恩俊在1979年7月24日進行的口頭回憶的詳細記錄。這裡邊的主要內容從《紅二十六軍和陝甘邊蘇區》（劉任編輯，1995年由蘭州大學出版社出版）中摘要構成。

1932年2月4日，農曆為12月27日下午，謝子長在他的駐地召集反帝同盟軍一支隊大隊長以上的黨員負責人開會，討論群眾紀律問題。榮子卿、楊仲遠、閻紅彥、白錫齡、胡廷俊和我（雷恩俊）都參加了會議。我們沒有讓第一支隊的支隊長師儲傑參加，因為怕他走露消息，也沒有通知劉志丹他們參加會議。會上，謝子長說趙二娃（趙連壁）等人違犯群眾紀律，說是在打擊地方軍閥，實際上卻在搶劫老百姓的東西、強姦婦女，搞得群眾非常害怕我們。因此讓大家討論怎麼辦？參加會的同志都說我們不能脫離群眾，如果改造不行，就要採取堅決措施。最後會議決定，在謝子長集合部隊講話之機，收繳第二支隊的武器，處決趙二娃。

第二天（農曆12月28日）早上，整個部隊集合在三嘉塬一個群眾的打麥場上，由謝子長發表講話。他的話一結束，白錫齡就一槍打死了趙二娃（趙連壁），收繳了二支隊的槍支，那件事在現場引起了很大的騷動。*1

2月8日正月初三晚上，師儲傑派他侄兒來找我，說第七中隊長的馬風銀(他是我發展的黨員，與我關係很好)肚子痛，叫我馬上去一下。我急急忙忙地趕過去，但一進門就被人用4把盒子槍挺住了腰眼，並被繳了械，那時副大隊長程玉清也被扣押了。

師儲傑此後告訴我說，他們本來準備把我倆及謝子長、閻紅彥等都打死後再去舉行叛變的，但馬風銀對此堅決反對，他說：「你們不願在這裡幹可以走，但不能去傷害人」。

馬風銀的話師儲傑還是聽的。

於是那天晚上他們就把我和程玉清兩人押著，偷偷帶到了南梁的閻窪子 (劉志丹的營地)。到了南梁後，馬風銀勸我留下來和他們一起幹。但是我說我不願意去當土匪。於是他們便把我倆放了。此後我回到了陝北。*2

我們走後，聽說張廷祥派了兩個人來收編他們，但沒有成功，結果還打了一仗。馬風銀被打死，師儲傑他們也受到了驚嚇，逃到西安孫蒼浪的團部，投靠了楊虎城。此後不久，師儲傑離開了部隊，回到了自己的老行當經商去了。

---

*1 筆者註：還有一種說法，說那是閻紅彥開槍殺死趙連壁的。總之當時劉志丹的部下中有好幾個被槍殺，而且開槍者之中確實有閻紅彥。

*2 筆者註：本來師儲傑一夥就是販賣鴉片的商人，和土匪沒有什麼兩樣。

以上內容是根據從各方面得到的證據而記錄來的。

總之，當時的同盟軍就是因為這樣的事變，人數驟然從 700 人變成 100 人的。

其實劉志丹並沒有想過去打倒謝子長，也沒有想過用武力去反抗對方。他絕不會去陷害志同道合的同志，就是對那些不贊成他的觀點的人，他也總強調要慢慢地用時間去「教育」感化他們。

當時（即謝子長集合了部隊，讓戰士們聽他去講話時），劉志丹也是作為「兩個領導」中的一個，站在謝子長的身旁。

當時站在現場的倖存者事後曾經這樣證實道：劉志丹在自己的部下遭到襲擊後，一聲不吭，臉上也沒有出現什麼變化。但是當閻紅彥的部下跑上來準備去奪劉志丹手中的槍支時，有人高喊「住手！」但劉志丹卻笑著說「沒有關係，想要槍的話我這就給你。」話說完就把槍支交給了警衛大隊的士兵，劉志丹手中的槍並不是被繳下的。他被監禁了 3 天，從陝西省委回來的高崗看到這個情況後，立即下令釋放了他。

從這個情況來看，謝子長的陣營並不是因為部隊的戰士中「什麼思想紅不紅」的問題。就像本文開頭所講到的那樣，從山西省回來的「中國工農紅軍晉西關係隊」在到達陝北，和商人的保安隊合併，成為謝子長帶領的「陝北關係隊」時，部隊裡已經混雜著很多「違法者」，「一點也不紅」。事實上，像第一支隊支隊長師儲傑這樣的人，本來就是販賣鴉片的商人，在事件後又去行商了。另外他們之中又有很多人去投降了敵軍，絕不是謝子長陣營所講的什麼「成分純潔」那樣的問題。

這個事件削弱了陝西省的革命力量，這才是劉志丹最為擔心的。

劉志丹陣營的兵力比謝子長他們強大。在被謝子長等襲擊時，他完全可以用武力去抵抗，但是他放棄了這個手段。事後有人曾問劉志丹為什麼不去抵抗時，他這麼回答道：「我們一定得要考慮革命大局。如果這麼做的話，我們會犧牲更多的人，那麼我們拼死拼活建立的陝甘邊區一帶革命根據地就會喪失。」

這個事件發生 7 個月以後，習仲勳和劉志丹相遇了。

② 1935 年 10 月，由謝子長的剩餘勢力主導的肅清事件——被毛澤東拯救了性命的劉志丹、高崗和習仲勳

在把劉志丹陣營擊垮了的那個三甲塬事件後的 2 月 12 日，謝子長把「西北反帝同盟軍」又改名為「中國工農紅軍陝北關係隊」，由謝子長擔任總指揮，而劉志丹則被他

們清除了出去。

由於改組後的關係隊連續失敗，並沒有取得成績，所以陝西省委又把黨委委員杜衡派去，期望成立「紅軍第26軍」。

杜衡在那時發現，不僅僅是劉志丹、謝子長，就連閻紅彥這樣的人都是山頭主義者。這個發現讓他非常憤怒，為此他破口大罵他們是山頭主義者、逃跑主義者和右傾機會主義者，並宣布「絕不能讓他們進入紅軍的隊伍。」

本來在成立「西北反帝同盟軍」時，中共陝西省委曾命令劉志丹，要他「不能老是待在山裡，要到敵人多的地方去建立革命根據地，在那裡進行革命活動」。

但劉志丹不執行這個命令。劉志丹說：「在這樣強大的敵人面前，關係隊在一瞬之間就會被消滅，關係隊一定要在敵人最弱的地方建立自己的根據地，離間敵人，讓敵人從內部分崩離析，除此之外沒有別的道路。」

沒想到，劉志丹當時的這個主張和毛澤東的「在城市以外的地方建立根據地，用農村去包圍城市」的基本戰略完全一致。

劉志丹根據自己的具體經驗為關係隊的活動定下了基調，沒有同意陝西省委的意見。

無可奈何的中共陝西省委最後決定，除了在隊伍裡留下劉志丹做為領導外，要謝子長和閻紅彥到上海中央局去受罰並接受教育。1932 年 12 月 24 日，中共陝西省委終於如願地把陝甘關係隊改編成「中國工農紅軍第 26 軍第二團」，由杜衡直接擔任政治委員，讓陝甘關係總隊的班長王世泰擔任團長，並任命劉志丹擔任政治處長。

然而，並不懂得如何去指揮革命根據地的杜衡，在 1933 年 6 月給紅軍第 26 軍帶來了毀滅性的打擊。

根據中國共產黨陝西省慶陽市委員會和慶陽市人民政府主辦的「陝甘寧邊區紅色記憶人物庫」中的資料可以看出，紅 26 軍自誕生以來，劉志丹好像是「如魚得水」般，不僅得到了陝甘邊區黨組織的支援，還在照金一帶創建了蘇維埃政府。然而儘管這樣，杜衡還是不願意在山裡建立根據地，他要紅軍 26 軍南下，到敵人的主力部隊附近去活動，結果被包圍，受到了毀滅性的打擊。結果杜衡被國民黨軍隊俘虜，在審訊中他立即叛變，把革命根據地的詳細內容告訴了國民黨，使紅 26 軍幾乎被敵人殲滅。

在這裡發揮了重要作用的是前面提到的那個高崗。

高崗 1905 年出生在陝西省榆林市的橫山縣，在 1926 年 21 歲時成為中國共產黨員。從 1927 年開始，他作為共產黨的內線，直到 1931 年為止一直潛伏在國民黨西北的地方部隊，發展自己的人員舉行暴動，並獲得了成功。

為此中共陝西省委在 1931 年派高崗到當地去視察。紅 26 軍受到毀滅性打擊以後的 1933 年 8 月、高崗被委任為陝甘邊區紅軍臨時總指揮部的政治委員，並在11月後被任命為紅軍第26軍第42師政治委員和紅軍第26軍政治委員等，成為又一個建設陝甘紅軍和革命根據地的骨幹。

要把這個曲折的過程寫下來會非常漫長，所以筆者在介紹習仲勳的活動同時，把毛澤東到陝西省之前的狀況先交代一下。

劉志丹在習仲勳和高崗的協助下毫不動搖地前進著，並在1934年11月在南梁成立了陝甘邊區蘇維埃政府。習仲勳擔任蘇維埃政府主席，劉志丹任軍事委員會主席，同時，高崗還擔任了紅軍第26軍的政治委員。

在此讓筆者再次提一下謝子長的兒子——謝紹明的回憶錄。

謝子長1932年12月和閻紅彥一起飛到上海以後，於1933年5月作為駐抗日同盟軍的黨代表，被派遣到察哈爾（現在的內蒙古、北京、河北省的一部分。察哈爾是中華民國時代的地名）。在「察哈爾抗日同盟軍」遭遇失敗以後，謝子長聽到了紅軍第26軍由於杜衡的指揮南下失敗的消息，隨後他又和在天津的中共中央北方局代表孔原聯合在一起，成為北方局西北軍事特派員，在1933年11月再次回到了陝西省。他的任務是整頓紅軍第26軍。

中國語中「整頓」的意思和「肅清」相近，意思是要「把一個混亂的組織重新整編改組」，其手段包括「肅清」。「整頓」就像要進行一場「清潔大掃除」一樣，讓我們聽到恐懼的聲音。

另外，閻紅彥在1934年7月根據上海中央局的指示，被派遣到莫斯科去參加共產國際的第七次代表大會。那以後他又到國際列寧學院和紅軍陸軍大學附屬的共產國際研究班去學習，回國時已經是1935年的4月。他再一次來到陝西省時已經是毛澤東一行到達延安之後，其有關內容將在後面詳細敘述。

筆者盡可能地想去減少登場人物的名字，但在解開關係到習仲勳的歷史樞紐時，無論如何也要向大家介紹一個新人物。

他的名字叫郭洪濤。

郭洪濤1909年出生在陝西省米脂縣東區，和謝子長一樣在榆林中學上學，並在1925年16歲的時候加入中國共產黨。在1927年第一次國共合作分裂時，他就像是隨著謝子長的足跡一樣地去了山西省太原，在山西省國民師範上學，並參加了革命活動。他在1933年被捕，又由於得到了同僚們的幫助，在1933年出獄，出獄後他到北京休養，又在同年12月接受中共中央北方局的指示回到陝北，和謝子長一起參加並協助「整頓」工作。

郭洪濤非常支持陝西省委的意見。他在上海臨時中央局和北方局時也確實做過批判劉志丹的具體工作，並且認為所有的問題都是劉志丹一夥造成的。當時謝子長也在北方局，和這些事自然有著很深的關係。

1934 年 7 月，在陝西省南梁召開的閣窪子會議上，謝子長宣讀了上海臨時中央局和北方局的來信（這封信本身就是由他們自己寫的），信中嚴厲地批判了劉志丹率領的紅軍第 26 軍的右傾思想，並解除了高崗擔任的紅 26 軍 42 師政治委員的職務。

此後，謝子長在 1934 年 8 月 26 日的戰鬥中負傷，被敵軍的子彈擊中了胸膛，但他卻忍著傷痛於 9 月 5 日，代表北方局在病床上寫下了激烈批判劉志丹的書信，還在 10 月 25 日給郭洪濤寫了同樣內容的信件。

他們怎麼這麼想打倒劉志丹呢？如果真的是因為對於革命的熱情，那麼他們完全應該把那份熱情去燃燒在革命的活動上，或者是專心致志地去治癒槍傷才對啊。一般的旁觀者恐怕都會這麼想的，可是謝子長和郭洪濤卻瞪著眼睛，專門盯著劉志丹，發洩對他的仇恨。

此後北方局和上海臨時政府也派出代表前來陝北確認，而在現場接待他們的郭洪濤，又對劉志丹進行了激烈的攻擊，讓代表們不得不承認這個無法否認的事實。

1935 年 2 月，謝子長因傷口惡化離開了這個世界。

但是郭洪濤他們把這個事隱瞞不報，就像是要去為謝子長報仇一樣，在當年的9月21日，代表北方局的領導（孔原）和上海臨時政府中央局的代表（朱理治），去發佈「紅色戒嚴令」，進行大規模的肅清運動。他們在10月6日天未明，逮捕了劉志丹和高崗、習仲勳等60餘人，並殺害了紅軍第26軍「營」以上的幹部及陝甘邊區蘇維埃政府區以上的幹部和青年知識人士共200餘人。

被監禁的所有人手腳都被帶上了枷鎖，剝奪了自由，而且監禁他們的牢獄（租給客人用的窯洞式住居）裡面沒有廁所，當然也不會有被褥，而且很少給他們食物，有時甚至連水都沒有。由於那一帶在10月份就進入冬季，寒冷時氣溫會下降到零下20度左右，是一個酷寒之地，不可能有取暖設備，而且每天都會被用刑拷問，那種淒慘，即使用文字表達，都會感到寒慄。

根據習仲勳的回憶錄，那時候的關押他們的牢獄附近，已經為劉志丹和習仲勳等人挖好了準備活埋他們的土坑。

㊄ 毛澤東建立了西北革命根據地聖地「延安」——毛澤東高度評價習仲勳

1934年10月，在江西瑞金建立的蘇維埃政府（中華蘇維埃共和國）崩潰後，毛澤東為了從蔣介石國民黨軍隊的圍剿中逃出來，決定向國民黨軍隊力量薄弱的西北方向逃跑。這個事情被稱作為「長征」，又被稱作是「北上抗日」，但是他們要去的西北地方，其實並沒有日本軍隊。

因此，「長征」是毛澤東為了從國民黨軍隊的追擊中出逃，積蓄力量，以備日後打倒蔣介石奪天下的戰略方針。

這個方針如果無法在「國民黨軍隊追擊不到的地方」去建立安全的根據地，就不可能實現。有一種分析認為，到西北去是因為萬一出現什麼不測時，作為最後的選項還可以逃往蘇聯；但是不管怎麼樣，應該說它和蔣介石把國民政府首都建在南京是有某些關聯的。

長征途中曾經提出了一個又一個可以作為候補根據地的名單，但是它們都被國民黨的軍隊所摧毀了。終於，決定毛澤東中央紅軍命運的1935年9月20日那一天到來。

那是毛澤東所率領的中央紅軍到達哈達鋪（現隸屬甘肅省，當時屬於陝西省）時。毛澤東從國民黨時代發行的舊報紙新聞上發現了一則「陝北有劉志丹率領的紅軍根據地，國民黨軍隊應該儘快去殲滅冒出來的劉志丹紅軍」的消息。

那一瞬間決定了中國的運命。

關於這個問題有很多說法，好像有誰還提出了「是自己把這張舊報紙交給了毛澤東」，在那一瞬間決定了命運的那種主張。

但是《毛澤東年譜》（修訂版，上）第474頁，即1935年9月18日20點至22點之間的記錄上寫著：毛澤東在召見一縱隊偵察連連長梁興初、指導員曹德連時，要求他們到哈達鋪去找一些精神食糧，「把近期和比較近期的報紙雜誌都找來」那樣的話。同書475頁作為9月20日的記錄上還寫著：「在哈達鋪期間，毛澤東從國民黨報紙上瞭解到了陝北有相當大的一片蘇區和相當數量的紅軍。」

那一天毛澤東把幹部集中起來鼓勵他們說：「民族的危機在一天天加深，我們必須繼續行動，完成北上抗日的原定計劃。首先要到陝北去，那裡有劉志丹的紅軍，從現地到劉志丹創建的陝北革命根據地不過七、八百里的路程，大家要振奮精神，繼續北上！」

最初有著10萬人的共產黨軍隊，在那時只剩下了7,000人左右，戰鬥力也非常薄弱。因為長征途中戰死的、餓死的以及逃走的人很多，而且是徒步走了12,500公里，體力和兵力都已經到了極限。

只有 7,000 名紅軍部下的毛澤東，在當時得知不遠處有革命根據地的消息時的那種高興勁是無法言喻的。關於這一點，有著很多記錄。

在那之後，毛澤東又得知了劉志丹等人被捕，且馬上就要被殺害的消息後，怒從心起。想到好不容易才看到的曙光，把自己和中央紅軍的命運寄託在劉志丹建立的革命根據地時，那個劉志丹卻要被殺害，那是一種什麼樣的情境啊！

毛澤東立即下達了緊急命令，停止逮捕，停止審查，停止殺人，立即釋放劉志丹，一切聽候中央來解決。

《毛澤東年譜》記錄了當年 11 月 3 日「發出緊急命令」的情況。這份緊急命令應該是在毛澤東經過了漫長的征途，到達終點時又看到陝西有著廣泛遼闊的根據地，而那些根據地又不斷地被移動著的消息之後才發出去的。

毛澤東率領的中央紅軍第一方面軍先頭部隊是在 10 月到達延安附近，而紅軍所有的部隊抵達延安時，已經是 1936 年的 10 月。如果毛澤東再晚一步到達那裡的話，那麼習仲勳等人就沒命了。

以下所述之習仲勳講的話非常有名。

「如果毛主席不到陝北，那麼陝北根據地就完了；如果毛主席要是再晚到四天，那麼劉志丹和我就不在人世了；要不是毛主席高呼「刀下留人」，那麼我早已不在人世。他們（左傾機會主義者）已經挖好了活埋我和劉志丹的土坑。」

關於挖好了活埋的土坑一事，劉志丹的6歲的女兒（劉力貞）在回憶中講的話出現在《習仲勳畫傳》裡。當時，母親帶著她去探望被監禁的父親劉志丹時，被他們拒絕了。周圍的人喊道：「不行，不能看，已經為他挖好墓地了！」劉志丹的女兒說，母親來到墓穴邊看到那個深深的土坑時，頓時放聲大哭了起來。為了「活埋」人，這個土坑挖得非常深，因為挖得淺的話，還可能會存在空氣，被活埋的人還能夠呼吸。

如果習仲勳當時真的被活埋的話，「習近平」就不可能在這個世界上出現了。

習近平一定會和他父親習仲勳一樣，把毛澤東尊崇為救世主的——這種心理不用解讀也能明白。現在經常聽到有人批判習近平說：「毛澤東作為祖先又回來了！」這個原因和「仇恨」，完全可以用那個活埋的土坑深度來象徵和表現。

獲得了再生的習仲勳在1936年1月、就像本章最初所寫的那樣，被任命成為關中特區蘇維埃政府副主席兼黨團書記。進入了5月以後，他又跟著以彭德懷（1898—1974）為司令員的紅軍西部野戰軍出征西域。

幾乎在此同時的 1936 年 4 月 14 日，劉志丹在率領紅軍第 28 軍和國民黨軍隊作戰時胸部中彈死亡。但是也有一說是子彈從背後打來，是自己人開槍殺害了劉志丹的說法，到今日都沒有消除。

原因是毛澤東到達延安以後，立刻對謝子長的殘餘勢力進行肅清，他們成立了一個五人審查委員會，其中首謀者郭洪濤也在裡面。郭洪濤雖然承認了自己的過失，但他辯解說自己只是執行者，肅清劉志丹他們的主要責任是北方局和上海臨時政府的代表。最後，這個五人委員會以「兩敗俱傷」為此事做了結論。

對於毛澤東來說，他或許認為紅軍不能再失去自己的兵力了。

但對於劉志丹來說，戴在他頭上的那頂「右傾機會主義者」的帽子並沒有被完全摘掉。當時的一些相關人士回憶說，劉志丹是為了證明「自己不是右傾主義者」，才親自去最前線敵營陣地偵察的。

反過來說，毛澤東選擇陝西省延安作為革命根據地，是因為他看到國民黨的報紙上寫著是「劉志丹創建」的革命根據地時，才安全地定下心來的。劉志丹是國民黨堅決要「打倒的敵人」，他是為了共產黨去戰鬥的。他以自己的行為證明，謝子長他們把他當做「右傾分子」，甚至當做反革命分子那樣地去攻擊，是一種錯誤的行動。

但五人委員會卻為此作出了「爭執雙方兩敗俱傷」的結論。劉志丹陣營對這個結論中的「兩敗」非常不滿，而謝子長他們則認為自己「必須去殺掉劉志丹等人」，因為他們還為自己被認定是站在反毛澤東的一方受到批判而憤怒。他們認為「自己沒有受到嚴厲的懲罰，是因為自己沒有做什麼壞事」，為此產生了自負的心理和被扭曲了的復仇心，它們交織在一起，從而帶來了相應的後果。

讓這種憤怒強烈地爆發出來的是閻紅彥 *。

筆者在前面曾經提到閻紅彥在 1934 年 10 月到莫斯科去的事情。因為中央紅軍在長征前夕，上海的中央局遭到嚴重破壞，使中共中央在那一年開始便與共產國際失去了無線電通訊聯繫。

1935 年 4 月，共產國際和中共駐共產國際代表團為了盡快和中共中央取得聯繫，以便及時了解和指導中國革命，特地讓閻紅彥帶著密電碼回國。這份密電碼由英文字母編排，但閻紅彥卻不懂英語。為了工作上的需要，閻紅彥廢寢忘食，努力地背熟了組編的密電碼。因為要提前回國，閻紅彥沒有能夠參加共產國際第七次代表大會。1935 年 4 月下旬，閻紅彥從蘇聯啟程，進入我國新疆後，又喬

---

* 資料來源：《中國共產黨新聞網》http://dangshi.people.com.cn/n/2012/1123/c85037-19672959.html

扮成富商，騎著駱駝，載運著毛毯和燈芯絨，經伊犁、迪化（烏魯木齊）輾轉來到蘭州、寧夏、綏遠。但因國民黨封鎖嚴密，閻紅彥並不知道中央紅軍所在的確切地點，從而不得不到北平去打探消息。後來他又到洛陽、西安，並且終於在西安聽到了陝北紅軍的一些消息。於是他想方設法地克服種種困難來到陝北根據地。

這時中央紅軍已經結束長征到達了陝北。聽到了這一消息後閻紅彥非常高興，立即去找黨中央。1935 年 12 月 25 日，閻紅彥在瓦窯堡見到毛澤東、周恩來等中央領導同志，把帶回來的密電碼交給了他們。

閻紅彥完成了重要的任務，並受到了毛澤東的表揚，因此他很可能產生了自負心理。在 1942 年開始的延安整風運動（政治思想的肅清運動）中，他作為和劉志丹一起戰鬥過的戰友而受到了高崗的嚴厲批評，因此受到了刺激，傷害了自尊心。這種憤怒幾乎沒入了骨髓。因此在新中國建立，高崗自殺後，他利用小說《劉志丹》事件，和鄧小平攜手，聯合在一起，拒絕為高崗恢復名譽。

那麼當時的習仲勳呢？

習仲勳在 1936 年 6 月成為中共環縣委員會書記，並於 9 月 15 日出席了在保安舉行的中共中央政治局擴大會議。毛澤東在進入會場以後看見了習仲勳：「哇哦，這麼年輕！」毛澤東驚喜地說道，並和這位與劉志丹一起建立了革命根據地，看上去非常柔弱的22歲習仲勳握手，讚揚了他至今為止所取得的成績。

《習仲勳畫傳》和《習仲勳傳》裡面記載習仲勳和毛澤東初次見面的時間是1935年12月27日，在中共中央黨校召開的會議上，由當時的參加者（聽眾）所記錄的。那個時候毛澤東並沒有和習仲勳進行什麼特別的對話。毛澤東正式認識習仲勳應該是在1936年9月15日舉行的中共中央擴大會議上。

在這個擴大會議上毛澤東任命習仲勳為「關中特區委員會書記」。

「關中特區」是在1935年9月把陝甘邊南區革命委員會改稱為「關中特區蘇維埃政府」以後的稱呼，它是中共中央在1936年1月把「中共關中特區委員會和關中特區蘇維埃政府」正式合併後成立的組織。習仲勳擔任副主席兼書記。為此，今天的位於陝西省的習仲勳舊居裡，還專門建造了「關中蘇維埃政府紀念館」。

第五章中講到的，把廣東省中包括深圳在內的幾個城市建立為「經濟特區」，並把它取名為改革開放政策的最早的實施者應該是習仲勳。這個功績在鄧小平時代時變成了鄧小平的產物。為此可以看出，習近平對改革開放政策是絕不會放手的。他要以習仲勳兒子的身份去「深化」改革。於是，這個「深化改革開放領導小組」的專業班子在中共中央指導下成立了，並由習近平擔任組長。習近平在這裡顯示了他的「絕不放手」的原因。

關中是延安和紅軍前敵總指揮部駐屯地往來所必經之地，當時紅一軍政治部的主任鄧小平和楊尚昆等，常常會因為路經關中而在那裡住了下來，有時候甚至會住上數個月，當時接待他們的，應該就是習仲勳了。

1942 年 8 月，習仲勳擔任了西北黨校的校長，當時他已經在關中特區（有時也被稱為分區）建立了自己的深厚的社會基礎。

比如建立了生產稻穀和生產棉料的紡織工場，以及輸送部隊、商業產品等的生產活動基地，還建立了和老百姓生活有關的醫院和機械修理工廠等設施。習仲勳在那一帶建立了 200 個小學校，讓 7,000 名兒童得以上學，還建立了 9 所高等小學校（中學部），其在校生在 1940 年時就已經達到 400 名以上。而且他還準備建立師範學校並親自擔任校長。

最讓人感到驚訝的是，習仲勳還在那裡實施了共產國際所提出的「普通選舉」。

第 1 次的選舉是在 1937 年 7 月和 8 月之間舉行的，第 2 次是在 1941 年的春天舉行的，其選舉方法非常有意思。

這個選舉是這樣進行的。首先讓參加各個階層（村委會等職務）職位的候選人一律背朝著選民，並在他們的身後放一個小碗，選民在決定了自己要選的物件後，就在這個候選人身後放著的碗裡放入一粒豆子，最後以豆子的數量來決定當選者。

然而誰也不知道，當時的延安正醞釀著刮起一陣陣恐怖的風暴。

前面講到的整風運動正在那裡舉行。

1942 年 2 月 1 日，毛澤東在大會上的講話揭開了運動的序幕。這場被稱為是三風整頓的運動，要對「學風（思想學習態度）、黨風（對於參加黨的活動的態度）、文風（和意識形態有關的文章和其對演講表演等活動的姿態）」這個三風去進行整頓；總之，那是一場肅清異己分子的運動。

整場運動是無法言說的。它的性質和謝子長派去鬥劉志丹和習仲勳的事件一樣，但其規模和激烈程度卻遠遠地超過他們。

站在這場運動背後搧風點火的是康生（1898—1975）。

康生出生在山東省青島市一個富裕的地主家庭裡。他在 1918 年成為小學教師，其學生裡面有後來成為毛澤東妻子的江青，而且這場偶然的相識使後來的中國發生了非常大的動亂。

康生離開故鄉後去了上海，並在上海加入了中國共產黨。（1925 年）。為了自身的安全，他非常地道地在 1931

年走到共產國際派來的代表即中共中央代理總書記王明的身邊。他的信念並沒有因為其成為黨員而變化。他是憑著敏銳的嗅覺，巧妙地辨別著方向，順著時勢去往前走。1933年7月，他成為以王明為團長的中國共產黨中央共產國際代表團的副團長去了莫斯科，並在那裡住了四年左右。

在蘇聯期間，他經歷了由史達林發起的清洗異己的運動，體驗並學到了以殘酷非人道聞名的肅清運動執行人貝利亞（1899—1853）的拷問方法。1937年11月回到上海以後，他帶著緋聞不斷，綽號為「爛蘋果」的女演員江青去了延安。那時王明也在延安，但是當他感到毛澤東的威信在延安壓倒一切無可匹敵之後，便立即拋棄了上司王明，和毛澤東套上了近乎。他把江青介紹給毛澤東，從而抓住了這個中國領導人的心。

其實當時，毛澤東搞整風運動的動機正是為了去「打倒王明」。

毛澤東沒有留學的經歷。年輕時他離開湖南長沙到北京，正是為了去海外留學，才到北京大學去讀留學生預科的。然而因為他在國內唯讀了中專，學歷不足達標而沒有被批准留學。此後他到北京大學圖書館事務所工作。那一段經歷讓他感到了屈辱。1919年5月4日，在以北京大學學生為中心的反帝愛國的「五四運動」爆發前夕，毛澤東忍著屈辱回到故鄉長沙擔任了小學教師。

誰也沒有想到的是，那些在當時接到北京大學圖書館入館人員登記處工作的毛澤東遞過來的表上，寫上自己名字的北京大學的教授們，幾十年後將跪在成為中國共產黨領袖的毛澤東面前簌簌發抖。

毛澤東在延安搞整風運動的目的，是為了徹底打倒共產國際的代表王明，把他批得體無完膚，但那些從莫斯科歸來的「28個布爾什維克」菁英集團中的一部分人，卻還是留在了延安。本書之後會提到從1966年開始的文化大革命（以後稱為文革），是為了打倒在1958年成為國家主席的劉少奇。因為他取代了為大躍進失敗負責而不得不辭去國家主席的毛澤東。在文革中那些菁英集團和知識分子被下放到偏僻的山地，所有的高等教育機關都被迫關閉了。

從中我們可以想像到埋在毛澤東心靈深處的那種對於知識分子和留學歸來的菁英集團的憤怒。中國共產黨的歷史就是一部把怨恨和復仇交織著，反覆再三地去拼死鬥爭的絞肉機。

曾經那樣地拍王明的馬屁，套著近乎和他一起到莫斯科去的康生，卻那樣沒有節操地站在王明的敵人一邊，幫著毛澤東，並和他一邊無情地批判，徹底地去打倒王明。

在這場大肅清運動中顯露著手腕的還有一個人，那就是高崗。

毛澤東把劉志丹去世以後的陝北交給了高崗。他讓高

	1945年	1946年	1947年	1948年	1949年
月份	1 2 3 4 5 6 7 8 9 10 11 12	1 2 3 4 5 6 7 8 9 10 11 12	1 2 3 4 5 6 7 8 9 10 11 12	1 2 3 4 5 6 7 8 9 10 11 12	1 2 3 4 5 6 7 8 9 10 11 12

東北局

- 書記 彭真 1945/9/15—1946/6/16
- 書記 林彪 1946/6/16—1949/3/11
- 副書記 高崗 1946/6/16—1949/3/11
- 1945/11 高崗就任北滿軍司令員

華北局

- 北方局 1930/8—1945/8
- 晉察冀中央局 1945/8/20—1948/5
- 晉冀魯豫中央局 1945/8/20—1948/5
- 1943/10—1945/8 期間 鄧小平任北方局書記
- 第一書記 劉少奇
- 第二書記 薄一波
- 第三書記 聶榮臻

華東局

- 書記 饒漱石 1945/11/13—1949/3/14
- 副書記 陳毅 1945/11/13—1949/3/14
- 第一書記 鄧小平
- 淮海戰役時，鄧小平任第一書記，饒漱石等人排名延後，此後鄧小平調往西南局

中南局

- 中共中央中原局 1945/10/30—1946/6、1947/6—1949/5/12（前身是鄂豫皖局）
- 書記 鄭位三 1945/10—1946/6
- 書記 鄧小平 1947/6—1949/5
- 1946/6 突破中原包圍後，中原局被撤銷 鄧小平於 1947/6 佔領大別山重建

西北局

- 中共西北中央局 1941/4/16—1949/3/1
- 書記 高崗 1941/5—1945/10
- 書記 習仲勳 1945/10—1949/6
- 第二書記 賀龍 1949/6—1950/2
- 第三書記 習仲勳 1949/6—1950/2

西南局

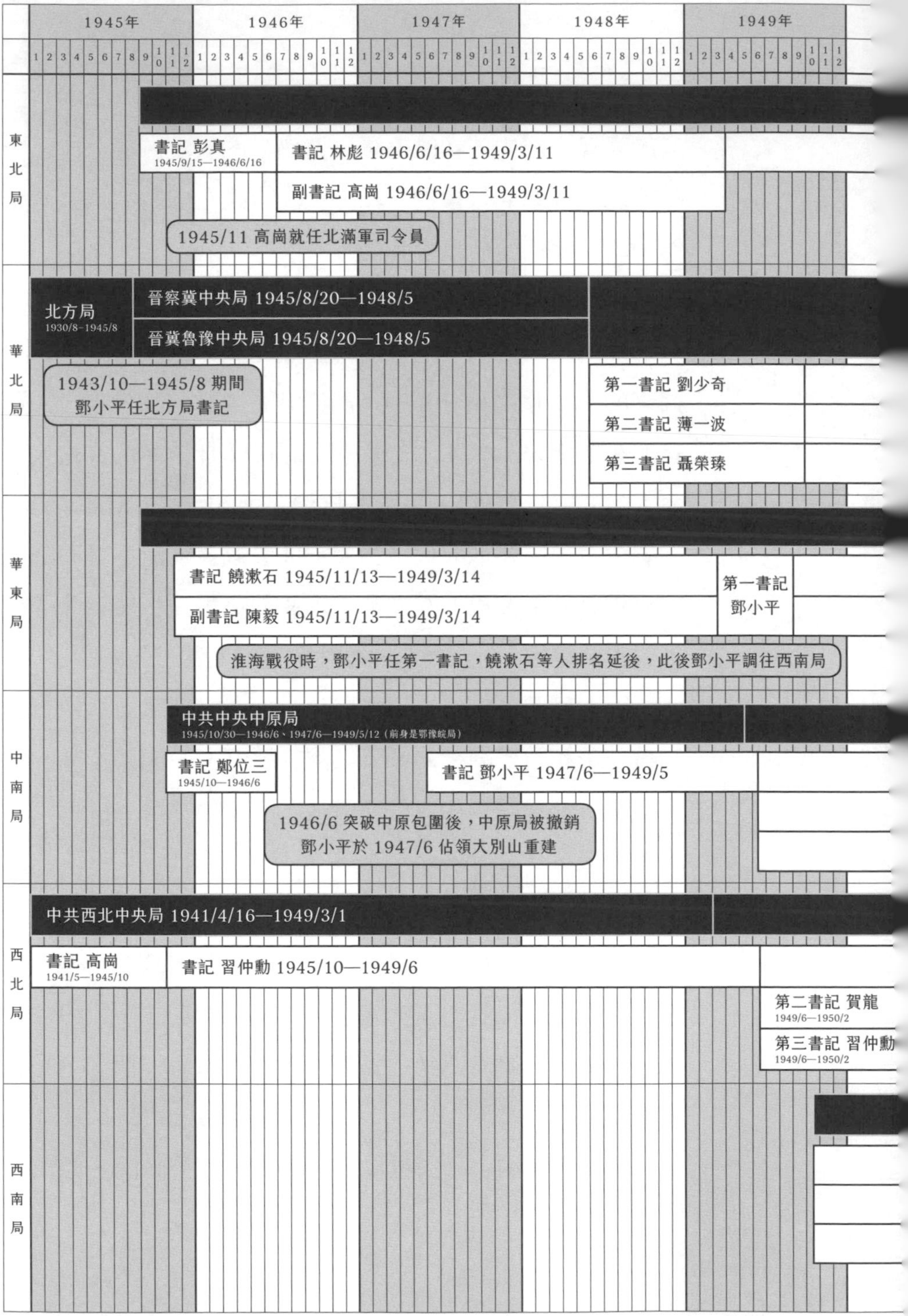

1950年 | 1951年 | 1952年 | 1953年 | 1954年

中共中央東北局 1945/9/15—1954/11

書記 高崗 1949/3/11—1952/8 → 五馬進京

第一書記 高崗 1952/8—？

第一副書記 → 代理書記 林楓 1952/8—1954/11

中共中央華北局（晉察冀中央局和晉冀魯豫中央局合併）1948/5/9—1954/8

薄一波 1949/10—1954/8

聶榮臻 1949/10—1953/6

王從吾

劉瀾濤 1949/10—1953/6

劉秀峰

中共中央華東局（山東分局和華中局合併而成）1945/9/19—1954/12

第一書記 饒漱石 1949/?—1952/8 → 五馬進京

第二書記 陳毅 1949/?—?

中共中央中南局 1949/5/12—1954/8（1949 年 12 月前為華中局）

第一書記 林彪 1949/5/12—1954/12

第二書記 羅榮桓 1949/5—?
（沒有就任）

第三書記 鄧子恢 1949/5/12—1953/1 → 五馬進京

中共中央西北局 1949/3/1—1954/12

第一書記 彭德懷 1949/6—1954/12

第二書記 習仲勳 1950/2—1954/12

第三書記 馬明方 1950/2—1954/12

中共中央西南局 1949/10/13—1954/12

第一書記 鄧小平 1949/10/13—1954/12（1952/9 五馬進京，此後設第一、二、三書記）

第二書記 劉伯承 1949/10/13—1954/12

第三書記 賀龍 1949/10/13—1954/12

第一、二、三副書記 宋任窮、張際春、李井泉
1952/9—1954/12

崗在 1936 年成為中共陝北省委書記，又推薦他在 1937 年擔任中共陝甘寧邊區的書記。毛澤東在 1940 年再次重用高崗，讓他擔任中共陝甘寧邊區中央局書記，還在 1941 年 5 月把他提升為中共西北局書記，給了他很大的權力。

毛澤東在進入 1940 年代後，連續地指名高崗去擔任地方局書記的事情引發了關注。（74 頁，參照圖表 1–3）。這個事情在此後刺激著鄧小平，並使它發展成為新中國建國以後出現之「高崗事件」的要因。

1942 年 10 月，毛澤東出席了由高崗主持，長達 88 天的西北局高級幹部會議，這個會議談了關於「陝北的歷史問題」(即謝子長一派攻擊清除劉志丹一派的問題)，把「堅持實行以高崗為代表的正確路線」作為這個會議的結論，並批判了中央派來的幹部，提出「必須尊重高崗同志」等。毛澤東在評價陳雲的功績時還不屑一顧地說：「這和高崗根本無法相比。」

這種指名道姓的比較和批判，在新中國誕生後發生的「高崗事件」中，也讓陳雲萌生了施展陰謀的念頭，當時只要蹭著鄧小平的甜言蜜語行動，就能相對容易地達到目標。

更讓人感到驚奇的是毛澤東的斷言。他說：「在白區的模範是劉少奇，在邊區搞群眾活動的模範則是高崗。」延安整風運動時毛澤東又提到了高崗，他說「我到陝北已經

5、6年了，在對陝北情勢的認知上以及和陝北人民的關係裡，我覺得沒有人比高崗同志更優秀的了。」

那個時候毛澤東認可的「黨內核心指導者一共13人」，其姓名如下：

毛澤東、朱德、劉少奇、周恩來、高崗、任弼時、陳雲、康生、彭真、董必武、林伯渠、張聞天、彭德懷。

鄧小平的名字沒有出現在裡面。

就像是飛鳥俯衝下來的感覺一樣，高崗在那時的勢頭使他根本沒有去在乎那一場正在進行著的整風運動。正如本書第三章所講的那樣，此後發生的高崗事件以及在把高崗逼到了自殺的絕地後，閻紅彥被鄧小平唆使，把矛頭對準了高崗的戰友習仲勳。這是因為鄧小平知道閻紅彥對高崗的怨恨，推定自己可以利用其去攻擊別人。

一個叫做王樹恩的人，曾經在〈你所不知道的開國上將閻紅彥的風雨人生〉（雜誌《世紀風彩》2012年第II期）（《中國共產黨新聞網》轉載）中，明確地描述了閻紅彥的主張。

原來高崗是要求閻紅彥作偽證，證明高崗是紅軍陝甘關係隊的隊委。閻紅彥聽到後馬上嚴正地指出：「你不要把自己打扮成陝甘關係隊的領袖。你的歷史我知道。組織晉西關係隊的時候沒有你，成立反帝同盟軍的時候也沒有

你，陝甘關係隊成立後，你只是三支隊二大隊的政委，不是陝甘關係隊的隊委，那時候你不是負責人。在臨鎮的戰鬥中，你還在火線上當了逃兵。對此大家都很氣憤。隊委會還決定要開除你的黨籍，並下令通緝你。按照當時關係隊的紀律，叛逃者被抓回來是要槍斃的。後來你回來了，還編造了一套套的謊言去為自己開脫。當時擔任關係隊總指揮的我考慮到你是自己回來的，因此只給了你一個留黨察看的處分。劉志丹要你立功贖罪，隊委會才決定讓你到一個關係小組去當戰士。」

高崗見閻紅彥不肯給他作偽證，便惱羞成怒倒打一耙，利用自己是中共西北局書記的職權，在西北高幹會議上誣陷閻紅彥是在「對他造謠、陷害」，並且無中生有地反誣閻紅彥有野心，並捏造說閻「企圖去組織陝北師團，向中央奪權」。

然而不管怎麼說，這也只是閻紅彥自己的主張，高崗在背後到底是怎麼說的，並沒有可信的根據，筆者在前言中講過，會在第二章中詳細敘述高崗的秘書趙家梁在回憶錄上寫到的事情，趙家梁在 1952 年後一直擔任高崗的秘書，但卻一直沒有寫這些事情。然而他記得閻紅彥對高崗發怒一事，這個事件在很多地方都得到了證實。對於這一點，作為他的軍隊上級領導，又和他關係密切的鄧小平是不可能不知道的。

閻紅彥在看了 1962 年出版的小說《劉志丹》後，認為這是一個企圖去為高崗恢復名譽的陰謀，並特意去告發習仲勳，關於這些問題，筆者將在第三章中去考證。

㈥ 毛澤東把西北託付給了習仲勳——習仲勳收到了毛澤東寫的9封信和98封電報

1943年2月，習仲勳擔任了綏德地方委員會的書記，並兼任綏德警備司令部的政治委員。在從關中移動到綏德去的時候，毛澤東把習仲勳叫到楊家嶺的窰洞裡，鼓勵他說：「在一個地方待得太久感覺會遲鈍，到新的地方去本身就是一個鍛練。」

習仲勳到了綏德之後感到非常驚訝。

他發現康生為了強化整風運動中實施的所謂的治病救人，竟然要求包括小孩在內的人都要養成承認「自己就是內奸」這樣的習慣。從文字上去看「治病救人」好像是一件好事情，但其實這是懲罰被認定為肅清對象的人，要他們「只有老實地去坦白才能得到救治」的一種拷問的手段。

只要向當局（康生）告密說「那個人有反黨思想」，那麼至少，告密者本身就不會成為被逮捕或者被審查的對象，所以實際上，這個「治病救人」就是對內奸去進行告密的一種獎勵運動。

康生發明的「治病救人」還不算是最為惡劣的，這最多也只是創造中國這個告密社會中的根源裡面的一個方法。從那個時候產生的這種精神並沒有在中國共產黨統治的社會中消失，相反它卻不斷地加深了。

從《習仲勳傳》和《習仲勳畫傳》中所描述的內容去看，習仲勳在綏德看到社會蔓延著的那種「偽善的坦白」，和 10 歲左右的孩子都要去承認「自己就是內奸」，以及大家都要爭著去「坦白」的情況之後，受到了極大的刺激。綏德全邊區三分之一共 50 萬左右的人口中，幾乎一半都受到了某種形式的懷疑和審問，或者去主動「坦白」，比如抗日軍政大學總校（本校）排長以上幹部的 57.2% 都去進行了所謂的「坦白」。

對於那種情況，習仲勳利用他在各地講演和參加座談會的機會中反覆地講述，要人們「必須說真話，不能說假話」。為了安定人心，他還特別邀請綏德師範學校的學生家長開會，一方面對他們進行安撫，一方面向他們宣傳共產黨「不冤枉一個好人，也不放過一個壞人」的政策。他也為因冤罪而被捕的人恢復名譽而四處奔走，並呼籲將他們立即釋放。

習仲勳真心相信這麼做會有效果嗎？他可能會為毛澤東阻止了對劉志丹他們的肅清而感動，但是延安整風運動的肅清規模是那麼大，而且在那之後的中國共產黨世界中，冤罪、告密和肅清等等政治運動連續不斷，就連習仲勳本人也在新中國誕生後嘗到了那種滋味。

但是不管怎麼說，習仲勳在新中國誕生前後還是受到了毛澤東的關懷與信賴。他在西北地方和毛澤東「兩人三腳」一般地同甘共苦、互相呼應，制定處理突發事件。他和毛澤東一起，全心地投入到工作中，為新中國的誕生而盡力。

1945年8月15日日本宣佈投降，9月2日，日本軍隊的代表在中國密蘇里號戰艦上簽署無條件投降文書。這份文書送到蔣介石手裡時，已經是第二天的9月3日，因此這一天是中國抗日戰爭的勝利紀念日。

毛澤東在那裡發揮了他的本事。

這場戰爭是「大日本帝國」和「中華民國」的戰爭。日本軍隊想要打倒的是國民黨軍隊，但毛澤東想要打倒的卻是蔣介石。為此毛澤東為日本軍隊能幫助自己打倒蔣介石率領的國民黨軍隊而高興，並再三地向日本表示感謝。

為了阻止在軍事上占絕對優勢的國民黨軍隊對共產黨的進攻，毛澤東讓周恩來所屬的間諜班子中最最老練的潘漢年，去勸誘曾為蔣介石心腹的張學良背叛國民黨。1936年12月12日，張學良在西安扣留了蔣介石，發動了「西安事變」。他威脅蔣介石，如果同意進行「第二次國共合作」就會釋放他，但若拒絕，就會開槍殺了他。為此，他們獲得了蔣介石的承諾，讓共產黨的軍隊保存了實力。

被迫承諾進行國共合作的蔣介石，後來不得不把軍費支付給共產黨的軍隊。當時共產黨紅軍的名稱是「國民革命軍第八路軍」，一般的老百姓把共產黨軍隊稱為「八路軍」，也有把他們叫做「八路」的。

蔣介石不僅停止了對毛澤東他們的圍剿，還發給他們俸祿，但毛澤東一邊拿著蔣介石給的俸祿，一邊卻把這些經費的70%用來發展黨的事業，20%用在和國民黨的妥協，剩下的10%才用在抗日戰爭中。這個被稱為是七二一的戰略被秘密地執行著，企圖在日本戰敗以前盡可能地增強共產黨軍隊的力量。

然而毛澤東的策略還不僅僅是這些。為了能削弱國民黨軍隊的實力，毛澤東還派潘漢年打進日本外務省所屬在上海的巖井公館（由巖井英一領導），把在國共合作中得到的國民黨軍隊情報賣給日本（潘漢年等諜報人員的據點設在香港和上海），並把得到的報酬用來購買武器以及宣傳印刷費等，這種宣傳戰勾住了老百姓的心，使他們站在毛澤東那邊。

巖井英一在他的回憶錄中寫道：「潘漢年曾經向他提出，中共軍隊願和日本軍隊簽署停戰協定等事宜。」（其詳細內容可見筆者的拙作《毛澤東勾結日軍的真相：來自日諜的回憶與檔案》）。

毛澤東在日本投降時不無遺憾地說：「如果日本軍隊能再堅持一年，那我們軍隊的兵力就會變得更加強大。」他所說的很多諸如此類的話，都被他的同僚在戰後給揭露了出來。

總之，毛澤東在當時已經沒有必要再去偽裝進行什麼「國共合作」了。

緊接著，發揮抗日戰爭中積蓄的力量和兵力的時候到了。

從現在起，不管是內部環境還是外部環境，都到了可以去徹底地進行由毛澤東取代蔣介石，從而去奪取天下，徹底地打倒國民黨的戰鬥了。

在這個過程中，共產黨軍隊的名字被改了好多次，最終被取名為「中國人民解放軍」，其原理是共產黨軍隊要「解放」全中國了。這個「解放」的意思，意味著共產黨「要把被蔣介石國民黨軍隊獨裁統治下的人民解放出來，用自由和民主去獲得勝利」。

現在的日本人在聽到「中國共產黨是為了自由和民主才去戰鬥的」這句話時常常會這麼想：「這是為什麼？」他們會反駁說：「什麼把中國人民從國民黨的獨裁統治下解放出來？不是那麼回事吧？你們共產黨難道不是真正地對人民實行獨裁專制的統治者嗎？」

中國共產黨從最初開始就是一個充滿偽善，一邊欺騙人民，一邊擴充自己勢力範圍的組織。為了瞭解中國共產黨的真實面容，我們還是要忍耐著再回到前面所寫的內容中去。

正是因為這樣的原因，國共內戰在中國被稱作是「解放戰爭」，或者是「革命戰爭」。在準備進行這場解放戰爭的同時，毛澤東給習仲勳寫了9封信，發了96封電報。從中我們可以看到毛澤東和習仲勳之間的密切互動，可見毛澤東對習仲勳的重視程度。毫無疑問，瞭解這些事情顯然是十分重要的。

因為從那裡可以看到鄧小平在新中國誕生後對習仲勳的戒備，及不讓他掌握權力，為重新打倒他而作出佈局的動機。

我們先把這個事情暫且擱置再說。

1945年10月，毛澤東把林彪和高崗派到日本軍隊撤出後的東北，把那裡的事情委託給他們。同時他又將中共中央西北局委託給了習仲勳，並在1946年6月委任習仲勳為中共中央西北局書記。毛澤東在那個時候對黨中央的幹部們說：「我們要選擇一個年輕的幹部擔任西北局書記，他就是習仲勳同志。他是群眾領袖，是一個從人民中走出來的群眾領袖。」那個時候習仲勳才32歲，是中共中央各個地方局書記中的最年輕的書記。

其實在1945年8月28日，由於美國的仲介，（毛澤東在反覆地拒絕後仍然無法，不得不接受美國的調停，到當時位於重慶的蔣介石國民政府去。）國民政府和中國共產黨之間進行了協商，為「不打內戰，一起建設和平的國家而作出努力」，並簽署了協定。毛澤東和蔣介石真正會面的時間是 8 月 30 日（重慶會談），但是達成協議的日期卻是 10 月 10 日。因為那裡面有兩個十字，所以被稱為「雙十協定」。

1946 年 1 月 10 日，根據雙十協定，在重慶召開了政治協商會議。各黨派代表人數的構成是國民黨為 8，共產黨為 7，其他的政黨和無黨派占 23。這種人數的結構表面上使毛澤東失去了攻擊蔣介石政權是「一黨專制」的口實，而國民黨在當時也對共產黨和其他黨派表示了讓步。國共代表和美國的代表馬歇爾（George Catlett Marshall, Jr.）還為此成立了軍事調停執行部，並讓國共雙方簽訂了「國共停戰協定」。

但是，國民黨在同年 3 月舉行的黨的代表大會上，拒絕了共產黨提出的「民主聯合政府」，並作出了加強國民黨的領導力量的決議。因為那時，毛澤東並沒有中止對國民黨軍隊的攻擊。毛澤東為了取得日本軍隊投降時交出的武器，不惜去挑起戰鬥，哪怕是為了奪取一點點極少的物資也行。

很多學術論文中都說，是蔣介石在 1946 年 6 月下了攻擊中國共產黨軍隊的命令才使國共內戰爆發的。這個結論應該說離事實相當遙遠。（請參照後言。長春在 1946 年 4 月被共產黨軍隊攻擊，筆者也在當時的市街戰中受傷。）

其實，毛澤東也好，蔣介石也好，他們的真心都是不願停戰的。

蔣介石在重慶和毛澤東會面後曾在日記中這樣評價毛澤東，說他「惡貫滿盈，其罪行之重，萬死都不得償。」為此他在雙十協定簽訂三天之後就向各戰區司令官發出「剿匪密令」，這個「匪」指的就是中國共產黨。蔣介石在 1946 年 1 月 4 日發出命令，要求各個部隊「必須在共產黨軍隊建立牢固的根據地之前，將他們一舉而殲滅之！」

習仲勳在和毛澤東的談話中知道了被國民黨稱為是「西北王」的軍人胡宗南。這應該是在胡宗南率領 30 萬兵力對中原解放區大舉進攻的前後。毛澤東直接向習仲勳提出了：如果胡宗南的部隊進攻陝甘寧邊區，應該如何去對付他們的問題，毛澤東徵詢習仲勳的意見。

以下一一列舉的是包括毛澤東對習仲勳往返的部分的信件和電報內容。（這些情報中的大部分，曾經登載在 2014 年 12 月 23 日中國共產黨的新聞網上，其中有一篇文章是依據《習仲勳傳》和《習仲勳畫傳》的內容而寫的。筆者特意刪去原記載的諸多人名及部隊番號，把重點概要介紹給大家。另外，以下所記錄的內容全部發生在 1946 年，為此筆者不再去重述「1946年」這個時間*。)

7月26日，毛澤東致信習仲勳，「請考慮派一、二個大員去幫助李、王兩部，比如派汪鋒或者其他適當的人去如何？」

8月10日一天之內，毛澤東兩次致信習仲勳。第一封信指出：「請考慮派出幾支關係隊（武工隊性質），策應李先念、王震建立的關係根據地，以利將來之發展。」緊接著又在第二封信中提出：「十七軍八十四師團在陝南佛坪堵擊了我王震的部隊。請調查在八十四師內部有否同情我們的人？情況如何，請查明見告為盼！」

對此，習仲勳立即派出關係隊和武工隊，去牽制胡宗南的部隊。武工隊指的是武裝工作隊，他們常常會潛入敵人（國民黨）的占領區進行宣傳和特務活動，在敵軍內部去分化瓦解國民黨的軍隊。

8月19日，毛澤東致信習仲勳，要求「準備三個力量雄厚的團」，「迅速趕到邊境附近，隨時待命策應為要」。

19日晚上10時，習仲勳和聯防軍代司令員王世泰等電令新4旅全部和警3旅7團在兩日內做好戰鬥準備（以輕裝做準備），待命行動。

---

* 資料來源：《中國共產黨新聞網》http://dangshi.people.com.cn/n/2014/1223/c85037-26258947.html

8月22日，習仲勳又致電張仲良、李合邦等，讓他們在進入1946年9月以後，立即命令王震率領部隊出動，不要遲延。當日晚上，難以入睡的毛澤東又提筆致信習仲勳，詢問習仲勳管轄的長武、彬縣、平涼、隆德、靜寧、正寧、寧縣、西峰、鎮原、固原等地敵軍兵力的布防和我軍防守陣地的情況。

8月23日，習仲勳的部隊在南線開始出擊。八路軍第359旅繞道隴縣向北疾馳。習仲勳將南線出擊的消息和敵軍布防的情況電告了毛澤東。毛澤東當日覆函習仲勳，表示「來電己悉，布置甚好，已告訴了王震」。

8月24日，習仲勳和王世泰電令部隊，指出「這次出擊的主要任務是為了去迎接王震部安全進入邊區，因此無論如何也要阻止追來之敵，打擊並消滅他們。在王震部隊安全通過以後，則徐徐收束攻勢，撤回邊區，不要深入敵營去追擊」。

8月29日，359旅在長武，涇川之間越過西蘭公路，並渡過涇河，在鎮原屯子鎮與第3旅警衛部隊會合。當日，毛澤東難掩喜悅之情再次致信習仲勳，指示：「王震部隊主力已經到達邊區 *，現在隴東休整，請令隴東黨政軍人員歡迎並幫助他們。

---

* 註：即陝甘寧邊區的邊沿地區。

9月1日，毛澤東致信習仲勳：「胡宗南似有向隴東進攻之計劃，我們應該如何對付，請制定計劃並告之」。

9月2日，在收到習仲勳關於敵我形勢和作戰方案的報告後，毛澤東再次致信習仲勳：「來信收到。請立即按照所定的方針去做。作戰時，注意集中絕對優勢兵力殲敵一部，如來信所說的那樣，集中六至七個團的兵力，去全殲敵人一個團。」

習仲勳在回憶自己和毛澤東之間互相遞送九封來信的往事時，深有感觸地說：「毛主席把我叫去，問我路怎麼走，從哪裡過渭河，並要我派人去接應。」

毛澤東和習仲勳就是這樣的以「兩人三足」般的結合，擊退了胡宗南對延安的進攻。當時，國民黨軍隊向陝甘寧邊區的進攻十分困難，最終則以失敗告終。（其中的經過非常複雜且內容龐大，筆者予以省略）這雖只是中原和西北戰局的一部分，但卻成為解放戰爭中一個重要的分水嶺，從這個角度可以說，習仲勳為新中國的誕生所立下的功績是無法計算的。

習仲勳曾經好幾次參加毛澤東主持的中共中央擴大會議，其中的在1947年12月25日召開的中共中央擴大會議（十二月會議），對於習仲勳來說，更有著特別重要的意義。

從那時的中國人口比率來看，全國 85% 的人口都是農民，因此，為了增加共產黨陣營的人馬就必須把農民當成自己的朋友。於是，共產黨馬上就在農村召開批判地主大會，組織農民把地主吊起來，在一片激烈的叫罵聲中去毆打他們，用木棒去打、向他們扔石頭。那些凶狠使用暴力者認為：「只有用更激烈的革命手段去鬥爭地主，才能得到共產黨的好處。」因此，這樣的鬥爭越來越擴大化，有些地方甚至於把中農以及貧農都當成了批判的對象。這種和共產黨本意完全相反的現象越來越普遍，以致於很多地方出現了「共產黨是恐怖分子」，把共產黨稱作是「共匪」，一些地方的小作坊農民們甚至還發起了叛亂等等。這種現象使國民黨看到了機會，他們利用這些案例大肆宣揚，要農民「離開共產黨」。為此習仲勳在會議上主張，必須堅決抑制住這股「極端左傾化」的思潮。

當時的地主都是一些經濟還算寬裕，掌握了一定的知識，其中甚至還有一些知識分子。地主並不一定全是凶惡毒辣的搾取者，相反地，很多地主還養活了一大部分中農和貧農。將地主階級徹底消滅，很可能會引發建設新中國時人才嚴重不足的危險。

習仲勳在 12 月會議的準備會上提出了這個問題，花了三個多小時去講述要改善土地改革的主張；但當時很多出席者卻認為習仲勳過慮了這個問題的嚴重性，並認為這很可能會引起毛澤東的憤怒，還為習仲勳捏了一把冷汗。

然而毛澤東則轉動著座椅，認真地聽習仲勳講話，並在習仲勳發言結束時站了起來，大聲地講了以下的話語。

「把西北委託給你，只有這樣我才安心！」

他們就這樣地開闢了一條通往新中國的道路。

第二章

「五馬進京」和高崗下臺在西北革命根據地

——鄧小平的權力欲和陰謀

本章想考證受到毛澤東的稱讚和信賴，已經掌握僅次於毛澤東權利的高崗，為什麼會在受到鄧小平和陳雲的告發，被無端攻擊之後，會走上自殺的道路，造成悲劇性的「高崗事件」的原因。這個事件有太多的疑問，很多當事者以及他們的子女即使至今都還迷惑著，圍繞著當時的矛盾點說那是冤罪，並提出抗議，要重新去考證等。這個「謎」理當要揭開，在這裡筆者以鄧小平和陳雲在當時的行動為焦點去追蹤調查，期望多少能釐清一些這個事件的真相。

得到了毛澤東信任的高崗掌握著大權

1949年10月1日，中華人民共和國誕生了。毛澤東在北京天安門城樓上大聲宣佈：「今天，中華人民共和國中國人民政府成立了！」但那個時候，習仲勳卻還在陝西。

國民黨軍隊曾在國共內戰初期，憑著人數裝備上的優勢，一時佔領了延安，但那時毛澤東卻已經從延安突圍出去了。在彭德懷（1898—1974）和他派遣的習仲勳部隊共同戰鬥下，延安在1947年4月21日被奪回。「因為西北局的書記是習仲勳」，所以習仲勳借用了毛澤東在王家坪的辦公室，在那裡昭示著自己的領導手腕。

為了統治中國，當時又增添了好幾個新的「地方局」。而地方局的書記都是根據中共中央毛澤東的指示去選定。

關於地方局的配置，從一開始的規劃到結束為止，常會出現很多變動，從日中戰爭結束後的佈局來看，就像圖表1–4顯示的那樣，最高領導都以「書記」這個稱謂來表示。最初的「書記」只有一個人，但接下來卻出現了第一書記、第二書記、第三書記等等。這些稱謂相當複雜，為此筆者費神地試做了1–3這個圖表（74、75頁），儘管如此但仍不夠完全，因為寫在那裡的並不完全是被統一的正確稱呼，為此筆者特別在有疑義之處點上了「?」，用這個符號表示疑問，並期望讀者見諒。這是根據各方記錄彙整撰寫的，並不盡然完整。

地方局的這種佈局，是「中國」之所以能組成一個國家的重要關鍵，因此，它也能在今天變成習近平進行「怨恨和復仇」的支柱。為此，筆者會在這個癥結點去認真的解釋。

如同看了圖表 1–3 之後多少可以明白，在建國之前留下來的地方局裡，最為顯著的當然是「西北局」了。因為毛澤東領導的革命根據地首府就在陝西省延安，而且長征也把「西北革命根據地」設作終點。那個地方局的名稱當初叫做「中共西北中央局」，但在 1949 年 6 月以後，那裡開始變為「中共中央西北局」了。

當時西北局的最高領導是高崗。他從 1941 年 5 月開始至 1946 年 10 月為止，都在那裡當書記。

日本戰敗使滿州國崩潰以後，北滿軍區在 11 月任命高崗為北滿軍區司令員，而習仲勳則升任為西北局書記。高崗在 1946 年 6 月成為東北局副書記，並從 1949 年 3 月開始升遷為東北局書記。

在這裡要注意的是，高崗一邊擔任地方局的書記，一邊又在新中國的誕生前夜成為「中央人民政府副主席」。

這個副主席只有很少的幾個人，除了毛澤東主席外，既擔任地方局書記又兼任中央副主席的，只有高崗。在外人看來，他的職位就像僅次於毛澤東似的。

然而，「書記」這個名稱也會根據時代而產生變化，習仲勳在 1949 年 6 月底被稱為是「書記」，但是到了 1949 年 6 月以後，因為兩年前重新奪回延安從而功高名盛的彭德懷，卻又在那時成為那裡的第一書記，習仲勳則變成了第二書記。

當時鄧小平在幹什麼呢？

他在 1947 年 6 月成為中共中央中原局書記，並率領著野戰軍在和國民黨軍隊為仗。他在 1948 年 5 月被任命為中原局第一書記，而他的那個中原野戰軍也在 1949 年 2 月被改稱為第二野戰軍。1949 年 5 月 27 日上海解放時，中共中央又設立了華東局，鄧小平被任命為第一書記。

1949 年 10 月 1 日新中國宣告建立時，南方國民黨軍隊的殘餘勢力還很強大，因此在 1949 年 10 月 13 日，中國共產黨又創立了「中共中央西南局」，鄧小平也移到那裡就任第一書記。

● 一馬當先

考慮到用地方局這樣的佈局，把「建國有功的將軍們」

分散在各大行政區，會降低北京和中央的工作效率以及中央政府的指導力度，因此毛澤東決定在 1952 年把「5 個將軍」請回北京。

這個事情被稱作是「五馬進京」，「五馬」是「5 個將軍」的意思，「進京」則意味著他們「進入了北京」。也產生了所謂「五馬進京、一馬當先」的說法。這個「一馬」，指的就是高崗。他到北京後發揮了勢不可控的作用，因此也為今後「高崗事件」的發生，設下了埋伏。

1952 年 7 月，劉少奇（中央人民政府副主席）收到了被批准的《加強黨中央機關業務有關意見》文件以後，立即向有關地方各局書記發出通知，要他們到北京來。這個「五馬」的名字，根據這些人「進京」時間的順序記錄如下：

高崗（東北局）：1952 年 10 月 8 日（47 歲）
（1949 年 9 月 30 日就任中央人民政府副主席）
饒漱石（華東局）：1953 年 2 月（49 歲）
鄧子恢（中南局）：1953 年 1 月（56 歲）
習仲勳（西北局）：1952 年 9 月（38 歲）
鄧小平（西南局）：1952 年 7 月（47 歲）

這個「五馬」都是地方局書記，但是在新中國誕生前夜就任為中央人民政府副主席的，只有高崗一個人，在眾人面前，他顯得十分醒目。

● 鄧小平與周恩來的關係

接著要講的是，接到了中央通知，馬上趕來北京的鄧小平。這裡有鄧小平在「兩件事情」上接受中央的邀請並進行回答的記錄。

中央通知鄧小平：「讓你擔任政務院副總理的職務。」這個通知是劉少奇在7月13日告知的，但沒想到，鄧小平竟迫不及待地，馬上就帶著家小在7月末搬家到了北京。那種「一刻都不能再等，馬上要到北京去升官」的事情，自然有著他深刻的原因。

其實周恩來總理（1989年3月—1976年1月）和鄧小平從法國留學時代（1922年）起關係就非常好。在異鄉巴黎，鄧小平視比他大五歲的周恩來就像是自己的兄長，而周恩來對鄧小平的能力也有著很高的評價。

但毛澤東對鄧小平有著防備。因為他最初和劉少奇一樣，在莫斯科的中山大學學習，是毛澤東最為討厭的留蘇菁英派，而且他還住在莫斯科。對此毛澤東自然是不信任的，但因為不能就此薄了周恩來的面子，所以把鄧小平擱在身邊讓他發揮才能，也就成了一個選項。但對此毛澤東的心裡卻是不願意的。因此為了把鄧小平能夠叫到中央來，周恩來費盡了心思。

毛澤東在考慮「五馬進京」的構想時，周恩來正在蘇聯訪問，和蘇聯交涉推動五年計劃。周恩來讓陳雲（政務院副總理）和他一起去莫斯科，此外還叫了李富春（當時任中央人民政府政務院政務委員、財政經濟委員會副主任兼工業部部長），張聞天（當時的駐蘇聯大使），粟裕（當時的中國人民解放軍軍事委員會副總參謀長）等人。由於周恩來不在北京，國事被耽擱下來了，所以周恩來特意和毛澤東商量，讓「五馬」中的一員鄧小平擔任政務院副總理，並馬上到北京來處理國家事務。因為五馬進京的人員中有鄧小平的名字，對此毛澤東沒有辦法，只能同意了。

本來毛澤東是想把高崗推上位的，但又不能反對自己不喜歡的鄧小平，為了讓中央高層全部同意提拔高崗，同意鄧小平馬上進京也是毛澤東和周恩來交涉，讓他去同意自己的意見的一步棋子。

周恩來當然明白毛澤東的苦心，然而他並沒有就此善罷甘休。為此他還突然地要求毛澤東，希望毛澤東同意在自己訪問蘇聯期間，讓鄧小平擔任「代理總理」。

蘇聯的訪問日程從 1952 年的 8 月 17 日到 9 月 24 日。讓鄧小平在這一個多月的時間裡擔任「代理總理」，是不是意味著，萬一周恩來出了什麼意外，就要鄧小平去擔任「總理」，從而去作出鄧小平就是今後的總理那樣的暗示呢？

然而，不管怎麼說，毛澤東都要把高崗提拔到中央裡來，這大概也是毛澤東不得不同意周恩來提出馬上讓鄧小平進京的原因吧！

能夠抓住適當機會去向毛澤東進諫的周恩來，自然不是一個等閒之輩，然而就連周恩來也沒有想到的是，這個被「代理總理」職位激發了野心，引發了無限想像的鄧小平，今後卻將中國引到一個讓人瞠目結舌、連想都想不到的歪路上。

1952年8月7日，鄧小平被正式選舉為副總理。

● 建國之初實行的是「新民主主義制度」

政務院在1949年10月1日舉行的中央人民政府委員會第一屆會議上，選出周恩來為中央人民政府政務院總理，又在10月19日舉行的第三次會議上，選出董必武、陳雲、郭沫若、黃炎培等4人為副總理。郭沫若是文學家，只能擔任教育和文化方面的工作，黃炎培因為不是中國共產黨黨員，是民主黨派裡的中國民主建國會的中央委員會主任，因此不能委託他成為管理國家事務的「代理總理」。而董必武（1886—1975）不僅是參加第一屆中國共產黨代表大會的代表，也是中國共產黨創建者中的一員，他的資格太老，就是讓他擔任副總理的職務也不足以顯示他的地位，況且他留學的是日本（日本法政大學），不是毛澤東討厭的留蘇菁英，因此會是個合適的人選。另外郭沫若也是留日學者，在九州（帝國）大學醫學部學習。擔任副總理人選中的兩人都是留日學者，甚至還有非共產黨員，這一點，不管怎麼說，都會讓外人產生濃厚的興趣。

為什麼陳雲也能被選為副總理，這裡面還是有一些複雜的原因的。陳雲出身貧寒，連高小都還沒有畢業時就在上海的商務印書館裡當學徒和店員了。但是在 1935 年 10 月，陳雲 35 歲的那年，他作為中共的代表，和其他的十一人，一起到莫斯科的列寧學校學習政治經濟和英語。他和蘇聯的經濟學者們同住同吃，隨時都可以向他們提問討教，因而學到了相當多政治經濟方面的知識。回國後，他在延安擔任西北經濟辦事處副主任，從事陝甘寧邊區財政方面的工作。為了使新中國誕生後經濟能夠得到發展，所以才讓他當上了副總理兼財政經濟委員會主任。

1949 年 9 月 30 日舉行了第一屆政治協商會議，毛澤東被選為主席，朱德、劉少奇、宋慶齡、李濟深、張瀾、高崗被選為副主席。「主席」和「副主席」都是統治國家的最高職務。

這裡面宋慶齡（1893—1981 年。孫文夫人），李濟深（1885—1959 年。原黃埔軍校副校長、原國民黨軍隊的將軍。中國國民黨革命委員會創建者），張瀾（1872—1955 年。民主主義革命家，教育家，中國民主同盟的創建者）等人不是中國共產黨員。

這是因為，毛澤東在建國初期提出的並不是「社會主義體制」，而是「新民主主義體制」。當初毛澤東在國共內戰時期，曾嚴厲批判蔣介石，說中華民國是國民黨一黨獨裁的體制，實行「多黨制」才是「民主主義」，從而要求中國共產黨「作為在野黨」，加入到運營國家的政黨中去。這個要求沒有被通過，原因和現在有些雷同。國民黨認為，中國共產黨的目的是為了「推翻中華民國的國民政府」，因此「國共內戰」也在此後變了個說法，成為「革命戰爭（顛覆政權的戰爭）」。

毛澤東在建國初期，不得不舉起「新民主主義」的旗幟，成立包括非共產黨員在內的「聯合政府」，因為這就不算是「中國共產黨一黨獨裁的體制」。應該說，中國進入「社會主義體制」，變為中國共產黨一黨獨裁專制體制的時間，是在此後會講到的朝鮮戰爭爆發時。為了對抗以美國為首的西方民主主義國家，不和蘇聯一樣變為社會主義體制的話，中國就很有可能會出現動盪。

為此，我們可以看到，在新中國成立時暫定的憲法〈政治協商會議共同綱領〉（1949 年）中，當時也明確寫著新中國的體制是「新民主主義體制」，但是，在朝鮮戰爭後制定的憲法中，這樣的文句就消失了。

毛澤東在建國當初採用「新民主主義體制」的背後，還有著其他深刻的原因。

中國共產黨是從農民中發展起來的政黨，由於國共內戰期間，尤其是土地革命時，大量知識分子被殘殺，因此各方面的人才非常缺乏；此外，中國共產黨非常貧窮，不得不去利用國民黨統治時期的民族資本家。在新中國建國時，建立和現在的名稱一樣的全國政治協商會議機構，其目的是為了把當時那些醉心於並且願意協助共產黨的原國民黨「愛國人士」組織起來。（當時還不存在和外國國會相似的全國人民代表大會）

想要為建設新中國去貢獻力量的革命活動家非常多，但毛澤東卻對他們存有戒心，他擔心他們什麼時候會反叛自己而奪取政權。但在朝鮮戰爭爆發以後，那些原本被允許存在的原國民黨系的殘存勢力便蠢蠢欲動了。因當時解放戰爭結束後不久，逃往臺灣去由國民黨統治的「中華民國政府」，趁著朝鮮戰爭爆發之勢，意氣高昂地發出了奪回大陸的豪言壯語。對於這種危險，毛澤東自然心知肚明。這也是中國共產黨之所以會在當時廢除多黨制，把它轉變為以中國共產黨一黨獨裁專制政權為中心的「社會主義體制」之原因。

讓我們再回頭去講一下五馬進京時的鄧小平。

當時的政務院比現在的國務院權限要小，但是儘管如此，能夠成為政務院副總理對於鄧小平來說，還是有著極大的魅力，而且這裡面還有一個連做夢都不會想到的代理總理職位。好不容易進入中央領導階層，甚至還有可能擠進國家最高領導層的後續隊伍，為此，鄧小平要去打倒高崗的原因就顯得十分自然了。

● 習仲勳和高崗不願意到中央去工作

「五馬」中最年輕的習仲勳是在鄧小平進京之後才抵達北京的。當時他的妻子齊心正懷著習近平。北京在那時被稱為「北平」，把習仲勳念叨著的「總算要接近北平了」的話語中的「近平」那兩個字取出來，而勾勒成了習近平的名字。習近平在 1953 年 6 月出生。習仲勳進京之後，被任命為中國人民政府的宣傳部長。其實對自己是否要去中央，習仲勳一直猶豫著。關於他的故事在下一節會詳細敘述，在這裡就先省略了。

年紀最大的鄧子恢也不想去中央工作。所以他在被召喚後的第二年才前往北京。由於他熟悉地方上的農業政策，因此被任命為農村工作部部長。

最後進入北京的是饒漱石。

他在 1952 年春天得了面癱這樣的病，正好要到北京去治療。當時正在進行三反五反運動，接到中央發來讓他進京的命令時，他曾有過「會不會是為了調查自己才叫我去的」這樣的不安。對於這個事情有著記錄。根據楊尚昆的回憶錄，饒漱石在 5 月中的某天深夜和已經休息了的毛澤東見面，談了三個小時的話，事後被人稱為他是不是已經處在一種精神失常的狀態中。由於他在 1952 年秋天跟隨劉少奇帶領，前往蘇聯去參加了蘇維埃共產黨第十九屆黨代表大會，因此成為「五馬」中最後一個進京的人物。

高崗也是推遲了進京時間中的一個人物。他是在劉少奇發來的讓他進京的通知 2 個月以後的 10 月才離開東北局的。

高崗推遲進京的原因是因為他「討厭到中央去工作。」

高崗不願意到中央去工作的理由有好多個。

其中的一個原因是：他認為東北局書記的工作很有意義，所以不願意離開。他在東北不僅擔任著東北局書記的職務，還兼任著中央人民政府副主席和東北人民政府主席以及東北軍區司令員，這種權勢不用說也能明白。

這個工作的內容確實非常有意義。

但是不管怎麼說，東北這個「原滿州國」有著日本留下來的鐵路和發電廠等基礎設施，以重工業為基礎的工業資產和金融機構等非常完整，比較容易發展經濟建設。而且建國初期得到了蘇聯的援助，資金和技術人員也比較充足，因此中央把高崗在那兒的工作標榜為「模範」，毛澤東和周恩來還特意向全國發出了「學習高崗」的指示。

這種痛快的日子哪裡有啊！為此高崗廢寢忘食地全心

地投入在工作中。

第二個理由是他因為學歷低下而產生的自卑感。

高崗出生在陝西省一個貧困的農家，由於貧窮，所以沒有到什麼學校讀書。他在1922年17歲的時候才上小學，沒有多少時間就因為全心地投入革命活動而被學校開除。也有一說榆林中學的校長後來曾勸他去中學學習，但高崗還是以參加革命活動為重拒絕了，並在1926年加入了中國共產黨。

高崗沒有那種到北京大城市是進「中央指導層」工作的自信。他覺得自己配不上，因此對是否應該到中央去工作一直感到猶豫。因為這個原因，他對北京的召喚遲遲不作出答覆。為此毛澤東曾三次催促他，要他「快點到北京來！」

毛澤東當時在領導層裡最為重視的人物就是高崗，對他充滿期待。雖然高崗出身農家，顯得粗糙、學歷也低，但他直言不諱，性格開朗，雖然不是所謂的什麼菁英，卻讓毛澤東喜歡。

高崗向北京作出「我明白了，馬上就去」的答覆是在接獲通知2個月後的10月。聽聞高崗馬上要「進京」的消息後，毛澤東特意派出使者歡迎，從這一點我們也可以看出毛澤東的心意。

毛澤東在北京會見高崗時，興奮的心情是不尋常的。

他立即在 11 月 15 日成立了「中央人民政府國家計劃委員會」，並委任高崗擔任主席。考慮到高崗對東北的工作還殘留著情感，所以毛澤東還特意為他保留了「東北行政委員會主席」的職位。

當時，在蘇聯援助下開始的第一個五年計劃，正是在繼承了與蘇聯鄰接的「原滿州國」生產體制和遺產，及其東北的資源後所進行的。這裡面也有著中央的想法。因為利用這種關係去制定最初的五年計劃，是一種很不錯的選擇。

毛澤東在建國後為了和史達林見面第一次去訪問蘇聯時，史達林卻非常失禮地讓毛澤東在莫斯科郊外等了將近兩個月後才去見他。

毛澤東從 1947 年開始曾多次訪問蘇聯，每一次都提出要會見史達林，但史達林卻以「他是作為什麼代表來見我呢？這一點不說清楚在國際社會上就說不過去」等各種莫名的理由而沒有去見毛澤東。其中的一個原因是因為史達林一直認為：「以農民為中心的革命是不可能成功的。」因此他非常蔑視毛澤東。還有一個原因是他認為：「世界上不需要兩個史達林」，所以對毛澤東的成功，他並不感到高興。

但不管怎樣，他對新中國的誕生還是非常驚奇的。

蘇聯在 1949 年 10 月 2 日立即承認「中華人民共和國」，但儘管如此，他們還是沒有表示出立即歡迎毛澤東去蘇聯訪問的想法。然而，得到了蘇聯承認的毛澤東非常興奮，他認為這一次蘇聯一定會歡迎自己去訪問並安排和史達林見面。為此他立即讓人和莫斯科進行聯繫。在中共中央的領導層內，沒有去過莫斯科（也沒有去過其他國家）的人只有毛澤東一個。也正是因為這個原因，毛澤東才鼓足勇氣要求進行中蘇首腦會談，但是蘇聯方面表示同意的邀請卻一直沒有發過來。

好不容易等到了史達林 70 歲的生日。（實際上生日是 12 月 18 日，但毛澤東卻以為是 12 月 21 日）毛澤東立即發出了包括向史達林祝壽之內容的會談願望。終於，蘇聯方面同意了他訪蘇的要求。

喜出望外的毛澤東也許是因為聽信生於山東的妻子江青的話，在為「史達林大元帥」準備的禮品中，竟然把山東產的黃芯大白菜、紅蘿蔔、大蔥和大白梨等在內大約兩萬斤（約 10 噸）的農產品裝上了火車，開往莫斯科，放在特意為此準備，位於莫斯科郊外的別墅地下室。然而他沒想到，要在那裡住上兩個月，更沒料到還在那裡發現了竊聽器，讓那些蔬菜也變了質。對此毛澤東非常生氣，他自嘲著：「我為自己提出了三個任務。第一、吃飯，第二、睡覺，第三、拉屎！」那種憤怒簡直超出了他的忍耐極限。

然而儘管遭受了這樣的屈辱，他還是在 1950 年的 2 月 14 日，和蘇聯政府簽訂了《中蘇友好同盟互助條約》。

在這個條約中，蘇聯同意並保證向中國在1950年開始實施第一個「五年計劃」，並在內容中定下的50個項目，提供技術和資金。比如中國提出的要建設近代化的貨運汽車工場時，作為工廠的位址，蘇聯選定了方便於運輸物資的「長春」。因為長春南站是中長鐵路（原東清鐵路）南北貫通的要道，是從蘇聯運出物資最為方便的地點。

本來最初簽署《中蘇友好同盟互助條約》時，也應同時簽署關於長春鐵路及旅順大連的中蘇協定。因為當年為了爭奪旅順這個不凍港，而引發了日俄戰爭的蘇聯，是絕不肯把東北這個不凍港拱手讓人的，而且為了把「原滿州國」留下的大量遺產運去蘇聯，那條長春鐵路也是無論如何不能放手的。

所以這兩者能同時兼顧的，就是長春「第一汽車製造廠」了。

為此，當時的政務院財經委員會和中央行政省廳的重工業部門，晝夜不停地開了好幾天會議，為了取得成果，會議還期望東北局能介紹一下現狀，並發表他們的意見。這種因為實行經濟建設五年計劃所帶來的氣息使中央覺得，有必要把東北局的書記也叫到中央來，在國家計劃委員會裡總結一下經驗。這確實是個好主意，為此毛澤東有點焦慮地等待著高崗的到來。

這個國家計劃委員會的規模很大。

政務院財經委員會和重工業部、第一機械工業部等13個中央行政省廳部門，都歸國家計劃委員會管轄。

這意味著，運營國家經濟所有的政府機能，都要由國家計劃委員會去操作，所以擔任這個委員會主席的高崗之權威，由此可見一斑。

中央有關人員把高崗管轄的這個國家計劃委員會稱之為「經濟內閣」。

高崗把在東北局運作的班子由7,000人減為5,000人，把剩下的那2,000人分配到中央的各個部門去。按照國家計劃委員會的指示，全國各地的政府都去建立了可以機動變化的計畫委員會班子。

值得注意的是，這個國家計劃委員會的委員中，有陳雲和鄧小平這兩個政務院的副總理。高崗是委員會主席，而他們則是在高崗的指示下進行工作的「委員」。

周恩來本來指揮著經濟和外交方面的工作，由於經濟方面的工作全部歸高崗指揮，因此他在經濟事務上沒有了說話的聲量，只能把精力集中在外交方面。而劉少奇也是一樣，在經濟方面無法起到作用。

毛澤東一定是想把高崗作為他發洩對史達林怨恨的一種方法和將來的希望吧！為了方便他們可以隨時會面談事，高崗的住所也搬到了毛澤東邊上，一有什麼事毛澤東就和高崗商量，去徵求他的意見。這也讓他們之間的關係越來越密切了。

● 高崗秘書在回憶錄中揭露的真相

毛澤東終於有點明白高崗的心思了。

在中國的資料中，他們兩人間的對話被稱為是講「私房話」。這個意思表明他們是在「唯有兩人時在房裡講的心裡話」。

那麼，毛澤東究竟對高崗講了些怎樣的「私房話」呢？

在這裡必須慎重地去考證，否則就會失去證據的作用。筆者根據高崗的秘書趙家梁在 2008 年 7 月香港大風出版社出版的《半截墓碑下的往事——高崗在北京》中的記錄（以下稱「趙的記錄」）去追查有關事實。這個「半截墓碑」指的是：高崗的墓碑在文革中被攔腰截斷毀壞了的事情。

趙家梁花了 10 年的時間，一邊對照當時的資料，一邊調查再調查，絕不允許自己的文章有任何一個字的錯誤。

這本書筆者整體讀下來的感覺是：它充滿了「對於鄧小平的揣摩」。裡面寫到的事情或許沒有什麼錯誤，但在筆者的腦海中感覺到的卻是「他沒有寫出來的事情還很多……」總之，他盡可能地去迴避描述有關於鄧小平的事情。最後作者以「鄧小平的講話是正確的」（這句話也許是出版社加上去的）作為結尾，讓人看不到到作為本書「骨架子」的完整因果關係。

作者花了10年的時間並在2008年才將書出版，其原因應該是在等待「鄧小平的死亡」，（鄧小平死於1997年2月）。他也許是想在鄧小平死後再執筆。遺憾的是，作者趙家梁在這本書被出版1年前的2007年9月去世了。從1997年到2007年，他整整花費了10年時間。

鄧小平在毛澤東去世後的權勢是不尋常的，因此作者恐怕沒有勇氣去公開「是鄧小平在背後作祟，是鄧小平的陰謀逼得高崗去自殺的」。即使那本書能夠在香港出版，但當時的香港已經回歸中國（1997年7月1日），為此在書中揭露鄧小平的陰謀其內容恐怕也是不被出版社所允許的。由於作者趙家梁本人在這本書出版的前一年去世，因此書中所述的內容最後經由出版社去作出最終判斷，也是極有可能的。

就算書中關係到鄧小平的部分能試著去迴避、不觸及事實，但「絕不會胡說」，這一點是可以推想到的，也因此，仍能多少從中看到一些「真相」。

首先讓我們沿著「趙的記錄」所描述的真實情況去追溯高崗和陳雲的關係。然而，要想詳細地去考察陳雲的行動，其前提條件是：要去分析鄧小平的行動，這是一個不可或缺的因素。關於鄧小平筆，者本身也有很多見聞，這些將在分析了陳雲的情況之後再去推論和構想。

根據「趙的記錄」中的內容，毛澤東和高崗或許講了以下類似話語：

進城以後，劉少奇沒有做什麼工作，對毛澤東的幫助不大；

少奇過去只搞過白區的工作，沒有建設革命根據地的經驗；

少奇沒有在軍隊工作的經驗，軍隊不聽他的，因此他掌握不了全局；

而且少奇左右搖擺，不穩當……

書中透露了毛澤東對劉少奇的不滿。作者說劉少奇想架空毛澤東，不僅很多事情不讓他知道，還擅自以中央的名義去發表講話發布文件。

1953年3月，高崗曾親眼目睹了毛澤東因為劉少奇、楊尚昆等人未經過他的同意，就擅自發布中央文件的「破壞紀律」行為而大發雷霆。為此他深感震驚。後來，高崗對東北局的同志談及此事時說，他從來沒見過毛主席發這麼大的脾氣。

1953年5月，毛澤東就此事兩次批評劉少奇和楊尚昆說：「過去，有好多次中央會議的決議不給我看過就擅自發出去了，這是錯誤的，是破壞紀律的行為。」並提出要求，要「檢查自去年8月1日開始至今年5月5日止以中央和軍委名義發出的所有的電報和文件，其中是否有以及有多少是未經我批准的。」毛澤東還說：「以後，凡是用中央名義發出的文件、電報，必須經我親自看過後才能發出，否則無效。」

高崗因此認為，劉少奇等人企圖對毛主席進行封鎖，想要架空毛主席。使他產生了一種危機感，並對自己說，一定要採取實際行動去保衛毛主席。

蘇聯的史達林是在1953年3月5日去世的。當時筆者正在天津念小學。當時全中國都在為史達林開追悼會，就連小學的講堂裡都在舉行追悼集會。班主任舉著拳頭不停地高呼「史達林萬歲」，還裝出一副樣子嚎啕大哭。

中國悼念史達林的這種全民為「巨星殞落」而悲傷的情景，在筆者腦海中留下了深刻的印象。

當時，毛澤東對蘇聯的訪問在中國是這樣被報導的：「毛澤東在訪問蘇聯時受到史達林的熱烈歡迎，到了莫斯科之後和史達林舉行了會談，史達林對中華人民共和國的誕生發表熱烈的祝賀且盛讚不已」等。真是沒想到，在中國共產黨的新聞網中，至今還保留著這樣的文字。

可以說「史達林之死」給中國帶來的衝擊是巨大的。

對於中共中央來說，這種震撼就更不用說了。

那時候或許還有人去想到：「萬一換作是毛澤東突然去世的話呢……那麼接班人又會是誰？」之類的問題。

「趙的記錄」中曾經詳細地寫到了這點。

1953年春夏之交，毛澤東交給高崗一個絕密任務：要他親自去查閱東北的敵偽檔案，了解20年代劉少奇在奉天（瀋陽）被捕後的情況。

高崗接受了命令後，這才清楚毛澤東是真心要把劉少奇從接班人的後補名單中排除，並且為毛澤東這麼信賴自己而感動。

然而從今以後，高崗自身就一腳踏進危險的境地裡了。

這可是一個「極為秘密的命令」啊！可是萬萬沒有想到的是，高崗會馬上跑到陳雲那裡去和他商量這件事情。雖然高崗和陳雲都出生於1905年，但高崗卻把陳雲當作「聖人」般的去尊敬，並且對他十分信賴。

陳雲和高崗的關係可以上溯到延安時代。1938年春天，陳雲作為中央組織部部長，對剛剛當上陝甘寧邊區黨委書記的高崗提供了很多幫助。此後陳雲在擔任西北財經辦公室副主任時又再次幫助了高崗，在他到東北局擔任北滿分局書記和東北局副書記時，持續無私地支持著高崗。

高崗把陳雲當成一個可以推心置腹、獨一無二的至親好友。

中國的政治構造是複雜的，凌駕於中央人民政府（政務院等）之上的是中國共產黨，這種狀況一直沒有改變。中央人民政府的最高領導是「主席和副主席」，政務院是「總理和副總理」，中共中央是「中共中央書記處」。1945年6月19日召開的中國共產黨第七屆代表大會第一次全體會議時，毛澤東當選為主席，朱德、劉少奇、周恩來、任弼時被選為書記。由於任弼時在1950年46歲時因過度疲勞而突然發病去世，所以就讓陳雲代替他擔任了書記。（從1950年10月起）。從這種意義上來看，陳雲和高崗是分別從不同的體系被提拔升任黨中要職的。

根據「趙的記錄」內容，陳雲在聽了高崗跟他說的話後，是這麼回答的：

當時，陳雲在沈思了片刻後說道：「這件事非同小可，你先不要忙著結論，等調查清楚再說吧。在事情還沒弄清楚之前，你可不要到處輕易地去講！」

接著他們倆又進行了以下的談話。

陳雲說：「設總書記確實不好。要設就多設幾個副主席，你一個、我一個，我們都可以參加。」

高崗拍一下大腿說：「對呀，這個辦法好。這樣一來，他們就不能架空毛主席了。」

(記錄上的說明) 在談到調查敵偽檔案時他們一致認定，劉少奇在政治上確實不成熟，不能在中央掌舵，現在又在政治上受到了毛澤東的懷疑，把他列為接班人確實不合適。

陳雲說：「看來，主席在考慮接班人的問題。這是關係到黨和國家前途的大事，也是他心頭上的一件大事；但是他自己不好出面。作為他身邊的人，我們現在應該幫他去著手解決這個問題，除去他的心病。」

那麼，這事由誰牽頭好呢？

(記錄上的說明) 陳雲和高崗分析了幾位可以擔當此任的人。「朱德德高望重，最為理想，可惜年紀大了；林彪雖然年輕，也有號召力，但體弱多病，建國後長期休養，很少露面，連抗美援朝的擔子都不願意接，更不要說去接此重擔了。」

此外還有誰呢？

高崗說：「陳雲同志，我看你出來牽頭是最合適的了。」

陳雲擺擺手說：「不行，不行，我肯定不行！我看你比我行。你的本錢比我大，你有陝甘寧，毛主席也信任你，會給你撐腰。你在軍隊和地方做過很多事，有著很多經驗，他們都會支持你，你出來挑頭最好了！你怕什麼呢？」

(記錄上的說明) 高崗低頭思索，沈吟不語。

陳雲又說：「你先幹起來，先不忙去告訴毛主席，等搞

確實了以後再說也不遲。到時候，萬一大旗倒下來了（指的是如果劉少奇倒下來），即使你不起來造反，我也會先去造反的！」

「趙的記錄」中說，這個對話是在1953年財政會議（6月13日至8月13日）召開前進行的。這以後又發生了很多事，我們把其中的經過省略，直接分析接下來發生的大事情。

鄧小平策劃的「高崗事件」和高崗的自殺——鄧小平和陳雲勾結在一起

時間大概是在11月的中旬以後吧，毛澤東又設計謀，要釣高崗這條「大魚」。

毛澤東對高崗說：「我想要到南方去休息一段時間，在我不在的時候，中央的工作是由少奇主持好呢？還是大家輪流主持好？你先考慮一下，隨後再找幾個人醞釀一下，聽聽他們的意見。」

高崗立刻去找陳雲商量。

陳雲心裡沒有把握，一邊思量一邊說：「按照過去的慣例，主席生病或外出，都是由少奇主持中央的工作，這次他講了輪流主持的話，是不是已經有了另外的想法？」

「就是！他對少奇已經不信任了，怎麼還會讓他主持呢？」高崗斬釘截鐵地說道。

陳雲沒有立即回答，他想了好一會兒才說：「我看可以輪流去主持工作。」

1953年12月15日，這個決定命運的日子到了。

那時中央召開會議（中共中央書記處擴大會議），研究這個問題。毛澤東說：「今天的會議只有一個議題，是因為我要離開北京，外出休息一段時間，在我出去的這段時間，中央的工作是由少奇同志主持好呢？還是由書記處幾個同志輪流主持好？我想聽聽大家的意見。」

周恩來首先表態：「按照過去的慣例，主席不在北京的時候，都是由少奇同志來主持工作，這次當然還是由少奇同志來主持吧！」

劉少奇說：「不妥，不妥！我看還是大家輪流主持好一些。」

高崗馬上表態：「我贊成輪流主持，輪流主持比較好。」

接下來鄧小平和陳雲都表明，贊成由劉少奇來主持；朱德，林伯渠和饒漱石等人則表示輪流主持好。毛澤東見一時難以統一意見，便說：「此事今天不作結論，以後再議！」

根據「趙的記錄」內容記錄，事情朝以下所述的方向發展著。

● I. 趙家梁的回憶錄

散會後大家從會議室出來，三三兩兩地一邊走向停車場，一邊繼續議論著會議的內容。那時高崗走向鄧小平跟前說：「少奇政治上不穩重，我覺得他不宜主持中央的工作，還是輪流主持得好。」另外他還提到：「周恩來把握政策要比劉少奇來得穩重。」

然而鄧小平卻不以為然，他反駁道：「少奇的地位是歷史形成的，應該由少奇主持。」

陳雲在會上的臨時變卦令高崗非常惱火。會議後他在停車場質問陳雲：「不是說好輪流主持的嗎？怎麼說話不算數呢？」兩人為此爭執起來，而且高崗還氣憤地坐進了陳雲的汽車，在車裡繼續和他爭執。

當時誰也不會想到，事態竟會扭曲，朝向完全相反的方向發展下去。

因為高崗對陳雲發怒的場景，正好被走向停車場的鄧小平看到了，這個細節非常關鍵。

事後鄧小平馬上向毛澤東報告說，高崗拼命地「在搞非組織的活動」。為了說明自己的看法，他還向毛澤東說：「高崗來找我談判，企圖拉攏我……」

這個事情被很多文件都記錄過，而且從第三者的立場去寫這個內容的文章很多，所以關於鄧小平的事情筆者直接用「鄧小平」去表述。以下是根據〈反高饒鬥爭中的鄧小平〉（宋鳳英著。雜誌《世紀風彩》，2008 年第 1 期）中的內容去寫的。

● II. 中國共產黨的新聞網

當時中國模仿蘇聯，設置了蘇維埃聯邦政府會議那樣的機構。對此高崗問鄧小平：「要搞部長會議，你覺得應該由誰領頭去搞？」

鄧小平感到為難，認為這樣重大的人事問題，不好隨便議論。但是高崗鼓動他說：「現在就我們兩個，關起門來隨便說說，就算是談談心，交換交換意見嘛。」

鄧小平暢談了自己的看法，他說：「部長會議，不就是讓政務院換個名稱嗎？我看問題的實質是一樣的。政務院不是有周總理嗎？搞部長會議也應該由他來領頭，這是順理成章的事情……」

（中間部分省略）

但是高崗卻喋喋不休地鼓吹要讓林彪去當部長會議主席。接著他又問鄧小平：「聽說中央的體制要變動，擬設總書記或增設副主席，你有何高見？」

鄧小平說：「這個問題我沒考慮過。」

高崗說：「我不贊成設總書記。都有黨的主席了，再設總書記，讓共產黨有兩個頭，這成什麼體統？天空無二日嘛！我贊成設副主席，要設的話，就多設幾個。」

（接下來高崗繼續主張劉少奇不夠格，並想盡辦法煽動鄧小平參加「反黨活動」。鄧小平在事後曾向毛澤東這樣彙報。其中部分內容省略。）

在原則問題上，鄧小平毫不退讓，他說「少奇同志在黨內的地位是歷史形成的」，「他在黨內的地位不是一天兩天、一年兩年的事，是歷史形成的」，「改變這樣一種由歷史形成的地位，恐怕不適當。」

聽了鄧小平的「報告」後毛澤東表示：「陳雲也向我說了同樣的內容，說高崗搞非組織活動」。

當時，實際上只發生了 I. 上面寫著的內容，但鄧小平卻在 II. 上面為自己做了「粉飾」，這個事情在某種程度上可以說是一種「捏造」。

但更重要的是，僅管 I. 和 II. 事實不一樣，但是「鄧小平和陳雲的告密內容卻是一樣的」的。兩個人根據不同的事實，卻分別作出了相同的內容，要「創造出」這樣的偶然，應該是非常困難的吧？

由此筆者推斷，他們應該是在哪裡為此事進行了密謀。但如若他們私下會面，那他們相互間的秘書和警衛應該知情，也一定會留下證據……因而筆者推測，他們是在電話中密謀，時間應該是在會議結束後的 12 月 15 日晚上到 16 日凌晨。

有兩個理由可以證明這點。

其中一個是被《陳雲年譜》中卷（中央文獻出版社在 2000 年出版。第 191 頁）中引用的「趙的記錄」的內容，裡面詳細地記錄著以下的事件和時間。（都是 1953 年內發生的事情）

① **《陳雲年譜》**

12 月 17 日下午五點，同鄧小平前往毛澤東住所談話，晚上八點，毛澤東又把周恩來請來一起談話。

12 月 18 日晚，同周恩來、鄧小平、彭德懷前往毛澤東住所談話。12 月 19 日晚，同鄧小平前往毛澤東住所談話。

以下這段出自《毛澤東年譜（1949—1976），第二卷》

12月20日上午，同彭德懷、劉伯承、陳毅、賀龍、葉劍英談話。在談話中強調黨內團結，認為高饒陰謀活動的真相已經大白。下午，同劉少奇談話。晚上，同周恩來談話。

12月21日下午，同朱德談話。晚上，先後同羅瑞卿、陳毅談話。

12月21日上午，先後同楊尚昆、彭德懷談話。下午，同周恩來談話。

參加這些談話的都是毛澤東在 12 月 15 日召開的中央小會議（中共中央書記處擴大會議）的參加人員。（除了高崗）關於這些人員的詳細情況筆者在必要時會作說明，首先讓我們先注意一下鄧小平和陳雲的動靜。

鄧小平和陳雲在電話中「統一口徑」，像是一種客觀的事實。「但是這種可以讓毛澤東去相信的虛假情事」，難道不是一種捏造嗎？這個「虛假的事實」應該是鄧小平和陳雲分別向毛澤東講的。因為鄧小平和陳雲如果同時在毛澤東面前去講那些話，一定會引起毛澤東的反感。

如果毛澤東知道鄧小平和陳雲在向他匯報前「已經互相通了氣的話」，就會非常不高興，而且鄧小平和陳雲他們為了去「表示忠誠」，在「第一時間分別地去報告」也是非常必要的。

對於必須要在「第一時間去向毛澤東報告」的這種鐵則，不是非常了解毛澤東的脾氣的人是不會知道的。

這應該是鄧小平精心算計過的。

這裡有兩個理由可以去論證。

陳雲知道毛澤東討厭自己。因為毛澤東認為陳雲是毛澤東的宿敵王明一派的人物，陳雲也知道毛澤東一直在懷疑自己。自從毛澤東知道陳雲在 1935 年和王明同乘一架飛機從莫斯科歸國的事後，毛澤東就對陳雲抱有了猜疑心。這些事在很多地方都被記錄下來了。為此陳雲特意不直接向毛澤東告密，而是秘密地先告訴周恩來，再由他去轉告毛澤東。

鄧小平向毛澤東告密的時候，毛澤東已經從周恩來那裡聽到了陳雲想向他報告的事情。因此他才會對鄧小平說他從陳雲那裡也聽到了「同樣的事情」。

從這種情況來分析，這應該是一個經過仔細研究的計劃。它首先由陳雲密告給周恩來，再去轉告毛澤東，隨後再由鄧小平去直接向毛澤東報告。這種方法可以去證明告密內容的真實性，是騙過毛澤東最為合適的方法。

如果進一步去分析的話，也可以說是周恩來打電話通知了鄧小平，告訴他自己「已經傳達給毛澤東」了。這種可能性也不能否定。但在對周恩來去進行分析以前，還是先把這個問題定位在它是鄧小平和陳雲的合作產物。

就像是《陳雲年譜》中所寫的那樣，從 17 日下午 5 時開始，毛澤東把鄧小平和陳雲同時叫來，因此發生了上述情事。這就意味著鄧小平和陳雲他們已經獲得了成功。鄧小平和陳雲「捏造事實」的時間應該是在 1953 年 12 月 15 日晚上到 16 日的凌晨。或許把「12 月 16 日」推斷是他們精心商榷的時間，應該是合適的。

為什麼筆者要執著地去追查他們兩人統一口徑的時間呢？那是因為，這個瞬間決定了中國的命運。所以筆者無論如何也要去找到鄧小平正是那個陷害高崗的犯人的證據，只有明確了這一點，就可以清楚地知道今天的習近平想幹什麼了。這種深深的怨念，我們可以從下文中漸漸地獲得理解，而現在所描述的一切，正是在為這種理解作著鋪墊。

其實，鄧小平和陳雲的合謀在鄧小平自己講的話中也可以感覺得到。

1994 年出版的《鄧小平文選》第 2 冊（人民出版社）

第 293 頁中登載的「關於起草〈建國以來黨的若干歷史問題的決議〉的意見」的內容中，由於鄧小平的忽乎，文章在無意中出現了這樣的內容：「鄧小平說，這樣一來陳雲同志和我才覺得這個問題的嚴重性」之類的話。這些話裡蘊含有「他和陳雲對這個問題的嚴重性，在事前有著共同的認識」，「正是為了這個，他們才去報告毛澤東」的。

以下就是我們在文章中摘要出來的內容。（這是鄧小平於 1980 年在接受採訪時口頭回答的話語）。

② 源於《鄧小平文選》的內容

「高崗首先得到了林彪的支持，所以才敢這麼放手去搞。那時東北是他高崗，中南是林彪，華東是饒漱石掌權的天下。對西南，他用拉攏的辦法和我談判。他說劉少奇同志不成熟，希望我能和他一起去拱倒劉少奇同志。我明確表示態度，說劉少奇同志在黨內的地位是歷史形成的，從總的方面來講，劉少奇同志是好的，改變這樣一種由歷史形成的地位很不適當。高崗也找陳雲同志商量，他說：搞幾個副主席，你一個、我一個。這樣一來，陳雲同志和我才感覺到問題的嚴重性，因此立即向毛澤東同志反映，引起了他的注意。高崗想把少奇同志推倒，採取搞交易、搞陰謀詭計的辦法，那是很不正常的。」

鄧小平把口頭講的話放在文選裡，用「陳雲和我這才感覺到」那樣的話來表達他們的共同認識，這也許是想說明「陳雲對毛澤東講了，我（鄧小平）也對毛澤東講了」的那種意思。如果真是那樣，那麼從 ① 的裡面講的事實在 ② 中去表現出來，內容又是那麼一致，實在是缺少合理性。

我們還得關注，高崗的下台究竟是對誰有利。

1954 年 2 月 6 日到 10 日，中國共產黨在第七屆代表大會第四次全體會議上，對高崗（和他的同夥饒漱石）進行了批判。從 2 月 15 日開始到 25 日為止，會議以座談會形式召開，對以高崗為首一夥人的鬥爭越來越激烈，對高崗的批判也進入了高潮。

毛澤東以休假為由沒有出席會議，他把所有的權利都交給了劉少奇。對於高崗來說，這個事情本身就是殘酷的。因為毛澤東並不願意過多地去批判高崗，對於批判高崗的事情，他是一定要避開的。

批判大會最初是不點名的，採取自我批判的形式，就像是用一條鏈子綁在高崗的脖子上，並且一步步地去收緊，而且總想把結論引往高崗「是想篡奪黨和政府的最高權力」的方向上去。那種痛苦令高崗難以忍受，致使他在會議中的 2 月 17 日動了自殺念頭，事件最後以自殺未遂告終。這種把人逼到去自殺仍毫無顧忌地持續進行到 25 日，連續不停地鬥爭大會，其冷酷真是到了極點。

本來本章的前半部也曾寫到，不管是高崗也好、習仲勳也好，都討厭到北京中央去工作，覺得在地方上安心充實，那些對於上京始終猶豫不決的人，怎麼可能會有「奪取政權」的野心呢？有著這種野心的人應該是鄧小平。所以鄧小平才不會放鬆對高崗的鬥爭。單憑一個人想要奪取政權，顯然是做不到的，所以鄧小平又把和高崗什麼關係都沒有的饒漱石，送進了所謂的高崗「反黨反黨陰謀集團」裡去。這個「高崗反黨陰謀集團」的創造者是鄧小平，他的這種為了打倒他人不惜去「捏造」事實的手段，在此之後更是越來越登峰造極了。

● 高崗之死

在這裡，我們必須去注意一件事情。

那就是《陳雲年譜》中講到的毛澤東曾經在短短的時間內，三次去會見彭德懷的事情。

彭德懷不僅在解放戰爭中立下大功，還在新中國誕生後擔任中央人民政府革命軍事委員會的副主席，並且擔負起了誰都不願意去的朝鮮戰爭的責任，作為中國人民志願軍總司令員兼政治委員，親自到朝鮮戰爭的第一線去指揮戰鬥。(林彪等以健康不好為由拒絕了這個職務)。

在朝鮮戰爭中，彭德懷把號稱沒有對手的美國軍隊趕到了 38 度線以南，在 1952 年 4 月凱旋回國。特別是 1953

年 7 月，在南北朝鮮的國境線板門店和美國簽署了朝鮮戰爭休戰協定，就像是大英雄一般地被盛情歡迎著在那一年的 8 月回到中國。

在形式上，朱德是軍事委員會的領導，但由於朱德年事已高，實際上彭德懷才是軍事方面的最高指揮官。

在這裡我們先去注意一下筆者在 ② 中引用《鄧小平文選》時摘錄出來的那段文字：

高崗首先得到了林彪的支持，所以才敢這麼放手去搞。那時東北是他高崗，中南是林彪，華東是饒漱石掌權的天下。對西南，他用拉攏的辦法和我去談判。

這就像是圖表 1–3 建國前後地方局領導人變遷中寫的那樣，新中國誕生時是這樣的布局：

東北局：高崗
西北局：彭德懷和習仲勳
中南局：林彪
華東局：饒漱石
西南局：鄧小平

鄧小平向毛澤東提出了「高崗、林彪、饒漱石他們勾串聯盟」一事，因此毛澤東說：「（除了報告者鄧小平外）這裡面都是掌握軍權的人。」

這裡面顯然有彭德懷。

但是反過來也可以那麼說，鄧小平是想捏造事實來威脅毛澤東，想去探探這個提出了「槍桿子裡出政權」的領導人之心理，暗示「萬一發生以高崗為首的軍事政變，那麼一定要提前把彭德懷拉到自己這邊來」的那種想法。

這個問題我們還可以從 ①《陳雲年譜》和 ②《鄧小平文選》中的內容中去推測出來。

「毛澤東在短時間內和彭德懷進行了 3 次談話是不尋常的」這種「可能會有的事」，正是在詳細分析了鄧小平的邪惡智慧、策略和陰謀後，才會去認可的。

因為彭德懷和高崗透過朝鮮戰爭，成為一對彼此親密相互信任的朋友。如果彭德懷是前線的總司令官，那麼高崗就是後方擔任籌集戰略物資，支援前線的總負責人。

另外彭德懷在西北局管理西北時，和習仲勳的個人關係非常好。習仲勳打從心裡尊敬彭德懷。因此無論如何也要說服彭德懷站在毛澤東這邊。這是鄧小平的戰略，也是他的陰謀。就因這種做法，鄧小平也徹底地刺痛了習仲勳。

反過來受到了毫無根據的冤罪，身陷在痛苦之中而無法自拔的高崗，雖然在 2 月 17 日自殺未遂，但在同年的 8 月，還是服用大量安眠藥自殺去世了。此後，高崗的這個位置由誰來繼承呢？我們接著往下看吧。

圖表 2-1 ｜ 誰是高岡自殺的受益者

	高崗	鄧小平	陳雲
1952	中央人民政府國家計劃委員會主席 東北行政委員會主席	中央人民政府政務院副總理 財經委員會副主任	中共中央書記處書記 1952 年擔任政務院副總理
1953	12/24：毛澤東在中共中央政治局擴大會議上說「北京有兩個司令部」，不指名批判高崗	4 月：政務院交通辦公室主任 8 月：財政部部長 12/15—16：向毛澤東密告高崗有反黨陰謀	12/15—16：向毛澤東密告高崗有反黨陰謀
1954	2 月：第 7 次四中全會中被批判搞「獨立王國」 2/17：自殺未遂 8/17：自殺	4 月：中共中央秘書長、組織部部長 9 月：國務院副總理、國防委員會副主席、中共中央軍委會委員	國務院副總理。商業部部長。國家基本建設委員會主任（高崗的職位）。
1955		3 月：召開黨內會議上作了《關於高崗、饒漱石反黨聯盟的報告》 4 月：七屆五中全會上增補為中共中央政治局委員	7 月：指定第一個五年計劃（本來是高崗的任務）
1956		第八屆中央委員會一次全體會議上升職！ ★中共中央政治局委員＆常務委員會委員 ★中央書記處總書記*1（成為核心人物）	第八屆中央委員會一次全體會議上升職！ ★中共中央政治局委員＆常務委員會委員 ★中共中央委員會副主席*2

*1 表中「中共中央書記處總書記」和現在中國的「中共中央總書記」是不同的職務。

*2 表中「中共中央委員會副主席」正是高崗和陳雲商量時，陳雲對高崗所說的「你一個，我一個」的副主席職位。明明是陳雲自己先提出的，卻在批判大會上謊稱是高崗說的，並以此為理由攻擊高崗。而陳雲自己則正好獲得了副主席這一職位。從這裡也可以看出攻擊高崗的理由是如何被捏造出來的。

● 誰是高崗自殺的受益者？

向毛澤東密告了高崗以後，鄧小平得到的升遷是非常搶眼的。

這個事件結束後，中共中央設立了「中共中央書記處總書記」的職務，鄧小平覺得自己一定能夠戰勝他人而獲得這個職位，從而去掌握更多更大的權力，成為以毛澤東為中心的第一代革命指導者核心人物中的一個。

鄧小平想要摘取的應該就是這個果實吧！

陳雲也迅速得到了提拔。

他本來就是一個非常熟悉經濟業務的幹部，但是在高崗擔任主席的國家計劃委員會中，他卻只獲得一個委員的職務，對此他或許抱有什麼不滿吧！在東北局高崗是書記，陳雲負責財經工作，但是在國家計劃委員會成立制定第一個五年計劃的小組中，陳雲卻代替高崗制定了第一個五年計劃，為此他還能有什麼不滿呢？

鄧小平和陳雲他們兩人不僅取代了高崗曾擔任的職位和業務，還雙雙獲得了高崗曾經多次爭取的「中共中央書記處總書記」和「中共中央副主席」席位。

打倒高崗之後，最最獲利的是鄧小平，這是毫無疑問的。而且我們還可以推論鄧小平要把陳雲引上鉤的原因。因為他明白，高崗的存在對於陳雲來說也是一個阻礙。特別是前面提到在1953年12月15日那場會議結束後，鄧小平在停車場看到高崗激動地責難陳雲「為什麼要胡說」，並氣憤地搭上陳雲的車不斷數落他時，更堅定了自己的想法，從而去拉攏陳雲。

另外鄧小平和陳雲分別去向毛澤東上報「相同的事情」，其效果也是毋庸置疑的。這增加了兩人告密內容的可信度。尤其陳雲是透過周恩來的嘴去講的，它牽涉到中央3名最高領導層幹部，這種狀況也是使毛澤東不得不捨棄高崗的一個重要原因。

至於高崗自殺的主要原因，則應是明白了自己曾如此信賴的毛澤東竟然拋棄了他，讓他看不到任何希望。高崗的秘書趙家梁曾仔細地紀錄了他的絕望。這種「在他最終決定走向自殺的過程中，分分秒秒的描述實在是太過寫實」，讓人讀了都容易染上這種悲痛，引發對自殺的共鳴……為了避開這種危險，筆者把這些描述都省略了。

● 高崗的妻子說「鄧小平比毛澤東還霸道！」

那麼毛澤東為什麼要拋棄高崗呢？

其中的一個原因是因為，毛澤東把秘密調查劉少奇這樣重要的「極秘任務」交給高崗去做，卻沒有想到他會多舌地去告訴陳雲。陳雲是毛澤東的宿敵王明一派的，毛澤東對他始終不放心，可是高崗卻把這個絕不能洩漏給外人的秘密任務，告訴了自己正在動腦筋要清除的陳雲，這多麼讓人無言啊！

「這件事觸動了毛澤東的龍鬚⋯⋯」

「趙的記錄」中曾經這樣講到。

另外一個原因是：「鄧小平和陳雲兩人分別向自己密告了相同的事情。」如果不「定罪於高崗」，那就會暴露出「毛澤東確實是討厭劉少奇」，這種事情要是傳了出去，可是非常麻煩的。

這也是鄧小平為什麼會反覆去講劉少奇在黨中央的地位是「歷史形成的」的根本原因。

鄧小平非常巧妙地使用了這句話。

他對毛澤東也這麼說：「毛主席，您的地位完全是歷史形成的，絕不會因為個人的原因去隨便改變吧？」

鄧小平用這句話堵住了毛澤東的嘴。

這個事情很快地就得到了證明。

在 1962 年召開的中共中央擴大會議上，毛澤東下台，由劉少奇擔任「國家主席」。其後為了打倒劉少奇，毛澤東不得不在 1966 年發動了文化大革命，為此逮捕了劉少奇，並讓他死在獄中。文革的結果使 2,000 萬人死於非命。付出了這樣大的犧牲卻仍然要為它戴上「名為正義的桂冠」，中國的政治真是深不可測，無限恐怖啊⋯⋯

如果鄧小平為了獲取權勢欲望，不去「歪曲捏造事實」，那麼高崗就不會自殺。同樣地，毛澤東不用發動文革，應該也能把劉少奇趕下台。因此從某種意義上來說，鄧小平應該對在文革中犧牲的 2,000 萬條人命負責。

但是，在後來的改革開放中，鄧小平卻一躍而成像是把人民從文革中解救般地被人崇拜，這種情況實在是不可思議，它和本書在第四章中描述的實情完全相反。

為了美化自己，鄧小平下足了功夫盡可能地表演著，把毛澤東逼到了必須搞文革才能除掉政敵的境地中。因此把鄧小平認作是奪走了中國 2,000 萬條人命的真正的犯人也許並不過言。

一直活到 2020 年 4 月的高崗妻子李力群，不僅接受了很多人的採訪，而且還留下了回憶錄。

李力群說：「鄧小平一直說高崗的問題不能平反。1981 年大家討論歷史決議的問題時，鄧小平說：『高崗問題處理得還是對的嘛，雖然那不是路線鬥爭，他也不是什麼野心家，也沒有什麼路線問題，但是對高崗問題的處理還是正確的。』鄧小平到處講這些話，在大會小會上總是要提出高崗的問題，並說處理是對的。現在，如果把鄧小平對高崗的「正確處理」公開的話，那就會暴露你（鄧小平）這個暴君！你比毛澤東還霸道！不講民主！我還怕什麼？難道你再把我抓起來，再關起來嗎？」

李力群還說：「我確實說了，鄧小平比那個毛澤東還霸道。你把趙紫陽關了17年，直到現在都不讓人說六四。你在六四中的做法是對的嗎？你派軍隊打老百姓、打學生，歷史上是從來沒有的。但現在誰敢說呀？還要說六四是對的。現在能把這個案子翻過來嗎？」

李力群反覆地說著這些話。因為她知道鄧小平就是真正的犯人。

實際上習仲勳也好幾次去探望被批判鬥爭，正處在苦惱之中的高崗。

毛澤東曾秘密地透過周邊的人，作出讓他們「告訴習仲勳，讓他去看看高崗」的指示。

但是「鄧小平阻止了那些行動」！事後李力群曾經這樣斷言道。

很多當事者都認為李力群的話語有其真實性。她講這些話的時機有所不同，但每一次都會不斷重覆地說，用「霸道」這句話去評論鄧小平，她一直講：「最為霸道的就是鄧小平」。

她還提出了一個重要的事實來證明她所說的那些事。

文革以後，胡耀邦在為文革中受到冤罪的人平反時曾經強烈地提出，應該平反恢復高崗的名譽。他自始至終的主張也是鄧小平最後下決心要讓胡耀邦下台的原因之一。用殘酷的方式讓胡耀邦突然下台的背景因素很多，但這也許是其中一個。

李力群說：「我把申訴我丈夫是冤罪，請恢復他名譽」的請願信，連續不斷地寄給了每一個時代的中央領導人。

「趙的記錄」中還這樣寫道：「那時候哪怕是有任何一個人去會見高崗，和他談心，那麼他都不會走上自殺之路的。」

高崗的自殺似乎也讓毛澤東感到震驚，但在表面上他卻只能不動聲色。不過此後，他指名讓高崗的妻子李力群成為全國政治協商會議的代表，並暗中安排李力群和她三個孩子的住房，並給他們支付生活費等。對此，我們暫且把它認作是一種贖罪的表現，確實李力群不恨毛澤東卻恨鄧小平，也是一個不爭的事實。

把高崗逼到絕路的始作俑者是鄧小平，我們能從這個事實上去推論。

文革之後，很多受到冤罪的人為此平反恢復名譽時，高崗卻始終都被排除在外。這完全是鄧小平和陳雲這兩人在作怪。他們始終不鬆口：「只有高崗，絕不能恢復他的名譽……」云云。關於高崗事件，他倆至死都仍主張：「絕不能為高崗平反。」

為什麼只有他們兩人在堅持反對意見呢？

這不正說明了他們倆就是製造那個謊言的始作俑者嗎？他們擔心，一旦給高崗恢復了名譽，那麼當時的真相就會暴露出來。

下一章要講到的關於習仲勳下台的原因，其幕後的黑手也是鄧小平。只要弄明白鄧小平就是高崗事件的始作俑者後，對於下述的情事從中作祟的也是鄧小平這點，就不難理解了。

第三章

小說《劉志丹》和習仲勳的下台
——陷害他的又是鄧小平

㈠ 西北派最後的獨苗——習仲勳 毛澤東稱讚他「比諸葛亮還厲害！」

在中央作出「五馬進京」指示前的1952年6月18日，習仲勳突然被毛澤東叫到北京，討論關於少數民族的問題。

陝西省周邊有很多少數民族地區。筆者在本書第一章的開頭曾經寫到因為習仲勳的出生地爆發了「回民起義」，他的祖父母才移民到人口變得稀少的陝西省去居住。習仲勳的童年也是在甘肅、新疆、西藏以及寧夏等少數民族區域裡成長起來的。

也許是因為這個原因，習仲勳對少數民族非常溫和，因此受到了少數民族的愛戴。

毛澤東叫習仲勳來北京談話的目的，是因為習仲勳和管轄著西北地區新疆分局的第一書記王震之間有矛盾，意見嚴重分歧。王震要對少數民族實行強硬的政策，然而作為西北局書記的習仲勳卻提出了要對少數民族實行溫和寬厚的政策，但王震卻無視這些指示，仍然我行我素地實施他的強硬政策。他認為只要出現一點點反抗共產黨的行為，就必須對反抗者周遭一干人等均視為「反革命分子」進行鎮壓，甚至不惜殺害他們，這種極端殘酷的殺戮作法讓維吾爾族人民戰戰兢兢。

「只有這樣做才能管得住少數民族。」王震充滿著豪情地說道。

得知了此事的習仲勳極為震怒。他對王震作出指示，絕不允許去執行那種隨心所欲的強硬政策。西北局書記的指示，全西北局的黨政機關都必須無條件落實，然而，王震卻沒把習仲勳的話當回事，仍然我行我素地繼續殺戮行為。毫無疑問，作為西北局下屬的新疆分局行動，不僅違反了規定，也違反了共產黨內的規則。

對於少數民族實行寬厚政策是受到中央批准的，可是王震不聽，無可奈何的習仲勳為此只能向中央匯報，因此毛澤東立即把習仲勳和王震叫到北京，要為他們調解。

毛澤東在和他們兩人的談話中表示：「習仲勳的指示是正確的」，並要求王震反省。對此王震雖然感到不滿，但這畢竟是毛主席講的話，不得隨意反抗。

毛澤東對王震說：「你的錯誤是十根指頭和一根指頭的問題。錯誤的只是一根指頭，是小指頭，而且是半根小指頭，不是路線錯誤，不是政策錯誤，你卻砍了人家整隻手？這就是粗暴，在少數民族地區這樣做是不合宜的。」

這次會談的結果使王震失去了新疆分局第一書記和新疆軍區政治委員以及新疆財政委員會主任的所有的職務，並讓他對習仲勳結下了仇恨。

也正是因為這個原因，文革後已經成人的習近平，為了父親政治復歸的問題去懇求當時的共產黨高層領導時，因為王震的拒絕，案子被推了回來。當時，王震已經被提拔為國務院副總理，此後又因為鄧小平的支持而躍升為國家副主席。

這件事在本書的第五章也會提到，筆者真心希望建國初期習仲勳對少數民族的考察，能夠對習近平現日的少數民族政策有所幫助。

1951 年 4 月 22 日，被尊為西藏「活佛」的 10 世班禪喇嘛，到北京訪問途中停留西安時，習仲勳曾專程到西安

1951 年 4 月 22 日習仲勳歡迎 10 世班禪額爾德尼（右）（《人民日報》1989 年 2 月 20 日刊載）

的機場去迎接。當時10世班禪喇嘛只有13歲，儘管如此，習仲勳還是非常尊重，鄭重其事地接待了他。

班禪喇嘛在藏傳佛教格魯教派中，是地位僅次於達賴喇嘛的高僧稱號。它從「轉世靈童」的候選人中去指定後繼者。格魯教派的最大的寺院扎什倫布寺院位於西藏日喀則市，班禪喇嘛便是該寺院的住持。1642年，達賴喇嘛5世為了強化格魯派，舉行了一系列的宗教活動，那一場向扎什倫布寺院的院長授予「班禪喇嘛」這個象徵著偉大學者的稱號儀式，使班禪喇嘛就此誕生於世。

1949年，國民黨蔣介石同意在西藏拉薩廢除中國大使館，並承認由轉世靈童的候選人中產生10世班禪，並於同年6月11日由「中華民國」予以認可。但是西藏不久後就被共產黨軍隊占領，「中華人民共和國」（新中國）利用10世班禪喇嘛做各種文章，使西藏達賴喇嘛的權威失墜落地。

根據1951年5月23日簽訂的《中央人民政府和西藏地方政府關於和平解放西藏辦法的協議》簡稱《十七條協議》，中央人民政府和西藏地區藏人行政中央噶廈（內閣）政府一致同意，承認10世班禪喇嘛的正統性，並允許10世班禪喇嘛回西藏的寺院。

習仲勳在西安和班禪喇嘛的會見時間雖然很短，但兩人意氣相投，除了習仲勳被關進監獄的那十幾年之外，他們年年相會，10世班禪喇嘛在去世前一直愛戴著習仲勳。

對於處理和少數民族之間的關係，毛澤東稱讚習仲勳說：「你比諸葛亮還厲害！」

從1950年初到1952年的7月這兩年七個月的時間裡，習仲勳為了讓住在青海省貴德縣庫拉部落的「千戶」（自蒙古帝國以來，歷代王朝一直把領導少數民族的首領，封為「萬戶」、「千戶」和「百戶」等官銜，「千戶」便是其官位中的一個。）一個名叫項謙的人，服從共產黨的領導，一直忍耐著和他進行了艱苦的交涉。

習仲勳堅決反對青海省政府內部想用武力鎮壓者的意見。他說「這絕對行不通」，並禁止了那些人的行動。對於那些少數民族的對手，習仲勳一會兒採取進攻的姿勢把他們抓來，說服教育後又放回去，叛亂之後再次把他們抓來，說服教育後又再放回去，這種捉捉放放反覆了十來次，終於使那個第12代昂拉千戶項謙，在1952年7月11日向人民政府表示投降。8月11日，習仲勳特意去青海省的西寧，和那個向人民政府表示歸順的「最後的千戶」項謙相會，他們相互鼓勵交談著，而且習仲勳還舉行了宴會，向項謙表示祝賀。

毛澤東聽到這個吉報之後曾當面對他說：「仲勳，你真厲害啊！諸葛亮是七擒孟獲，你是九擒項謙啊！」

實際上，對項謙的勸降是17次，加上進剿後的1次，共18次。

此後，毛澤東在見到習仲勳時又稱讚他說：「仲勳，諸葛亮捉捉放放用了七次才使那異族歸順而來，而你的忍耐力真是比孔明還強啊！行！你真厲害！」

● 周恩來是個大總管

1952 年 8 月 7 日、北京召開了中央人民政府委員會第十七次會議，習仲勳被選為政務院文教委員會副主席兼文教委員會黨組書記。但是那個會場裡面沒有習仲勳，因為他那時候還在延安。他在 9 月 3 日召開了全區林業工作會議，又在 9 月 14 日主持了西北軍政委員會第八十四次行政會議，沒有時間到北京去。但是在有關記錄上說他在 9 月 22 日就任了中央宣傳部（中宣部）部長，因此，他應該在 9 月 22 日之前去了北京。

習仲勳和高崗一樣，對於到中央工作且就任中宣部部長的職務，感到十分猶豫。

他覺得自己缺少到中央工作的自信，而且安排原來的中宣部部長陸定一作為自己的部下去當副部長，對他來說也很不舒服。

陸定一 1905 年出生，比習仲勳大 8 歲，畢業於交通大學，在當時是個菁英，對於管理宣傳工作，他應該是老資格了。

但是，毛澤東卻在習仲勳就任中宣部部長前對別人說：

「快看，中宣部來了一個勤奮的部長！」毛澤東對他的這種讚揚傳到了他的耳朵裡，讓他覺得害羞，感到很不好意思。

為此習仲勳在利用隨同毛澤東一起乘坐汽車的機會，把悶在胸口的話直率地告訴了毛澤東。

聽完他的話後，毛澤東對習仲勳講述了耍蛇人的故事。（引述自《習仲勳畫傳》）

毛澤東說：「蛇看起來很嚇人，但是牠在耍蛇人的手裡就變得非常馴服。這是因為耍蛇人掌握了蛇的活動規律。你沒有做過宣傳工作，但只要做上一段，掌握了宣傳工作的規律，不就行了嘛！而且你一定還能夠做得更好。」

事實上，中宣部包括陸定一在內的工作班子，還是非常歡迎習仲勳並願協助支持他的。

中國共產黨的戰鬥方法是這樣的，為了解放長春，擊潰國民黨的軍隊，他們採用的是武力。但是在這之前，他們則把「意識形態當成武器」去進攻，因此，中宣部的工作自然占著很大的份量。

1952年秋天，毛澤東如何將國家轉向社會主義體制的實踐開始了。就像本書第一章中所提到的那樣，毛澤東是因為「西方民主主義」陣營的堡壘美國，在朝鮮半島登陸並開始威脅中國後才開始考慮這個問題的。

毛澤東迄今一直疏遠蘇聯，期望能建立一個既不同於蘇聯，又和西方民主主義社會不一樣的國家。毛澤東自成一格的「新民主主義」國家路線，從國際環境上來看，其國家安全其實是非常危險的，因此，毛澤東提出要從「社會主義工業化」著手，把國民黨時期殘剩下來的農業、手工業和資本主義工商業，全部實行社會主義改造。

因此，習仲勳起草的那份「動員一切力量，為建設偉大的社會主義國家而鬥爭」的文件，在毛澤東的修改和批准後在全國被貫徹執行。

當時筆者還在天津念小學，所有的學生都被集中在學校的講堂裡議論著：「我們的國家終於進入了社會主義國家的建設階段」，對此還非常自豪。

「看，厲害吧！中國終於進入了社會主義國家的建設階段！」

「是啊，和蘇聯一樣了喲！」

我們這些自以為是的學生，把這些事當成是自己的功績一樣地為「中國」和「毛主席」感到自豪，並傾慕地到電影院裡觀賞蘇聯的彩色電影《石頭花》。那時根本想像不到，電影裡的畫面竟然會有顏色。一種對未來充滿憧憬和期待，和對「實現了自己願望的毛主席」的尊敬，全都融合在一起了。

對於「社會主義國家究竟是什麼」，我們根本就不理解，但當時那種「了不起的事情正在發生」的氛圍，則植根在我們這些小學生心中。看來，那種「宣傳的功能」確實是不能小看的。當時我們自然不可能知道，在中央指揮著這一切的，就是習近平的父親習仲勳。

那年的11月15日，在高崗作為主席的「中央人民政府國家計劃委員會」誕生了，習仲勳被推選為委員。

為此毛澤東勉勵習仲勳，要他「全力投入到文教工作中去」，而且從毛澤東說要「創收20億石的小米」指示中，我們可以想像出那個時代的狀態。

幸虧那只是小米啊！

由於得到了擔任副總理兼文教委員會主任的郭沫若的助言，習仲勳實行「文教工作」的效果自然不言可喻，就連小學生也會興奮地說：「真是立竿見影，中國終於要搞第一個五年計劃了！」那就像是自己也做了什麼了不起的事一樣，情不自禁地陶醉在那種自豪感之中了。

1953年3月13日，習仲勳在第一屆電影藝術工作會議中作了兩個小時的講話。當時電影和音樂等都是對人民進行思想教育最有力的武器，中宣部部長的工作確實能成為統治整個國家最有力的支柱。

當然還有教科書，當時使用書本教育還不普遍，在小學裡教學的內容以老師的講解和唱歌為主，透過唱歌去講解社會和政治事情。50年代初期的《歌唱祖國》等歌曲，直至今日都是僅次於中國國歌的神聖歌曲，常在舉行活動的正式場合中唱。在小學裡，每天都要歌頌毛澤東的《東方紅》和《歌唱祖國》等歌曲，而《白毛女》之類和凶惡地主鬥爭的電影，則更加受到了歡迎。

現在，當知道這一切都是有習仲勳在中央指揮著之後，筆者總會產生一種奇妙的感覺。在現今領導人習近平的父親指導下的宣傳中，我們那些什麼都不懂的小學生們，打從心裡為所謂的「革命高度」而競爭著，就像要去躲避某種即將到來的批判似的……

1953 年 1 月、習仲勳被任命為「中華人民共和國憲法起草委員會」的委員，到了 9 月以後又被任命為政務院秘書長。

因為政務院的總理是周恩來，所以習仲勳把周恩來稱為大管家，而作為秘書長的他，也在政務院裡發揮了中樞神經般的作用。周恩來曾經想請他擔任外交部長，但被他拒絕了。他開著玩笑地說：「我要專心地做一個內交部長。」因為政務院的秘書長要調度中央行政各省廳相互之間的關係，他願擔負起這個重任。

1954 年，象徵著中國全面進入「社會主義體制」的《中華人民共和國憲法》被制定了，政務院也被改名為國務院，習仲勳仍繼續擔任著國務院的秘書長。

● 風雲變幻，令人不安

習仲勳在 1955 年 1 月兼任了國務院機關黨組書記，並在 1959 年 4 月升任為國務院副總理，然而令人意想不到的是，他的政治前程卻朝著完全相反的方向在行進。

從習仲勳回憶錄中講到的他在被監禁時寫的交待中，我們就可以看到鄧小平在那裡動的手腳了。

比如 1955 年，鄧小平以習仲勳沒有完全和高崗斷絕關係為由，開始在中共中央的會議上追查習仲勳。習仲勳為此作了 3 次檢查，終於在第三次的檢查中，在被認定仍存在曖昧的情況下勉強通過了。習仲勳說在他這 3 次的檢查中，鄧小平每一次都不想讓他過關。

在 1956 年 9 月舉行的第八屆黨代表大會中，習仲勳的功績沒有被認可，他仍然停留在「中共中央委員會委員」的這個位子上。

不安的風雲也從蘇聯那邊刮了過來。

史達林死後，採用集團領導體制的蘇聯最高領導共產黨第一書記赫魯雪夫（Никита Сергеевич Хрущёв），在 1956 年 2 月開始批判史達林，並揭發了史達林推行的獨裁統治，個人崇拜和恐怖政治，讓世界為之震驚。

對此最為恐懼的應該就是毛澤東了，深怕自己死後也會如同史達林一樣，被冠上獨裁、推行個人崇拜和恐怖政治等罪名。為此他從那年 6 月起，便展開了「百花齊放·

百家爭鳴」的運動。毛澤東說：「不管是誰，都可以自由地去發表意見。只要是自己想的都可以說，批判共產黨也可以，也歡迎批判我。」

毛澤東要求人民享有言論自由的權利。

另外毛澤東又在同年9月舉行的第八屆黨代表大會上，提出從黨章上去掉「毛澤東思想」這樣的字詞，以免自己被批判為「獨裁者」，實行「個人崇拜」。

從這種現象看來，原來老奸巨猾的毛澤東也害怕「人民的聲音」，他也是在乎別人對自己的評價的。

最初，人們因為得知共產黨發起的三反五反運動中，有幾百萬中國人被誤當作「反革命分子」而逮捕的事，這種情況使知識分子認為自己再也不可能會被共產黨欺騙了。然而當他們看到毛澤東在1957年2月召開由各民主黨派代表和共產黨幹部一起參加的國務院會議，並在會議上再次提出「什麼話都可以講」的號召後，他們激動了，為此他們激烈地抨擊了中國共產黨，其中自然也出現了批判毛澤東的聲音。

對此毛澤東感到了危機，他下達了秘密命令：「讓魚兒再遊一會兒，現在還沒到收竿的時候。」到了1957年6月，毛澤東在認為知識分子的意見大概都發表得差不多的時候，頓時下令將他們一網打盡、全部逮捕，這就是所謂的「反右派鬥爭」。

那時因公開言論而被捕死在牢獄中的人數多達 50 多萬人，然而，根據最近仍健在的生還者們所告訴筆者的，甚至可以推估當時實際的犧牲人數應該高達 350 萬人左右。

這裡面也有來自於蘇聯的災難。

1957 年 11 月，蘇聯的赫魯雪夫說：「蘇聯的工業和農業生產可以在 15 年以內超越美國。」然而，毛澤東也不甘示弱。他在 1958 年 5 月召開的第八屆黨代表大會第二次全會上，作了「社會主義建設的總路線」講話，並提出了要實施第二個五年計劃。他倡導的不是蘇聯型的社會主義建設，從中國傳統的技術上去發展工業，以人民公社為基礎的農業建設使毛澤東鬥膽地向全世界宣布：「中國可以根據自己獨特的『土法』，讓工農業總產值在 15 年後超越英國。」

這就是所謂的「大躍進運動」。

蘇維埃革命是無產階級以城市為中心而爆發出來的，但中國革命則是藉農民的不滿，把他們的力量引導至毛澤東這邊來才取得成功的。毛澤東的這種「農民革命」被史達林視為愚蠢，讓他在出生以來第一次出國訪問（即對莫斯科的訪問）中，被冷落在莫斯科的郊外，屈辱地等待了兩個月。

這種不能輸給蘇聯的鬥志和中國農民革命取得了成功的自負心，讓毛澤東走向了「大躍進」的道路。

然而從1959年開始到1961年間所發生的包括自然災害在內的所有事件，結果卻是慘不忍睹的。當時全國各地出現了大量的飢餓致死，這個人數即使是從最善於隱瞞的中國社會科學院的統計中也達到了1,500萬人，而海外的人口統計學者根據具體數據分析表示，這些人數恐怕有3,500萬（包括本來應該出生的新生兒在內）至1億人，造成了人類史上最為悲慘的結果。

一般的學者都認為毛澤東是為此引咎才辭去了國家主席的職位，其辭職的時間應該是1959年的4月29日。但毛澤東提出辭職的時間點，其實是在1958年1月11日召開的南寧會議上，時間上似乎和一般人的見解有些不同。

毛澤東是最不喜歡在外交場合上露面的，他極其討厭身著西裝的禮儀行為，其中的一個可能的原因可以視為他因年輕時學歷低下，沒能成功留學，並於北京大學圖書館擔任事務員時遭到「菁英教授」們的輕視和屈辱來解釋，還有一個原因是他的農民出身，因而討厭社交，只會用「老土」的方法去待人接物。

這可能是真正的原因。而實際上毛澤東也認為，自己職務太多，身體也受不了。對此，《中國共產黨新聞網》上也提到了這一點。

以客觀角度看待誕生時的新中國，因當時全境尚未完全「解放」，所以中國不設國家主席，毛澤東只就任「中央人民政府委員會主席」，直到1954年9月制定了憲法之後，才設置了「國家主席」這個職位，並由毛澤東來擔任國家主席。

但是毛澤東主要擔任的並不是政府的工作。他是中共中央主席，又是中央軍事委員會的主席，所以他並沒有認為這個「國家主席」的職位有多重要。

但若將這個職位釋出，要讓給誰呢？在候補名單裡，位處第一順位的是朱德。但朱德堅不接受。他說：「自己的年齡比毛澤東還要大上7歲，應該讓劉少奇擔任。」而鄧小平也在會上發言，支持劉少奇擔任，最終，劉少奇擔任了國家主席。

所以對中國而言，毛澤東仍是最高權威，這一點實際上並沒有出現任何變化。

1957年7月2日至8月1日，中共中央政治局在江西廬山召開了政治局擴大會議，接著又在8月2日到16日舉行了中國共產黨第八屆黨代表大會第八次全體會議，簡稱「廬山會議」。這次會議本應討論大躍進等相關問題，但沒想到在7月14日，彭德懷向毛澤東提交的信件成為關注焦點，使會議的氣氛為之大變，轉而成了攻擊批判彭德懷並導致了他的下台。這封信件的內容獲得了出席者的同感，但卻得罪了毛澤東，讓他把鬥爭的矛頭集中轉到了彭德懷的身上。

從鄧小平的角度來看，這意味著西北派的第二號人物被打倒了。西北派的領軍人物是已經自殺了的高崗，彭德懷在此後又作為「反黨分子」而失去了職位。

剩下的就只有習仲勳一個人了。

但毛澤東對習仲勳的評價很高，要把習仲勳再搞下台也不是那麼容易。

在1962年1月11日至2月7日召開的中共中央擴大會議（被稱為「七千人大會」）上，毛澤東的權威確實跌落了不少，新上任的國家主席劉少奇在大會上表示，包括大躍進在內的自然災害所造成的悲劇，「三分是天災，七分是人禍」。他的這些話擺明是針毛澤東講的。毛澤東在這次大會上作出了他人生中的第一次「檢討」。但毛澤東依然是「毛澤東」，在這個時候繼續高度評價毛澤東，把他放在偉人的位子上，對於鄧小平來講難道不是最好的機會嗎？

㈢　反黨小說『劉志丹』事件的悲劇性

● 習仲勳曾經反對《劉志丹》這部小說的出版

習仲勳對小說《劉志丹》的出版是反對的。

儘管如此，還是引發了小說《劉志丹》事件。

1962年8月，工人出版社以《劉志丹》為書名出版了這本小說。看到這本小說後，在西北革命根據地與高崗嚴重對立的閻紅彥（謝子長的部下）立即認為：「這是一本企圖為高崗翻案的反黨小說」，便立刻向中央高層有關人士告發。康生粗略地看了一眼後就認定——本書的影子作者應該是習仲勳，他才是這個反黨集團真正的犯人。雖然表面上仍裝出一副積極贊同毛主席的樣子，實際上並非如此，進而將此事發展成一個導致習仲勳下台的政治事件。

從這個「粗略地看了一眼」的意思去分析，我們可以認定，這件事的主謀是鄧小平，他又和高崗事件時一樣在背後動手腳，不過從某些層面上看，康生彷彿是因為閻紅彥的告發才受到了鼓動似的。

因此發表本書的其中一個目的，就是要將在陰謀背後動手腳的鄧小平浮出檯面，並謹慎地闡明其中的真相。

毛澤東在此之後曾問過周恩來：「習仲勳是個好同志，他做錯了什麼事嗎？」關於這些話，本書將會在後半部去考證。

這些都能幫助我們了解：現在的習近平在想些什麼？他是如何朝著自己的目標前行？將可能如何制定國家戰略方針。

中國的知識份子中有很多人說習近平「厚毛薄鄧」，這是為什麼呢？其原因自然尚未被闡明。本書將從現在開始，將去試著解開這些關係錯綜複雜的謎團，希望讀者保持耐心，跟筆者一起追蹤下去。

首先，我們先隨已定論之事實順序持續追蹤。

小說《劉志丹》的作者是劉志丹弟弟劉景範的妻子李建彤女士。根據李建彤 2007 年在香港的星克爾出版有限公司出版的回憶錄《反黨小說劉志丹案實錄》中的內容顯示，這本書是工人出版社根據中央宣傳部在 1956 年作出的指示，要尋找執筆者為眾多的革命烈士寫傳記。

當時的中央宣傳部部長是陸定一，部長任期為 1954 至 1966 年，副部長是周楊（作家，文藝活動家），副部長任期為 1954 至 1967 年。而習仲勳擔任部長則是 1953 至 1954 年，當時的習仲勳並不在中央宣傳部；可見 1956 年制定的這個計劃，與習仲勳沒有半點關係。

由於工人出版社一直沒有找到適合劉志丹傳記的執筆者，幾經周折，結果接受了他人提議，邀請劉志丹的弟媳婦李建彤撰寫。他們去和李建彤商議，最初，李建彤以自己沒有寫此內容的資格為由，拒絕了邀請，但在聽聞能以小說形式撰寫之後，她同意了。

李建彤開始採訪當時的相關人等，並動手寫了起來。然而那時當事者中應有習仲勳，但她卻沒去聯繫習仲勳。

1958 年，李建彤寫完了習仲勳和劉志丹一起建立照金革命根據地的內容，並把初稿送到習仲勳那，希望他協助確認文中提到內容是否屬實，但習仲勳卻答：「我不支持出版。」因此，也沒有去校閱送來的稿件。

然而 1959 年冬天，出版社在未和習仲勳取得聯繫的情況下，以出版社的名義正式透過書信將小說第 3 版稿件送至習仲勳處，請他審閱。到了 1960 年，出版社好不容易才終於收到習仲勳的回信。他在信中表示：「內容不怎麼樣，寫得也不怎麼樣，而且我根本就反對這本書的出版。」

在那之後，出版社曾多次聯繫習仲勳，使他最終答應了李建彤的要求並和他們見了面。當時最高法院副院長馬錫五也在，他是劉志丹過去的戰友，且出版社的主任也在場；因為最高法院副院長和其他人都在現場，所以「這是個陽謀，絕不是什麼陰謀。」李建彤事後這樣寫道。

習仲勳從頭到尾是反對出版這本書的，尤其是高崗此後出現了那樣的問題，這是絕不能碰的內容。由於不能觸及高崗，根本無法詳實描述西北革命根據地的始末，其結果就是「不要寫。」這就是習仲勳的主張。

況且，鄧小平在1955年就曾威脅過習仲勳，要他和高崗劃清界線，還曾將這個問題拿到黨中央會議上，先後三次批判了習仲勳。顯見習仲勳是因為鄧小平對他前兩次檢查怎麼都不滿意、無法過關，無奈之下才作第三次檢查的。

鄧小平擔心，自己對高崗憑空捏造的謊言，隨時都有可能被西北派揭露報復，除非從根本上除掉西北派，否則總仍存在風險；更何況鄧小平野心勃勃，若不打壓受毛澤東信賴的高崗和習仲勳為反黨分子，自己根本就沒有高升的機會。

在1956年的黨大會上，當時習仲勳的職位只是一個普通的中共中央委員會委員，而鄧小平卻是中共中央政治局常務委員，和黨最高核心機構的領導者們並列，並高升為中共中央書記處總書記，掌握了包括人事部門在內的最高權力。

習仲勳在高崗自殺前曾前去探望高崗，而那是鄧小平堅決阻止的。習仲勳明知此事不可為，故多次反覆強調：「關於高崗的事寫不得！我不贊成書的出版！」

事後小說作者李建彤在自己的回憶錄中後悔地表示：「當時，我對習仲勳所講的『別寫高崗一事』認識得太過膚淺……」

況且，當時這本小說得到了在西北革命根據地工作過的諸多同事們支持，眾人表示：「這本書的出版，若我們不支持，那誰支持啊！」因此最初持反對意見的劉景範，也被妻子這種熱情感染，而改變了態度，對出版投了贊成票。習仲勳在得知一切之後，最後只能選擇默許了。

此後，工人出版社的編輯和李建彤一起將最終書稿送去，並再次詢問中宣部副部長周楊：「此書能出版嗎？」周楊最後回答：「沒有問題。」方才使得這本小說最終得以出版。

就這樣，小說《劉志丹》中的部分內容，作為試行，開始在《工人日報》和《光明日報》以及《中國青年報》等報刊連載了。

● 習仲勳成為「反黨分子」

當時，以毛澤東為中心的中央主要領導正在北戴河舉行會議。

看了這本小說的閻紅彥立即跑到康生那裡告發：「這是企圖為高崗翻案的反黨小說。」接到此密報的康生立即給楊尚昆寫了信，要將此事提交中共中央書記處（總書記：鄧小平）去處理。

以下筆者將胡錦濤執政時期擔任重慶市委書記的薄熙

來父親薄一波所寫回憶錄《關於幾個重要事情的決定以及對於該事件的回憶》（下卷、1095—1096頁），和陳伯達著《最後的口述回憶》，以及習仲勳自寫《永遠無法忘記的記憶》、《習仲勳文選》和中國共產黨的新聞網和黨史等內容，從各視角提出的記錄匯總在一起，將該事件在「表面上」的種種經過記錄如下：

① 雲南省委第一書記閻紅彥，在報紙開始連載這部小說時認為：「這是為高崗翻案的陰謀。」要求報紙停止連載，並將此事立即向康生告發。隨後康生馬上通知中宣部，要求他們下令，立即停止對這部小說的連載。

② 1962年8月24日，康生給楊尚昆寫信：這部小說附帶著政治目的，希望中共中央書記處馬上處理。」

③ 1962年9月8日，在第八屆中國共產黨代表大會第十次全體會議的預備會議上，本來要討論批判彭德懷的總結報告議題，因閻紅彥在西南區分組會上突然提出關於小說《劉志丹》問題，使會議風向一下子轉移到批判習仲勳上。閻紅彥說：「小說《劉志丹》根本是習仲勳同志主導所寫。它的第一作者應該是習仲勳，宣傳劉志丹的目的是為了給高崗翻案。」

④ 接著康生說：「為什麼在此時宣傳高崗，有這個必要嗎？」云云，並立即向與會者發了「總75號」會議簡報，從

而像引爆了炸彈似的立即刮起一股旋風，出現了開始議論「彭德懷、高崗、習仲勳為反黨集團」的話題。

⑤ 1962年9月24日，中共中央八屆十中全會召開，毛澤東主持，並在會議上發表了〈關於階級、形勢、矛盾和黨內團結問題〉。當時康生在會議上，給毛澤東遞了一張條子，條子上寫著「利用小說進行反黨，是一大發明。」毛澤東當場念出條紙上的內容並加以補充說道：「近來，好像有利用文藝作品來進行反革命活動的傾向。用小說來反黨反人民，是一大發明。凡是要推翻一個政權，總是要先造成輿論，先進行意識形態方面的工作。不論是革命派還是反革命派，都是如此。」

毛澤東在這之後又說：「利用小說去進行反黨活動的語言，其發明權是屬於康生的。」

9月27日，十中全會決定成立「審查習仲勳專案組」，習仲勳因此被迫下台，開始了長達16年的軟禁、入監，被人監視的生活。期間他被貼上了「反黨分子」的標籤，並被押解到市內各處，在一片叫罵聲中，遭受各種批判鬥爭。

1966年文革開始後，習仲勳被送到位於河南省洛陽的礦山機械工廠工作，在那裡不僅受到監視，且時不時地被河南省的紅衛兵押著去參加批判大會，被當成反革命分子批鬥，並押著遊街、被群眾毆打，甚至還被掛上寫著「反

1962 年，作為反黨份子被批鬥的習仲勳

黨分子——習仲勳」這樣沈重文字的木板。紅衛兵向後扭著他的雙臂、扯著他的頭髮，將他的腦袋朝天，做出文革時特有的「坐飛機」姿勢。他被污辱、臭罵、痛毆。然而光是這樣，似乎仍無法滿足那些人，1967 年後，從西北根據地西北大學來的紅衛兵們，突然出現在洛陽，押著習仲勳回根據地陝西省境內的西安遊街，甚至押他回出生地陝西省富平縣，極盡全力地當眾侮辱他，使他蒙羞。

㊂ 揭開鄧小平的陰謀的證據

那麼讓我們來徹底地分析一下，以上發生的事情實際上又引發了什麼樣的後果呢？

從這裡能否洞察到鄧小平想極力去「封印」哪些陰謀呢？還是能透過筆者的推理從而發現一些問題？看來這是場筆者與鄧小平的鬥智。這裡面既有筆者的執著，也蘊含筆者不惜一切敢於挑戰「中國虛構歷史」的勇氣。

● 間接證據 1——閻紅彥是鄧小平的部下

首先，從那些覺得「這裡好像有點古怪……」的可疑項目著手。

在 ①（頁 163）方面，當我們得知很多訊息時，卻又產生了很大的疑問。

為什麼呢？且讓我們先從圖表 3–1 的人物關係圖來看看吧！

這是顯示鄧小平和其周遭蠢蠢欲動者之親近程度的圖表。他和陳雲的關係在高崗事件中已經提過，在此省略，我們先看一下「閻紅彥和康生之間的距離」以及「閻紅彥

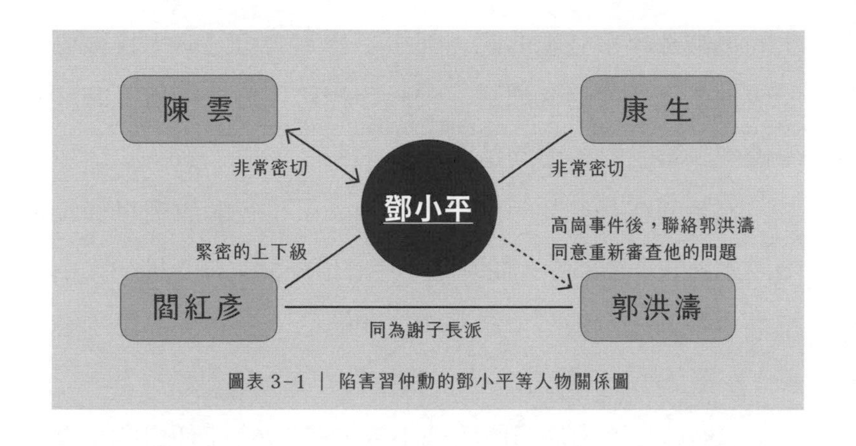

圖表 3-1 ｜ 陷害習仲勳的鄧小平等人物關係圖

與鄧小平的關係」。

圖中已明確表示了閻紅彥和康生之間，沒有直接聯繫的關係。

確實，謝子長一派在和王明路線的延伸線上出現了他們在陝北時期曾共同合作，透過王明自然可以引申到康生那去。但是在全國範圍內「左傾主義」橫行的環境裡，閻紅彥的行動最多也只是種「隨機地」、「突發地」或「直覺地」的行為。由於他和康生之間沒有直接的關聯，因此可以肯定，「閻紅彥和康生之間的距離」還相當遠。

所以把閻紅彥和康生兩者掛鉤，顯然是突兀的。

然而，「閻紅彥與鄧小平的距離」卻「非常近」，而且還是十分密切的上下級，可隨時互動的同事關係。而閻紅彥最尊敬最親近的領導之中，也只有鄧小平一人。

因此，假如他越過「有著恩情的鄧小平」，直接去找康生的事被鄧小平發現的話，鄧小平肯定會發怒的，且很可能使他們之間的關係崩潰。因此我們可以合理考慮：閻紅彥優先上報的對象應該是鄧小平。

因為閻紅彥身為西南局書記的鄧小平在解放戰爭最後階段派任的下屬部隊，從仰望、全心信任到跟從指揮，完全按鄧小平的指示戰鬥；過程中，閻紅彥一直深受鄧小平眷顧，跟隨鄧小平到北京中央，職位也一次次獲得到提升。

當時還是西南局書記的鄧小平，在 1950 年任命閻紅彥到四川省的川東行政公署去擔任主任，1952 年在四川省人民政府成立時，閻紅彥又被派到四川省人民政府擔任副主席。這之後他又在鄧小平出生地四川省擔任四川省委副書記、四川省委書記、四川省副省長兼重慶市委第一書記、中共中央西南局書記處書記等，一步步地得到了拔擢。接著閻紅彥又在 1959 年，被提拔為雲南省委第一書記兼昆明軍區第一政治委員。因此我們可以這麼推測：

閻紅彥首先把關於小說《劉志丹》的報導向鄧小平報告，隨後鄧小平將消息透露給康生，並殷勤地遊說，康生在得到精髓後向毛澤東報告，從而引起了騷動。

康生和鄧小平的關係，筆者將在「證據 **5**」中詳細敘述。

成功把習仲勳拉下台的鄧小平和閻紅彥，此後的關係更加密切了。就像照片上那樣，閻紅彥在 1965 年 12 月陪鄧小平到雲南昆明的鋼鐵廠視察時，他邊抽煙邊和鄧小平

1965 年 12 月，閻紅彥（右）陪同鄧小平（左）視察昆明鋼鐵廠

談話，神情一派輕鬆，可以看出他們倆之間關係匪淺。

● 間接證據 2——

閻紅彥憎恨的是高崗，而鄧小平想扳倒的卻是習仲勳

接下來再讓我們去關注 ③（頁 163），筆者總覺得那裡有一點不自然。

正如第一章中講述的那樣，閻紅彥憎恨的對象應該是高崗。

高崗本是閻紅彥的部下。對於高崗，閻紅彥經歷了本可在敵人面前逃跑的罪名，將對方處以極刑，在延安整風運動中脅迫高崗作偽證被拒，及最終向對方表示寬容的

整個過程。他了解高崗，但此後，當他看到高崗被連續提拔，當上國家計劃委員會的主席，近乎將與毛澤東平起平坐時，內心就像被反覆烹煮一般，對高崗產生了一種無法言喻的憎恨。

閻紅彥非常擔心高崗事件會被翻案。且作為謝子長當時的部下，閻紅彥十分清楚謝子長為打倒劉志丹所作出的所有努力，那麼現在他怎能允許讚揚劉志丹的書籍出版呢？

對於閻紅彥來說，小說《劉志丹》的作者是誰並不重要，即使當他聽聞小說的第一作者是習仲勳時，也沒把仇恨轉移到習仲勳身上。

閻紅彥在 1955 年被授予上將軍銜以及一級八一勳章和解放勳章時，在授勳儀式上宣讀其授勳令的，正是當時

授銜典禮上宣讀授銜命令的習仲勳

的國務院秘書長習仲勳。閻紅彥不太可能對授予他榮譽名譽的習仲勳產生憤恨，即使在西北革命根據地時，他和習仲勳也沒有發生什麼直接的衝突。

那麼閻紅彥為什麼要到處宣揚《劉志丹》這本小說的第一作者是習仲勳呢？而且他甚至還說：習仲勳的最終目的是要從毛澤東手中奪權，取代毛澤東？

他為什麼會這麼做？這種難道不是鄧小平在打倒高崗時用的語言嗎？

為何會如此雷同呢？

很難想像這些話會是從閻紅彥的嘴裡講出來的。他厭惡的是那些企圖透過禮讚劉志丹而平反高崗、重新評價高崗的人。

閻紅彥其實有他自己特別的故事。

事情發生在 1954 年，高崗事件的 4 年後。

毛澤東曾在當時對閻紅彥表示過歉意，因高崗和閻紅彥在延安整風運動中發生衝突時，毛澤東全面地支持了高崗，並訓斥了閻紅彥。

對此毛澤東始終記著。

1958 年 3 月，黨中央在成都召開工作會議時，毛澤東在參加會議的代表面前，特意把閻紅彥叫到身邊，公開向他道歉說：「閻紅彥同志，很對不起，冤枉你 10 多年，只怪我當時看錯了人。」

1954年，在高崗的反黨陰謀被揭穿以後，黨中央查閱了當年閻紅彥要求記錄存檔的原始檔案。此後劉少奇、周恩來和彭德懷先後在中央召開的會議上，肯定了閻紅彥對高崗進行的鬥爭。周恩來說：「歷史證明閻紅彥對高崗的看法是正確的。」這樣的論述，摘自〈你不知道的開國上將〉（王樹恩著、雜誌《世紀風彩》2012年第II期）

然而，真的可能發生這樣的讚揚肯定嗎？

對此閻紅彥是這樣認為的：不管發生什麼事，他都不允許高崗被翻案。小說《劉志丹》的作者是誰，對閻紅彥來說沒有差別，對鄧小平則不然。

他的目的是要把受毛澤東信賴的習仲勳扳倒。

然而不管怎麼說，西北革命根據地的確是紅軍長征的終點站，進京的「五馬」中，兩個人都是西北局系列的人物。且雖說毛澤東重視的是原西北局的高崗，但評價最高的卻是習仲勳，甚至說他「比諸葛孔明還厲害」。

「不讓這兩個人消失，自己奪得政權的夢想就不可能實現。」——鄧小平勢必這樣想。因此不論如何，他都得扳倒習仲勳。還有，鄧小平曾阻止習仲勳探望自殺前的高崗，更擔心萬一自己找陳雲商量捏造不利高崗的謊言被揭發，衝著這一點，讓他從政治舞台上消失，也是必要的。

因此，令閻紅彥去講習仲勳壞話，讓閻紅彥覺得「講了習仲勳壞話便能取悅鄧小平」，在這樣的理念下，閻紅彥自然會朝鄧小平煽動的方向前進，出頭露面毀謗習仲勳的可能性就極易存在了。

● 間接證據 3——十中全會閉幕後，閻紅彥到鄧小平家裡舉杯慶祝

十中全會閉幕當晚，閻紅彥就到鄧小平家參加了慶功宴。此事作為日本人的筆者就算是再執拗地求證，恐怕也難以找到事實加以旁證的吧！

然而 2012 年 11 月 23 日，中國共產黨的新聞網如下文摘錄，沒有任何隱瞞地把當時的情景發布出來了。

1962年9月，中國共產黨第八屆代表大會第十次全體會議閉幕當晚，閻紅彥和雲南省省長，一起去了鄧小平的家。

即使就是這兩句話也都會讓我們覺得，他們肯定是為打倒了習仲勳而感到興奮，為自己「順利獲得成功」而舉杯慶祝的。

假如閻紅彥事先是直接對康生告密的話，那他在閉幕後理應先往康生的住所，向康生表示「告發成功，至為感謝」之類的話才對啊。但原本閻紅彥和康生私交就沒那麼

熟，因此自然也就不會出現那種事了。

● 間接證據 4——
鄧小平向閻紅彥的同伴郭洪濤伸出救援之手

還記得第一章寫到的那個郭洪濤吧！就是那個把劉志丹、高崗和習仲勳等監禁起來準備活埋的策劃者。他在延安整風運動中受到的審判被懲罰至今。新中國建國後，作為一個罪人，他的名字被記錄在了《毛澤東文選》中。

郭洪濤在延安說，自己是冤罪並作出反抗，但由於掌握大權的高崗堅決不採信，因此他只能抱恨無奈熬到了今日。

在這我們還能看到，是閻紅彥為平反郭洪濤，向鄧小平提出了求援。

從表面上看，這或許是突如其來的事，鄧小平當時突然給郭洪濤寫信，同意對他的自 1957 年就開始的審查進行改正，並在 1960 年 4 月結束所有審查手續，正式為郭洪濤恢復了名譽。郭洪濤和鄧小平之間什麼關係都沒有，鄧小平突然為他伸出援手並不自然，若是由閻紅彥出面請託，事情就顯得順當了。

總之，閻紅彥與鄧小平之間成了「只要開口相求，任何事都會幫忙實現」／「只要作出指示，任何事都會去執行」的組合。他們之間的互補關係相得益彰，天衣無縫。

● 間接證據5——

康生秘書的回憶：「鄧小平和康生關係很好」

再沒有誰比鄧小平和康生之間的關係更好的了。康生的秘書在回憶錄中這樣寫道。

建國初期，康生患了精神疾病（綜合性失調症），回到故鄉山東省休養。50年代後期他恢復工作時，正值鄧小平掌握大權之時。因此善於拉關係的康生，自然要去巴結鄧小平了。

康生的秘書黃宗漢在康生死後講述了以下記錄。（2013年2期《炎黃春秋》登載的閻長貴所寫〈康生秘書講康生——回憶黃宗漢講的瑣碎事〉。

「康生和鄧小平關係很好。」黃宗漢道。康生在上世紀50年代初期，有段時間一直被中央冰著坐冷板凳。他重新振起，一是靠著毛澤東，二是靠著鄧小平。60年代後，鄧小平和康生一起具體主持「反修正主義」工作，兩個人合作與修正主義勢力鬥爭。

此後又過了好長時間，當鄧小平在《文革》中，1973年從江西回到北京以後，很快地舉家前去探望正在住院的康生。因為哨兵不讓進，所以我馬上出去接待鄧小平他們。他們全家見到康生時向他深深一鞠躬。當時鄧小平謙遜懇切地對康生說：「康老，我還是個年輕的壯丁，有什麼工作的話我還可以幹。」

鄧小平回京後就這麼急切地去看康生，原因有兩個：一是，鄧小平和康生的關係不錯；二是，在1970年九屆二中全會後，康生是中央組織宣傳工作的總管。(按筆者發現：在正式出版的關於鄧小平在《文革》書中講到，「鄧小平在1973年從江西回到北京之後，去見這個人、那個人」的篇幅很多，而去看望康生的事卻連一點影子都沒有。) 康生去世時，康生的兩頂桂冠 (「偉大的無產階級革命家」和「光榮的反修戰士」) 就是鄧小平主持加上的。在十一屆三中前的中央工作會議上，陳雲點了康生的名，說康生的錯誤是嚴重的，要中央批判他，並開除了他的黨籍，對此鄧小平並不贊成。

鄧小平和康生的關係那麼好，可是為什麼會像 ②（頁163）中寫到的那樣，康生會特意寫信給楊尚昆，命「中央書記處」處置——有這個必要嗎？因為中央書記處的總書記就是鄧小平呀！完全沒必要繞遠路，他直接地跟鄧小平講就行了。這裡隱藏著那樣的貓膩。

因為，讓中央書記處處置「是能讓人看到的形式」，而接到這個通知的書記處總書記鄧小平，在這之後即使在表面上表態，也不會被人看出這是鄧小平先做的手腳。因此我們從中可以想像，它是鄧小平在檯面下先去拜託康生的，因為當時鄧小平的力量是壓倒一切的。

所以迄今為止，只擔任了中央文教組副組長及中央教育工作委員會副土任的康生，在這一連串的行動中一下子被升任為「中共中央書記處書記」的原因，就是受到了總書記鄧小平讚賞的緣故吧！正如康生秘書所說，因為鄧小平和康生一起去了蘇聯，一起參加了受到好評的「反修正主義」活動，否則，在決定讓習仲勳下台的會議上，同時發表提拔康生的決定，這種偶然的一致性，光是想像都覺得不可能發生。

康生的秘書在最後還吐露了一件有著深刻意義的事。

毛澤東在去探望康生時曾非常擔心地對他說：「自己死後會不會像史達林一樣地被人批判啊……」

聽了毛澤東的這個話以後康生立即回答：「我認為你死後，首先否定批判你的應該就是鄧小平！」

康生講了這些話後不久就去世了，事隔一年，毛澤東也離開了人世。那麼，毛澤東在生前是不是搞錯了他應去憎恨去打倒的對象呢？

讓毛澤東搞錯對象的人正是鄧小平。鄧小平為了奪取天下，一次又一次地捏造沒有根據的讒言來迷惑毛澤東，在關鍵時刻刻意裝糊塗，讓時間白白流逝，使那些本不該犧牲的人丟了性命。

鄧小平的罪行是深重的。

為了在歷史上留下好名聲，不惜偽善之人的舉動越多，其罪孽也越深重。

● 旁證——毛澤東是怎麼看習仲勳的下台的？

本章最後想要考證的事：毛澤東對習仲勳的下台，究竟是如何看待？

就像前面所講的那樣，對習仲勳問題進行審查的專案組，在 1962 年 9 月 27 日召開的十中全會上成立了，由康生擔任專案組長。事實上，毛澤東對於專案組的成立並不滿意，他雖不反對剝奪習仲勳的職務，但認為應將他送入中央黨校再教育，而不是直接逮捕入獄。周恩來曾被指派去會見習仲勳，當時他握著習仲勳的手說：「黨中央毛主席是信任你的。你代表政府做了許多工作，即使現在出了《劉志丹》小說這個問題也沒關係，錯了就改嘛！我們還是好朋友，千萬別有一念之差。」

此後在文革時期，當毛澤東得知紅衛兵們一次次地對習仲勳舉行批判大會，並將之押到西安暴力污辱後，曾立即指示周恩來，要他去保護習仲勳。那時，周恩來的處境也不好過，但他仍然十分關心習仲勳。當他看到習仲勳在西安被揪鬥的照片後立即批評：「為什麼發生這樣的事情我們事先都不知情呢？你們怎能隨便把習仲勳帶去西安？這樣做分明是抹黑了文化大革命，也是給我們國家抹黑！」周恩來下令，以軍事手段對習仲勳進行管制，實則是為保護他，並於 1968 年 1 月 3 日，派飛機將習仲勳從西安接回北京衛戍區進行監護。

1974 年的 12 月 27 日，當毛澤東聽聞關押習仲勳的解放軍兵營牢房很小，且牢方對他進行了禁閉與嚴厲監視等情事後，立即指示：「此案審查已久，不必再拖了，建議宣布釋放，免予追究。」

隔年即 1975 年，專案組解除了對習仲勳的監視，將他從禁閉室放出並轉移到洛陽耐火材工廠的宿舍去進行療養。

這個時候（從記錄中看到應該是 1975 年初春），毛澤東又講了以下這些話。

「習仲勳同志是個好同志，為黨做了很多工作，他哪會有什麼問題！那本小說還沒有出版嘛，我當時講的那句話（指「利用小說進行反黨活動，是一大發明」）把問題放大了，可我那次所說是從廣意的層面上講的。」

此後，周恩來把毛澤東指示「立即解除對習仲勳的監禁」等相關言論，通知了習仲勳專案組。那時正當擔任生產大隊支部書記的習仲勳長子習近平被下放到延安地區延川縣從事體力勞動，並被推薦去北京清華大學準備上學時。洛陽耐火材料工廠特意為習近平寫了證明書。

「當時我父親剛被解除監護，下放到洛陽耐火材料廠，耐火材料廠為我開了個土證明，說習仲勳同志屬人民內部矛盾，不影響子女升學就業。」

此後習近平曾這麼回憶道。

就這樣，習近平在 1975 年 9 月進了北京清華大學就學。(關於這個部分的詳細內容會在第五章講述。)

以上是筆者考據關於「鄧小平為打倒習仲勳所實施的陰謀」之相關的「證據」與「旁證」。

從這些證據顯示，不管是高崗還是習仲勳，在他們的問題上作文章的一直都是鄧小平而非毛澤東。因所有證據已明確地指出「主謀者是鄧小平」。為此，筆者個人能十分肯定且毫不遲疑地作出上述結論。

可以想見的是，習近平一定是熟知這些事情的。由於鄧小平「榮光」已在黨內外被套上了光環，不便在嘴上加以評論，但可以推測，他一定會從父親習仲勳那裡聽到相關的事實。

習近平將被選為國家副主席一事，其實早在 2008 年 2 月就已明朗。為此網站《博訊》刊載了香港中文大學教授林和立所寫的〈習近平應該果斷地為黨內的冤案平反〉一文。

當時已經 87 歲的高崗妻子李力群，到廣東去拜訪了習仲勳的妻子齊心，她說：「和高崗有關的許多西北局老革命份子，在毛澤東去世、四人幫被捕後，仍然不敢講高崗冤案一事。」為此她深表不滿。聽了這些話後的齊心並未多言，但她至少答應，會將歷史真相告訴兒子習近平。此後不久，習近平的回答「還不到時候」也透過中間人的嘴，傳到了李力群的耳裡。

令人驚訝的是，林和立會在文章中講述鄧小平在 80 年代初期發表的《建國以來黨的若干問題決議》裡，特意再次提及高崗事件，並毫不掩飾地編造謊言，甚至大言不慚地去談論此事。由此可見，知情者中已有很多人明白「高崗事件的始作俑者，正是鄧小平」。

常對中國問題提出尖銳意見的旅美評論家高新（《Radio Free Asia 自由亞洲電台》，簡稱 RFA 之評論員），也在 RFA 上發表了自己的評論，認定鄧小平就是高崗事件的主謀。看到世上出現了這麼多所見略同的「同志」後，筆者不僅為自己的論述有了堅強的後盾而高興，且更堅定了自己的信念。

在以高新先生為首的評論家裡，甚至還有人寫文指出，在小說《劉志丹》事件的背後，動手腳的正是鄧小平。

本書對此作了追蹤，這些內容絕不是突如其來的異想天開，因為同時有不少知識份子和筆者一樣，抱持著相同的觀點，雖然這些都尚未能清楚完整地以有系統的文字論述。

本書的主要目的正是：「要揭發鄧小平的虛偽，讓真相暴露出來！」有關文革的部分已有很多著述，在此不再多說，但儘管如此，就如前文略有提到的那樣，文化大革命是一場毛澤東欲打倒握權的劉少奇與鄧小平的政治運動。在文革的號角吹響之際，毛澤東就已在上海表示：「敵人就在司令部裡！」

歷史雖然無法假設，但若不是鄧小平想打倒高崗，並和陳雲密謀捏造事實向毛澤東告密的話，那麼毛澤東就沒必要為打倒劉少奇而發動文革，也就不會因此發生這場犧牲了兩千萬人（中國政府發表的數字）的政治運動了。

筆者堅信，看清那個被吹捧為「善人」的鄧小平真相，對認識中國共產黨政權，及現今習近平政權想實現的目標，是絕對不可缺少的一個重點。

劉少奇在文革中被關進監獄，最終在沾滿屎尿的獨囚室裡死去。彭德懷也在被堵住窗戶的牢房裡大喊「我要見藍天，把擋住窗戶的木板拿走」而嚥下了最後一口氣。

隨著毛澤東的死亡，在文革中無惡不做、以江青（毛澤東的妻子）為首的「四人幫」，被毛澤東託付後事的華國鋒以武力逮捕，從而結束了文革。在那之後，很多因冤罪被捕的人獲釋恢復了名譽，習仲勳也在當時，在沒有作任何說明的情況下被釋放了。

習仲勳終獲自由並重返政治舞台時，是文革結束兩年後的 1978 年的 2 月，徹底恢復名譽更是又過了兩年之後的 1980 年。

要明白這些情況，我們就一定得知道文革後的中共中央又發生了什麼變化。在考證習仲勳的政治復歸和此後的奮起之前，讓我們先來分析一下中共中央內部發生的權力鬥爭真相吧！

第四章

文革結束以後中共中央內部出現的激烈的權力鬥爭

——導致華國鋒下台的是鄧小平的陰謀

毛澤東去世後，華國鋒迅速打倒了四人幫、結束了文革，成為中共中央主席、中央軍事委員會主席和國務院總理，掌握了黨政軍大權。然而，就是這個華國鋒，此後卻被鄧小平以「準備復辟文革」、「煽動個人崇拜」、「不會搞經濟活動」為由，從權力的頂峰上拉了下來。緊接著，鄧小平是改革開放開拓者的「鄧小平神話」出現了。

彷彿華國鋒不存在似的，鄧小平把華國鋒從中國歷史上消除，不僅不許褒揚，就連他的名字都不給提。

但是到了 2008 年後，「鄧小平神話」開始崩潰了。

華國鋒在 2008 年 8 月 20 逝世後，中國新華社的電子版《新華網》刊載了讚揚華國鋒的悼詞，或許有人會說，因為是悼詞，所以才充滿了讚聲，但其實並不是那麼回事。

當時胡錦濤政權中的中共中央常務委員會委員 9 人一起，參加了華國鋒的追悼紀念儀式，知道了此事的江澤民周遭人物也紛紛出席，結果它成了國家最大級別的追悼紀念會。由於鄧小平已於 1997 年去世，所以這裡面一定有著不少放下顧慮而前往的參加者。

長年研究華國鋒的中國共產黨黨史研究室韓鋼（當時為華東師範大學教授）一直在等待這個機會，他將自己寫的論文〈還原華國鋒——關於華國鋒的若干史實〉（韓鋼，《往事》第 74 期、2008 年 11 月 14 日）發表在《往事》這本雜誌上。這篇論文就如同切開了堤壩那般，將多年埋藏在心底對華國鋒的肯定和對鄧小平的懷疑，一下子噴發出來了。從中國大陸看海外的中文網站上，甚至還出現了像是「鄧小平偽造華國鋒罪狀」這類的文章。

2011 年，紀念華國鋒誕生 90 周年的大會舉行後，季刊《炎黃春秋》在〈往事〉一欄上分別登載了兩次內容與韓鋼相似的文章。到了習近平政權時，知識分子中甚至出現了寫「鄧小平的罪行＝真相」這樣的文章都不會受罰的氛圍。2018 年，中國共產黨《黨史博覽》第 8 期還登載了〈華國鋒和中國改革開放之始〉的論文，並在《中國黨史網》網站上轉載。

2021 年 2 月 20 日，北京人民大會堂舉行了紀念華國鋒誕生 100 周年的盛大座談會。它使我們感受到，那種要「請回華國鋒」或者「洗清華國鋒冤罪」的潮流，已經阻擋不住了。

本章將在客觀敘述事實的同時，「分析鄧小平給華國鋒列下的罪名」以及「鄧小平為了把華國鋒搞下台時所採取的陰謀手段」為中心進行內容考證。

華國鋒的掌權和下台的經過
——毛澤東對鄧小平存有戒心

● 警惕鄧小平的毛澤東

華國鋒（1921—2008）是毛澤東在臨終前託付後事的人物。在前章中寫到，毛澤東在康生的病房裡，聽見康生最後對他說：「要是你離開了這個人世，埋葬你功績、損害你名譽的人，一定是鄧小平。」的這句話後，受到了很大的震盪，並對此產生了警惕。毛澤東環顧自己四周，認為華國鋒一定是最不會出賣自己的那個，因此決定將後事全部委託給華國鋒。

很快的，毛澤東在 1975 年 1 月安排華國鋒擔任國務院副總理，又在 1976 年 1 月 8 日周恩來去世後，委任華國鋒當國務院總理代理，並在 4 月任命他正式出任總理兼中共中央第一副主席。毛澤東對周恩來早於自己逝世感到幸運，甚至還傳出了他曾為自己比周恩來長壽而舉杯慶賀。

到了那年 4 月 4 日清明節時，天安門廣場上出現了追悼周恩來的集會遊行，規模還越演越烈。四人幫將之視為反革命動亂進行了武力鎮壓（這是第一次天安門事件）。鄧小平被視為此遊行集會的主謀而打倒，並褫奪所有職務。

4月30日，毛澤東特意寫了「你辦事，我放心」的條文交給華國鋒。當時的毛澤東言語已不太清楚，常用筆談交流。這個條文便是筆談中的一個內容。

由於對此條文的真實性存疑，美國政府廣播電視機構《Voice of America 美國之音》，在2012年2月17日報導了尼克森總統在1972年2月21訪問中國時，擔任翻譯的章含之女士證言。章含之於2008年去世，這是《美國之音》在她去世一年半前所進行的採訪。當時章含之證實：「那個條文是毛澤東在1976年4月30日所寫三個條文中的其中一個」。她應該是從時任中國外交部長的丈夫那兒聽到的。此外，章含之還在她自己所寫《跨過厚厚的大紅門》一書中也曾提到此事。

1976年9月9日，毛澤東去世，由他的妻子江青為首的文革「四人幫」立即準備奪權。華國鋒看到這情況認為，繼續這樣下去文革會越演越烈，勢必激化更大的矛盾，因此他跨過了「違反毛澤東意願」的心理糾葛，迅速和葉劍英、李先念等進行密談，以武力逮捕了四人幫，在10月6日結束了文化大革命。

葉劍英（1897—1986）是在長征途中，第一個把張國濤的陰謀告訴毛澤東，救了毛澤東等人性命的關鍵人物。因此毛澤東從文革之初的1966年起就任命他為軍事委員會副主席。1971年，同樣是軍事委員會副主席的林彪，企圖舉行軍事政變的陰謀暴露後搭機逃往蘇聯，但飛機不幸在蒙古人民共和國上空發生事故，林彪身故。從那之後，毛澤東更加器重葉劍英了。葉劍英向毛澤東提出，為了強化軍事指揮，舉薦兩次落馬的鄧小平重新出來，進入軍事委員擔當職務。毛澤東雖然討厭鄧小平，但還是聽從了葉劍英的意見，並在 1975 年 1 月讓鄧小平復出，擔任軍事委員會副主席。

康生在臨終時對毛澤東講「毛澤東去世以後，出賣毛澤東的一定是鄧小平」這話，當時尚未發生。本來文革的目的就是要打倒走資派劉少奇和鄧小平，因此，讓鄧小平擔任軍事委員會副主席，並不是毛澤東的本意。

毛澤東對葉劍英感到放心的原因，是因為葉劍英沒有擔任過軍隊領導，不可能對他發動軍事政變，但鄧小平就不同了。在解放戰爭中，鄧小平率領第二野戰軍戰鬥，他和林彪一樣，只要一聲令下就能調動軍隊。從這個角度來看，鄧小平是最最危險的。但因毛澤東當時能拜託的只有葉劍英了，因此儘管心裡百般不願意也只好聽從他的意見。對此說法，有著很多的記錄可以證實。

因此當 1976 年 4 月發生第一次天安門事件時，鄧小平立即被認定是反革命遊行集會的主謀而剝奪職務。為什麼是鄧小平呢？因為他是能將掌握黨政軍大權的華國鋒趕下台的人物，這是解決這個問題的眾多方法其中之一，關於這個部分，留待本章後半講述。

李先念（1909—1992）是 1954 年開始擔任國務院副總理，並長期於國務院任職。雖然他在文革中受到一定程度的批判，但很快又回到了中央，繼續他國務院副總理的職務。

在打倒四人幫上發揮了巨大作用的是汪東興（1916—2015）。

汪東興長期擔任毛澤東的警衛。他不僅是中央軍事委員會警衛局的第一書記，還從 1973 年起擔任中共中央政治局委員。

他還可說是毛澤東和文革期間被趕下台的鄧小平間的調停人，因此毛澤東對他信任程度之深無法想像。華國鋒在打倒「四人幫」時是汪東興發揮了作用，他動用了自己掌握的 8341 部隊，指揮他們逮捕了四人幫。

毛澤東去世時，汪東興原本大可根據自身利益，去幫助四人幫走上政變一途，但是在此關鍵時刻，他選擇了華國鋒，並由此建立了功績。

在這之後，華國鋒被選為中共中央主席、中央軍事委員會主席和國務院總理。中共建國以來，黨政軍三大最高職位由同一人擔當，僅建國時期（1949—1954 年）的毛澤東，此外華國鋒是第一人。因為華國鋒是 1921 年出生，當時只有 55 歲，和鄧小平（1904 年生）及陳雲（1905 年生）的長老們間相差了15歲。

讓我們再次回顧一下中共中央領導班底的陣容。

在第十屆中國共產黨代表大會一中全會（1973年8月）上，毛澤東擔任了中共中央主席，雖然另有數位政治局常務委員，但康生、周恩來、朱德以及毛澤東等相繼逝世，及四人幫被捕後，常務委員的位置空缺出來，為此我們環顧一下四人幫被逮後的黨中央陣容：

中共中央主席：華國鋒

中共中央政治局常務委員：華國鋒、葉劍英

中共中央政治局和中共中央委員會裡當然還有很多人，但中央核心部分卻只剩下兩人。由於汪東興是和華國鋒、葉劍英一起在逮捕四人幫時立下大功的，因此他在中共中央最高層也有了很大的發言權。

● 恩將仇報的鄧小平

鄧小平自從在1976年4月三次被剝奪職務受罰之後，身無公職地捱到了今天。

因為毛澤東說出「鄧小平絕不能信」的話，所以，無論如何也不能讓鄧小平重返政治舞台。雖然葉劍英對華國鋒和汪東興多次提出「讓鄧小平和陳雲在政治上復出」的意見，然而對毛澤東絕對忠誠的汪東興立即否決；反過來，讓不反對鄧小平復出的華國鋒去說服汪東興，和葉劍英，李先念一起為鄧小平的政治復出作出了努力。

這恐怕是葉劍英在背後暗示過鄧小平的，因此，當華國鋒在 1976 年 10 月 10 日被選為中央最高領導人時，鄧小平特意發出了熱烈的祝賀信，正是這封信打動了華國鋒的心。對於鄧小平深切期望能重返自由的心思，不論是誰，心裡都是非常明白的。

從信封上寫著「由汪東興轉交華國鋒收」的情況分析，鄧小平當時一定覺得華國鋒是高不可攀的，然而儘管如此，先做勢表白一下，總不會有錯吧！

以下是這封信的內容的概要。

東興同志轉呈國鋒同志並中央：

我衷心地擁護中央關於由華國鋒同志擔任黨中央主席和軍委主席的決定，我歡呼這個極其重要的決定對黨和社會主義事業的偉大意義。華國鋒同志不僅在政治上和思想上都是最適合的毛主席接班人，就年齡上來說，他也能使無產階級領導的穩定性至少可以保證十五年或二十年之久，這對全黨全軍全國人民來說是何等重要的啊！怎麼能不令人歡欣鼓舞呢？

最近這場反對野心家、陰謀家篡黨奪權的鬥爭，是在偉大領袖毛主席逝世後的這樣一個關鍵時刻發生的，以國鋒同志為首的黨中央戰勝了這批壞蛋，取得了偉大的勝利，這是無產階級對資產階級的勝利，這是社會主義道路戰勝資本主義道路的勝利，這是鞏固無產階級專政、防止資本主義復辟的勝利，這是鞏固黨偉大事業的勝利，這是毛澤東思想和毛澤東革命路線的勝利。

我同全國人民一樣，對這場偉大鬥爭的勝利，由衷地感到萬分喜悅，並情不自禁地要高呼萬歲、萬歲、萬萬歲！我要用這封短信表達我的內心的真誠的感情。

以華主席為首的黨中央萬歲！

黨和社會主義事業的偉大勝利萬歲！

鄧小平

1976年10月10日

鄧小平在1976年11月10日正患著前列腺炎，為此葉劍英立即為他安排了醫院，並得到華國鋒的許可，在16日動了手術。當時住院動手術都必須得到中央的許可，周恩來正是因他的癌症治療未獲許可才在毛澤東之前去世的，更別說是鄧小平那樣的被「囚禁著」的人了。這樣的人能被立即安排住院手術，沒有特別關懷幾乎是不可能的。

1977年1月14日，李鑫在中央理論學習組傳達華國鋒在1月6日政治局會議上的講話：「關於鄧小平的問題，我在處理四人幫問題的過程中反覆考慮過……鄧小平同志的問題是要解決的，實際上也正在逐步解決中。」

1977年3月14日，華國鋒在中央工作會議上再次告訴與會者說：「中央在決定解決四人幫反黨集團問題時，認為鄧小平同志的問題應當正確地得到解決，但是要有步驟，要有一個過程。」

緊接著鄧小平又在4月10日給華國鋒寫了第二封信，在讚揚華國鋒的同時又向他發出了忠誠的誓言以及早日復出的期望。在這個緊要關頭發出這封信，恐怕也是葉劍英的暗示。是他告訴鄧小平：「現在正是機會，應立即撰寫懇求書」。因當時葉劍英和鄧小平頻繁地見面，有時甚至將他叫到自己家裡。也幸虧鄧小平被剝奪所有職務之後並未被關進監獄，而是在家進行反省，住進位於北京西山軍隊的療養所裡之故。

鄧小平給華國鋒寄出的懇求書換來的是：他在1997年7月的政治復出，並在第十屆三中全會（1977年7月16日—21日）上被選為中共中央副主席、中央政治局常委、國務院副總理、中央軍事委員會副主任、解放軍總參謀長。

同年8月12日舉行的第十一屆黨代表大會上，汪東興被選為中共中央政治局常務委員、中共中央副主席。他讓文革得到終結的偉大功績得到了很高的評價，成為繼葉劍英、鄧小平、李先念之後又一位中共中央副主席。中國共產黨中央委員會的第一把手是華國鋒，汪東興則成為黨內的第五把手。

假如沒有華國鋒和汪東興的努力，鄧小平就不可能復出，然而令人料想不到的是，他復出後馬上就動腦筋作手腳，準備把對他有大恩的華國鋒和汪東興搞下台。

復出後的鄧小平在第十屆三中全會的最後那天，即7月21日，獲得了在大會上講演的機會，他暗示著對「兩個凡是」（凡是毛主席決定的事情，凡是毛主席作出的指示，都要堅決貫徹執行。）的精神提出了批評。（《鄧小平文選》第二卷，人民出版社1994年出版）。「兩個凡是」被認定是華國鋒提出的，但事實上並非如此，本文後面會講述。

從1978年12月18日起至22日止的黨的第十一屆代表大會第三次中央全會上，鄧小平對華國鋒進行了批判，並在1980年9月，逼使華國鋒辭去了國務院總理的職務。

到了1980年11月，鄧小平又在11月10日到12月5日止，僅限中共中央主席有權召集的一個月間，要求華國鋒召開了九次中共中央政治局會議，（1980年11月10日、11日、13日、14日、17日、18日、19日、29日和12月5日），並在會上提高了對華國鋒的批判，終於使華國鋒辭去了中共中央主席和中央軍事委員會主席的職務。

此外，汪東興也在1978年12月召開的黨的第十一屆三中全會上受到批判，除了保留他擔任中共中央副主席和中共中央政治局常務委員的職務外，其兼任的包括黨中央辦公廳主任、8341 部隊司令官及政治委員等所有職務，都被剝奪。

因為在鄧小平奪取天下的征途中，華國鋒也好、汪東興也好，都是他必須清除的障礙。

㊂ 反駁鄧小平提出的「華國鋒的罪行」——驗證華國鋒的「五條錯誤」

在這裡我們論證一下致使華國鋒下台的「5條罪狀」，究竟是些什麼內容。

1980年12月5日結束的中共中央政治局會議，對華國鋒作出了以下的結論。（華國鋒的「5條罪狀」）。因為主持這次會議的是鄧小平，所以鄧小平才能在這次會議上給華國鋒定罪。

Ⅰ. 提出了完全違背馬克思主義的「兩個凡是」錯誤觀點。
Ⅱ. 繼續文化大革命的錯誤觀點。
Ⅲ. 阻撓平反冤假錯案，和為老幹部恢復工作。
Ⅳ. 製造新的個人崇拜。
Ⅴ. 經濟冒進，犯了主觀唯心主義的錯誤。

這5條罪狀，將作為以下內容去通報全黨。

會議最後決定，華國鋒不再主持中央工作，並決議向六中全會建議：同意華國鋒辭去中央主席、軍委主席的職務。選舉胡耀邦為中央委員會主席，鄧小平為中央軍事委員會主席。會後，中央政治局還在黨內通報了華國鋒犯下的五條錯誤：一、提出了完全違背馬克思主義的「兩個凡是」的錯誤觀點；二、繼續文化大革命的錯誤觀點；三、阻撓平反冤假錯案和為老幹部恢復工作；四、製造新的個人崇拜；五、經濟冒進，犯了主觀唯心主義的錯誤。

這種事情還真是經不起梳理……就像毛澤東為了把劉少奇從國家主席的位置上拉下來，不惜發動文革一樣。這難道不正是他們自己在「繼續搞文革」嗎？讓我們對這種不言可喻的錯誤進行分析，並試著作出反駁。

● 對於 I 和 II 的反駁

華國鋒提出「兩個凡是」觀點，和鄧小平對華國鋒定罪並非同一回事。

「兩個凡是」是《人民日報》在 1977 年 2 月 7 日登載的社論，華國鋒自己從來沒有說過「兩個凡是」這樣的話。（源自 2011 年 5 月 14 日政府轄下的《中國新聞網》發表的新聞報導，以及人民出版社出版的《黨史細節》）。但是，華國鋒違反了毛澤東的意志，用武力終結了毛澤東發動的文革，逮捕以毛澤東夫人江青為首的「四人幫。」這是華國鋒在和李先念、葉劍英商量之後強行作出的決定。（鄧小平為了逼迫華國鋒下台，把逮捕四人幫的行動歪曲成是葉劍英和李先念強烈要求華國鋒執行，而非出自華國鋒的決斷。他們甚至把這種謠言傳播出去，結果還是李先念本人糾正了這種錯誤）。這個逮捕沒有出現砲火交加的武力殲滅場面，但仍應算是違背毛澤東意志的「軍事政變」，如果毛澤東仍健在的話，這當是條死罪，對此華國鋒自然明白。

然而若全面否定建國之父毛澤東，就可能無法再圓滿地統治中國。這一點我們不僅可以從文革中在全國各地到處進行破壞的原紅衛兵暴力行動中得到證明，而且還能在建國以來，特別是文革期間，到處喊著「毛主席萬歲」，對毛澤東無限崇拜的中國人民的行動中也能明白，他們是絕不會對否定毛澤東的行為保持沈默的。把「兩個凡是」徹底拋棄的應該是華國鋒自己。假如他不去把由此而起的漏洞補上，很可能就會在國內引發反抗運動，而無法再繼續統治這個國家。正因如此，華國鋒才說了「凡是污蔑詆毀毛澤東偉大功績的事情，絕不允許」的那種話。他在講話中確實用了「凡是」這兩個字，但並沒有講「兩個凡是」裡面的內容，因此華國鋒是完全無罪的。

不僅無罪，而且從結束文革，為中國轉舵，並為走向改革開放找到其可能性的角度來看，應該說，現今中國再沒有誰比華國鋒的貢獻更大的了。（從這一點也可看出，本章開頭講到現在的中國，對華國鋒高度評價的原因。）

文革中包括周恩來、鄧小平和葉劍英在內的所有的人，有哪一個人有去「逮捕四人幫」的勇氣？更別說去付諸行動了。當然也能以毛澤東還活著作為藉口，但為什麼林彪就敢在毛澤東尚健在的 1971 年舉行軍事政變呢？只要想做，事情總是有可能的，可沒有一個人有那樣的勇氣。

若不是華國鋒抱著巨大勇氣去做那件事，那麼包括鄧小平在內，所有參加那次會議給華國鋒定罪的政治局委員，或許都會像過去一樣地被關在牢裡了。

另外關於 II 中提到的「繼續文革」之類罪行，最多也只是掛在嘴上說說，因為給文革打上修止符的是華國鋒，這點是毫無疑問的。

● 對於 III 的反駁和分析

5 條罪狀之中，「阻撓平反冤假錯案和為老幹部恢復工作」中的那個「老幹部」鄧小平，在會議上對華國鋒進行了激烈地攻擊，那是「賊喊捉賊」，還是「恩將仇報」呢？對此筆者只能啞然失笑了。

華國鋒為了給鄧小平恢復名譽，讓他盡快復出，不惜動用輿論工具。他命當時最具影響力的《人民日報》、《解放軍報》以及《紅旗》雜誌，從 1977 年元旦開始，不能登載任何批判鄧小平的文章。由於毛澤東在文革中狠狠地批判了鄧小平，這股「批鄧」的旋風在當時還殘留著。為了在「不損害對毛澤東評價的基礎上」讓鄧小平逐漸回歸政治舞台，華國鋒不斷地利用輿論機關去製造氣氛，使「贊成鄧小平復出」在當時成了一種水到渠成。

胡耀邦也在會議上批判了華國鋒。胡耀邦在文革剛結束時，也是擔驚受怕地蜷縮在家，是華國鋒到胡耀邦家中邀請他「重返政治舞台」。由於胡耀邦當下拒絕了他的邀請，華國鋒還特意請出葉劍英去說服胡耀邦，請他到中共中央黨校工作。因為葉劍英和胡耀幫私人關係良好，所以華國鋒才再三拜託葉劍英去邀請胡耀邦出山，然而鄧小平和胡耀邦兩人，卻都以恩將仇報的方式回報。

鄧小平把華國鋒打下來，讓一個地位從沒高過自己的胡耀幫去頂替華國鋒，對此筆者真想質問鄧小平：「你難道沒有想過，你所需要的胡耀邦，究竟是因誰回歸政治舞台的？」

關於華國鋒為其他的老幹部的復出所作的努力，在此就不一一敘述了。

但關於陳雲對華國鋒的批判，則有著與上述不同的其他原因。

因為毛澤東極為討厭王明一派的陳雲，（就像本書第二章講的那樣，就連高崗事件，陳雲也是透過周恩來去向毛澤東密告的），所以汪東興也堅定地站在毛澤東這邊，反對陳雲的復出。他認為「陳雲的復出是無論如何都不能同意的」，他堅決反對陳雲復歸政治舞台。

在鄧小平復出之前，中共中央的最高領導只有三人，由於汪東興的堅決反對，華國鋒只能作出讓步，但他覺得自己已在「陳雲問題」上作出了讓步，因此無論如何，也要讓汪東興支持「鄧小平的復出」，為此他反覆遊說拉攏汪東興，直到他同意自己的主張為止。

鄧小平無視於華國鋒為自己的復出所做的努力，並利用陳雲復出案未被批准一事再與陳雲聯手，就像當年的高崗事件一樣，陰謀推翻華國鋒的領導。關於這部分的詳細經過，本文將在下一節「為什麼鄧小平的陰謀能夠獲得成功」裡論述。

● 對於Ⅳ「製造新的個人崇拜」之反駁意見

華國鋒確實在天安門廣場的一角建立了「毛主席紀念堂」，並在其入口處親筆為匾額題字。紀念堂裡安置著經防腐處理的毛澤東遺體，在毛主席的肖像畫旁，同時還懸掛著華國鋒的肖像。

鄧小平以這件事情為由，批判華國鋒煽動對毛澤東的個人崇拜，而且還斷言華國鋒企圖利用這些內容去製造新的個人崇拜。

然而，當時華國鋒已經是「中共中央主席、中央軍事委員會主席和國務院總理」，並採用了「強制手段」終結了文革的十年動亂。因此，若不把紅衛兵們在國內煽起對毛澤東個人崇拜的熱情善加引導的話，很可能制止不了那場動亂。那些紅衛兵需要一個發洩自己對於毛澤東崇拜的場所。有鑒於此，華國鋒才建立了「毛主席紀念堂」，讓對毛澤東的崇拜之念在一定程度上保留下來。筆者認為，這是作為一個國家最高領導人為了社會平衡，而不得不作出的舉措。

關於這一點，我們可以去看鄧小平在 1976 年 10 月 10 日寫給華國鋒的信中內容。

他不是把毛澤東冠名為「偉大領袖」，說這是「毛澤東思想和毛主席革命路線的勝利」嗎？而且他還在信中寫了「華國鋒同志不僅在政治上思想上都是最適合的毛主席接班人，就年齡來說，他也可以使無產階級的領導穩定性至少保證十五年或二十年之久」等等之類的話嗎？

我們完全能視此一切手段皆為鄧小平為了自己的政治復歸所寫的奉承，並把它作為一種政治手段運作著。

鄧小平在政治復出後的最初的黨代會（1977 年 8 月舉行的第十一屆黨的代表大會）閉幕式講話中，還強調了「我們一定要恢復和發揚毛主席為我們黨樹立的群眾路線的優良傳統和作風」。（摘自《鄧小平文選》，鄧小平於 1977 年 8 月 18 日在十一大上的閉幕詞）

在鄧小平大權在握之後，為了鞏固自己的地位安全，他還不是作出了「肯定毛澤東」的結論嗎？

如果說華國鋒在文革甫一結束，面對群眾中出現兩種極端心理的兩面夾擊下，在一定程度上肯定毛澤東的功績是罪過的話，那麼對這種為了安定民心所作出的違心之論，難道不能夠予以諒解嗎？若非如此，我們又如何理解1989年6月4日天安門事件後的江澤民、胡錦濤以及現在的習近平政權呢？他們一直是帶著毛澤東的「榮光」去管理國家的，這種狀況既使在今天也是一樣，而且我們還可毫不遲疑地說，最巧妙地利用毛澤東的，正是重新掌握政權之後的鄧小平。

● 對於V中國黨史網發表內容的反駁

「經濟冒進」是華國鋒罪狀中最後的一條，為了能夠適用這個罪名，鄧小平又在前面加上了「主觀唯心主義」這樣含糊的語言，使它變成了華國鋒犯下的重罪。

鄧小平在此後的談話中（1984年10月6日的談話）表示：「中國的經濟開放政策是我提出來的。」（摘自《鄧小平文集》第三卷）。這句話是鄧小平對自己於1978年12月13日中央工作會議閉幕式上宣讀的講話的評價。（〈十一屆三中全會的鄧小平和陳雲，歷史選擇了這對搭檔〉，《環球人物》2013年第29期，范小舟）為此，華國鋒在對外改革開放實踐中的功績被他全部抹殺了。

最近，證明華國鋒功績的資料被公布了很多，比如《中國共產黨歷史網》〈華國鋒與中國改革開放的發軔〉，（《黨史博覽》2018年第8期，李海文著）等文章也說明了最初提出「對外開放」的其實是華國鋒，華國鋒不僅提出了這個觀點，還開始實踐，這些內容被堂堂正正地寫入中國共產黨的黨史。

在此特意介紹幾個例子。

為了引進海外的先進設備和技術，華國鋒頻繁地與海外經濟建設相關賓客會面，1977年4月2日，他會見了以日本經團連會長土光敏夫為團長的訪問團一行，其目的是為了加快「寶鋼建設」的速度。

1976年10月華國鋒在逮捕「四人幫」以後，立即著手恢復在文革中受到毀滅性打擊的經濟建設項目，他把在中央工作的國家計劃委員會副主任林乎加派到上海調查，之後不久，林乎加也立即向中央報告了上海每年缺少300萬噸鋼鐵的問題。

為此華國鋒在第二年，即77年1月1日，立即委任林乎加擔任上海市委書記，讓他們從元旦當天就開始工作，並給冶金部唐克部長打電話，要他馬上派專家到上海調查，並將結果馬上呈報國務院。在經濟建設方面，華國鋒的行動是非常迅速的。

關於這些事情，《中國共產黨歷史網》曾經登載了很多，以下是李海文在《黨史博覽》2018年第8期上寫的〈華國鋒與中國改革開放的發軔〉一文，他在文章中作了大略介紹。

1977年

4月：召開了全國冶金會議。華國鋒在會議上要求迅速把生產指揮系統恢復建立起來，把崗位責任制等各項制度恢復健全起來。此後生產開始上升，並很快見到成效，僅用了一年半的時間，到1978年11月，鋼鐵產量就超過歷史最高水平，達到了3,000萬噸。

1977年9月16日至10月14日，冶金部副部長葉志強率團前往日本考察一個月，發現經過十年「文革」，中國的冶金技術水平和日本的差距不是縮小而是拉大了，至少差了20年，為此受到了極大的震撼。

10月22日，葉志強等人到中南海向中央匯報了考察報告和見聞，並放映了新日鐵贈送的一部電影短片。華國鋒指示要迅速引進日本的先進技術，迎頭趕上世界先進冶金技術水平，促進全國鋼鐵工業現代化的發展。

11月9日，冶金部向政治局匯報鋼鐵工業長遠規劃。華國鋒指示，今後3年要在上海搶建一個現代化的、年產500萬噸生鐵的大型煉鋼基地，要從國外引進全套設備。不僅是進口設備，還要買新日鐵的技術，在中國也建造一個類似日本新日鐵的君津工廠。

12月14日，李先念批准了冶金部提出關於「擬和日本技術小組商談興建鋼鐵廠的主要問題請示」。對此，華國鋒、葉劍英、鄧小平也相繼進行了審閱。12月，計委、建委、冶金部、交通部、鐵道部、煤炭部、外貿部、一機部和四機部等二委八部三十幾位領導和上海市委領導一起進行了認真調研。12月底，上海市委第三書記彭沖主持了會議，確定新廠名為上海寶山鋼鐵廠。

1978年1月，華國鋒決定寶鋼建設工程，並要求成立以上海為主，冶金部也一起參加的領導體制。

2月：「中共上海寶山鋼鐵工場工程總指揮部」成立。在1978年2月25日至3月5日召開的第五屆全國人大一次會議上，華國鋒作了政府工作報告，提出新時期的總任務，要求在20世紀末把我國建設成為四個現代化的社會主義強國。會議一致通過了政府工作報告和〈1976年至1985年發展國民經濟十年規劃的綱要（草案）〉以及1978年的建設計劃。

3月9日，國家計委、建委、經委和上海市政府以及冶金部，以「三委一市一部」名義聯名給中央寫了「關於上海興建鋼鐵廠的廠址選擇、建廠規模和有關問題的請示報告」。3月11日，華國鋒批發國務院已經同意了的這個報告，決定從日本引進成套設備，在上海寶山興建鋼鐵廠，其建設規模為年產鋼、鐵各600萬噸。整個工程投資額為214億元，其中外匯48億美元，折合人民幣144億元，國內投資70億元。為了落實寶山鋼鐵廠一事，中央特派林乎加率團再次訪問日本。

3月13日在國務院務虛會上，華國鋒聽取了國家計委副主任李人俊關於擴大新技術引進的初步設想後進一步提出：「思想再解放一點，膽子再大一點，辦法再多一點，步子再快一點。」

華國鋒還在會議上說：「應該看到，我國科學技術水平還很落後。要把科學技術搞上去，就要引進外國的先進技術，學習外國的好經驗，這個非常重要。在現在的基礎上，慢慢走，也可以，但是把外國的東西拿進來，再研究發展，就來得快。『四人幫』閉著眼睛，不學外國技術，那才是真正的爬行。引進先進技術和先進裝備，是加快經濟發展的一個重要措施。現在國際上的科學技術日新月異，不斷變化，要加強調查研究，統籌考慮。現在提出這個規劃是很重要的。四個現代化的實現，和建設社會主義的強國就是要這樣做。」

3月—5月：在這種情況下，作為國務院總理的華國鋒，從3月開始至5月連續派了4個考察團去海外考察，為加速進行對外開放盡了自己的力量。

第1個考察團：3月9日—4月10日。

由中聯部副部長作為團長，到南斯拉夫和羅馬尼亞去進行考察。

第2個考察團：3月28日—4月22日。

派遣以上海市委書記兼國家計委副主任林乎加為團長，國家計委副主任段雲為顧問的「中國經濟代表團」訪問日本。段雲有過在日本的留學經驗。(1933年在日本的明治大學留學)。

第3個考察團：4月10日—5月6日。

派遣由段雲擔任組長的「香港澳門經濟貿易考察組」去香港澳門訪問。這個訪問小組和在下一章要講到的習仲勳一起，去貫徹執行華國鋒政權下的「對外開放」。*

第4個考察團：5月2日—6月6日。

由國務院副總理谷牧率領的「中國政府經濟代表團」，到西歐五國（法國、西德、瑞士、比利時和丹麥）去考察訪問。

這4個考察團在「改革開放」的最初階段，發揮了「偵察兵」那樣的作用。

只要稍稍注意查閱中國黨史網或者2018年第8期《黨

---

* 筆者註：鄧小平最擔心的就是這個「華國鋒／段雲／習仲勳」的合作。因為「改革開放」和「建設以深圳為中心的經濟特區的構想」，是由這個班子創造並提議出來的，它並不源於鄧小平，而是經華國鋒之手提出並貫徹實行的。

史博覽》，就可以發覺這些內容和鄧小平在 1978 年 12 月舉行的黨的十一屆三中全會上作的改革開放的「宣言」中所講內容十分相似，它完全是根據以上所述內容照搬過來的。

特別是華國鋒在 1978 年 3 月 13 日舉行的國務院會議上提到的那四句口號：「思想再解放一點，膽子再大一點，辦法再多一點，步子再快一點」，居然成了鄧小平在改革開放中一直在喊的語彙。鄧小平或許沒想到，華國鋒比他早九個月就已提出這個口號了。

反過來說，如果華國鋒繼續當他的國家領導人，改革開放也能持續取得這樣大的功績的話，那麼這個功績「能不能算是我鄧小平的功勞？」這種強烈的願望（權勢欲和嫉妒心？）是不是很可能會湧上他的心頭，使他產生出如筆者推測，企圖強取華國鋒功績的念頭呢？

華國鋒沒有半點要回文革去的跡象，一絲一毫都沒有，相反地，他卻在科學技術和經濟發展方面，掌握著對外開放的大方向，懷著極大的勇氣，一步一步大膽地向前邁進。

㊂ 為什麼鄧小平的陰謀能夠成功？

那麼為什麼鄧小平強行奪權的陰謀會獲得成功呢？

把一個掌握了中國三大權力的國家最高領導人搞下台，一般來說是不可能的。

就連毛澤東也是一樣，他要把劉少奇從國家主席的位置上拉下來，居然搞了一個犧牲 2,000 萬人的文化大革命，而且毛澤東當時還是中央軍事委員會主席，是建國之父，掌握著巨大的權力。即使如此，他還要特意趕到上海，發表「敵人就在司令部裡！」從而去點燃文革的狼煙。

鄧小平在文革後失去了所有的職務，是華國鋒才讓他重新得到復歸，在華國鋒政權裡獲得了提升。然而儘管如此，鄧小平卻想將華國鋒從領袖的位置上拉下來，這當中若不耍陰謀手段，是根本不可能成功的。

那麼，他為什麼會獲得成功呢？

對此筆者試著去追尋真相，其結果可以用以下 4 個要素來表達。

I. 鄧小平和陳雲的勾結。

Ⅱ. 在全國各地到處煽風點火，

為汪東興的下台作準備。

Ⅲ. 在政治工作會議，

和黨的第十一屆三中全會上「爆發」。

Ⅳ. 發動中越戰爭把華國鋒逼上窮途，

從而去奪取軍權。

本章節將集中在這四個方面對鄧小平陰謀和戰略去進行分析。

● Ⅰ. 鄧小平與陳雲的勾結

就像在第一章中講到的那樣，毛澤東從建國前開始就因為陳雲和王明的「親密」關係而對他多所警惕，且多次對親信汪東興表示「陳雲不可信」。因此自文革以來、陳雲就被晾在了一邊。

根據《陳雲全傳》和2016年2月24日《中國共產黨新聞網》等的記錄，中共中央副主席兼國務院副總理陳雲在文革開始前不久，就一直稱病療養，待在上海，連中央的會議都不出席。有人這麼認為，在一線活躍會太過顯眼而成為攻擊對象，為此他採取了這樣的方式明哲保身。

也因此，毛澤東對陳雲更加討厭了，他生氣道：「以後中央舉行會議也沒必要再通知陳雲了。」並順勢把陳雲排擠出去。特別是當他耳聞外面流傳陳雲是經濟專家，想在經濟建設遠遠超越毛澤東的流言後，更堅定了自己的想法。他把陳雲和劉少奇及鄧小平歸在了一起，把他們的經濟學認定為「資本主義的商人經濟」，並稱他們是「反革命修正主義者」。但是自從在 1971 年發生了林彪事件之後，他收到了迄今被他冷落的陳雲寫來懇求信。毛澤東反覆看了那封信，認為將下放江西的陳雲叫回北京去復出，賞他一個中央委員的職務問題不大，因此在 1973 年讓陳雲回到了北京。

1976 年 8 月 4 日，陳雲對前來看望他的谷牧副總理講了與「四人幫」鬥爭的四條意見：（一）軍隊要穩住；（二）要堅決擁護華（國鋒）；（三）老一輩要延年益壽；（四）毛主席的旗幟要高舉。

毛澤東剛剛去世的 10 月初，陳雲被葉劍英叫到了家裡。他對於使用武力逮捕四人幫表示贊同。最初他認為應召開中央全會去解決四人幫的問題，但經反覆研究十屆中央委員會的名單後，他覺得沒有把握。

然而，在華國鋒逮捕四人幫掌握了大權之後，他又改變了說法。

「華國鋒抓了王張江姚立了大功，但這種形式不可取。這是用宮廷政變的形式去解決黨內的分歧，這是完全要不得的。」

被毛澤東降職為中央委員的陳雲，在華國鋒掌權後的職務仍是中央委員。在建國後經過歷任中共中央副主席和國務院副總理的陳雲來說，對於自己始終被晾在一邊的狀態，顯然是非常不滿的。

陳雲對於政治上復出後的鄧小平希望將華國鋒拉下來，想自己擔任國家領袖的心情是十分理解的。

這兩個百無聊賴的人一拍即合，並找理由去葉劍英家聚會交換意見。鄧小平在政治復歸前一直住在北京西山的軍事委員會療養所，那附近即葉劍英住家，為此鄧小平常去葉劍英家串門子，有時甚至還會在那住上一段時間。因此陳雲和鄧小平，甚至還包括葉劍英在內，三人間的交談，就成了生活中的日常。

鄧小平在政治復出前的 1977 年 5 月 14 日，葉劍英 80 歲生日時，給葉劍英送了大蛋糕並前往祝賀。葉劍英的生日雖是陽曆 4 月 28 日，但他習慣在農曆慶賀，以這個時間計，他們一同慶生的日期為 1977 年 5 月 14 日，對此資料中有著詳細的記錄。

鄧小平和陳雲常常在葉劍英家聚會談話的事情被有關人員記錄了下來，這些記錄中最引人注目的是毛澤東的秘書李銳（1917—2019）的證言。（資料來源《李銳日記》）。從鄧小平和陳雲的對話中，筆者找到了解開他們兩人圖謀不軌的證據鑰匙，並把它們記錄在下。

■1 陳雲對鄧小平「不管用什麼樣的方式都要把華國鋒拉下來」的目的是非常明白的。為此他對鄧小平說：「既然這樣，那就不要猶豫，趕快去做。」但鄧小平卻說：「不行，因為現在只有三個人贊同。」這三個人指的是葉劍英、胡耀邦和趙紫陽。胡耀邦和趙紫陽是鄧小平正培養著的接班對象，他們也只是在看到了「鄧小平的優勢」後，才反過身來貼上去的。

但是葉劍英不一樣，他是」毛澤東把後事委託給華國鋒時的見證人。毛澤東曾經對葉劍英說：「我把華國鋒當作接班人，由他來處理國事」。為此葉劍英是「不能撕破和毛澤東所作約定」的。鄧小平在此特意提到葉劍英，想由此判斷陳雲的真實想法。

■2 聽了鄧小平的話以後陳雲立即接上去說：「那麼必須馬上去解除汪東興的軍權。」

陳雲說：「只要先把他周圍的人解除掉就行。」他還強調：「重要的是先剝奪汪東興的軍權。他是中央辦公廳主任和中央警衛局局長。警衛部隊的實力是很強大的。他們都能夠去逮捕四人幫，誰都無法輕易地和他們對著幹，正是因為這一點，所以……」陳雲話中有話地說道：「不管採取什麼方法，都要把汪東興手中的軍權先奪下來！」

「沒錯！」

鄧小平點頭稱道，高度評價了陳雲出的主意，並馬上開始布陣設局。

■3 首先掃除外圍！隨後再緊逼華國鋒，一步步地把他逼到不辭職就沒有出路的境地！這是陳雲給鄧小平提議的結論。

■4 陳雲和國務院副總理谷牧談話時，對華國鋒用武力逮捕四人幫的事是非常讚賞的，但在和鄧小平的密談中卻講了以下言論。

「不應該使用武力逮捕，那是一種宮廷政變，不是正道！解決黨內的分歧，使用這樣的方法是不合適、要不得的。」

● II. 在全國各地「煽風點火」，準備讓汪東興下台

這次密談決定了鄧小平的基本方針。

他定下的這個辦法是不簡單的，為此鄧小平必須立即到全國各地去煽風點火。

為了讓汪東興下台，第一重要的就是要剝奪汪東興手裡的軍權，而且不能用陳雲所講「宮廷政變」的方法。

他把自己的煽風點火比作為毛澤東的「燎原之火」。

毛澤東認為自己搞的在意識形態上的宣傳活動，能夠在中國全土燃燒，讓全國人民站到自己這一邊來，是牽引

「大眾意識」一種強有力的武器。毛澤東在日中戰爭時期以及之後和蔣介石的鬥爭中，用的也是這種方法。為此我們特意把鄧小平模仿毛澤東的做法，試著在以下的文章中整合出來。

這些內容基本上都是從《鄧小平年譜》（2004年由中共中央文獻研究室出版），和當時國務院副總理于光遠寫的《1978年——我經歷的那次歷史大轉折》（2008年，中央編譯出版社），以及《環球人物》（2013年第29期）等等中搜尋出來的，由於其內容非常龐大，所以筆者只能把它們綜合起來，謹慎審視，以事實為依據，從自己的視角出發重新謄寫。

第一把火：1977年11月11日—20日——廣東

1977年11月11日，鄧小平和葉劍英一起來到葉劍英的故鄉，且是他的地盤——廣東省。當時鄧小平並未將葉劍英視為是支持他的對象，這是一次極其自然的訪問。有關資料把這次訪問當成是個「秘密」而記錄下來，但最終它並沒成為什麼秘密，並在各種資料上被公布出來。

鄧小平在廣東視察之時，中國共產黨廣東省委員會接待處處長汪石，在此後回憶了鄧小平的行動並詳細記錄。（2011年7月1日在《南方網》上登載）。鄧小平下榻在過去為毛澤東到廣東視察而特意建造的第六賓館，住在3區

7號樓。由於毛澤東始終沒去廣東視察，因此這個酒店一直未曾使用。鄧小平下榻在這個賓館，其目的就是想把自己扮成「第二代毛澤東」。

值得注目的是，他和以廣州軍區司令許世友為中心的中共廣東省委領導班子的會面。這是一個參加人數很少的會議。為了不讓汪東興察覺，他們必須小心翼翼，謹慎行事。

鄧小平和與會者談的並不是毛澤東提出的階級鬥爭路線，而是必須重視經濟這樣的主題，其實他想談的只有一件事，那就是否定「兩個凡是」。

第二把火：1978年2月1日—2月2日——成都

鄧小平在1978年1月26日訪問了緬甸，在回國途中的1月31日的下午到了四川省的成都。因為他2月3日要去尼泊爾，因此2月1日和2日在成都活動。在這裡，無論如何都要提起之後成為國務院總理的四川省委第一書記趙紫陽。把華國鋒從國務院總理位置上搞下來的時間是1980年9月，而這次成都訪問，連把汪東興搞下台後的布局都考慮進去了。其實，趙紫陽是非常明白鄧小平的戰略的。「首先要讓汪東興下台，緊接著的是華國鋒，但眼前更為重要的是讓華國鋒從國務院總理的寶座上走下來，讓自己（趙紫陽）坐上去。」為此趙紫陽毫不猶豫地緊隨著鄧小平的思維，開始了行動。

趙紫陽當時不僅是四川省委第一書記，還是中國人民解放軍成都軍區的最高長官。對於如何「從汪東興手中去奪軍權」，他應該已經認真考慮過了。為此鄧小平意味深長地對趙紫陽說：「如果成都軍區有不能解決的問題，那麼還有總政（中國人民解放軍總政治部）」。

鄧小平還在他的出生地四川省的廣安縣，和當地幹部以及中央軍委委員解放軍成都軍區司令員等見了面。那種準備從汪東興手中奪下軍權的態勢，從很多方面都可以看得出來。

第三把火：1978 年 9 月 13 日—9 月 18 日——東北三省

為了去參加北朝鮮建國 30 周年的紀念活動，鄧小平在 1978 年 9 月 8 日到北朝鮮去進行了訪問，並在回國途中的 9 月 13 日起，訪問了東北三省。

在這個第三把火的東北三省視察中，鄧小平發表了以下講話。

我在我所去過的地方都點了火，現在是到東北點火來了。在這之前我已經在廣州點了一把火，在成都也點了一把火。

就這樣，鄧小平先後在 3 個地方點了火，此後他又為自己安排了全國各地的訪問行程。以下是他進了東北後的行程，讓我們追隨他的足跡去看看吧。

9 月 13 日：到遼寧省本溪市視察。和共產黨委員會以及人民解放軍駐本溪的有關人物會面。

9 月 14 日：到黑龍江省的大慶油田視察。

他對油田的領導說：羅馬尼亞的鑽頭不好用，你們可以去買美國貨嘛。

9 月 15 日：到黑龍江省哈爾濱市視察。和中國共產黨龍江省委員會的書記等數人進行談話。

9 月 16 日：到吉林省長春市視察。*

「他為什麼來長春？目的是什麼？」稍微思考了一下後，筆者突然「啊……」地叫了出聲，突然有點醒悟了。於是筆者馬上著手挖掘事實，並開始分析挑戰。

筆者最終發現了後面將提及的「關於鄧小平為十一屆三中全會前的政治工作會議布局」一事。

在長春市，鄧小平和身兼「中共中央委員、中共吉林省委第一書記、吉林省革委會主任、吉林省政協主席、中國人民解放軍瀋陽軍區副政委，吉林省軍區第一政治委員」等職務的王恩茂進行了談話。當時候鄧小平反覆地說：「兩個凡是和高舉毛澤東思想的旗幟沒有關係。」並明確地否定

---

* 筆者註：我為什麼會關注鄧小平到全國各地去煽風點火，就因為鄧小平到筆者的出生地長春市作了訪問。

了「兩個凡是」的觀點。

在東北訪問視察途中，他不把「兩個凡是」掛在嘴邊的唯一時刻，就是談到和經濟方面的問題時。

9月17日：到遼寧省瀋陽市視察。他在上午會見了「中共中央委員、中共遼寧省委第一書記、遼寧省革委會主任、中國人民解放軍瀋陽軍區政委，之後又擔任了中國人民解放軍濟南軍區顧問」的曾紹山和其他數名中共中央委員，並和他們進行了談話。

下午，鄧小平接見中國人民解放軍瀋陽軍區機關以及瀋陽軍區師以上的幹部，並聽取「中共中央政治局委員、軍委委員、中國人民解放軍沈陽軍區司令員」李德生的匯報。鄧小平在講話中指出：「我在全國各地到處點火，在廣州點了一把火，在成都也點了一把火。今天我是為了點火才到這裡來的。」[*1]

9月18日：到遼寧省鞍山視察。他去了鞍山鋼鐵公司煉鐵工廠，和冶金部副部長等作了會談。[*2]

第四把火：1978年9月19日——到河北省唐山市視察

到唐山鋼鐵公司第2煉鐵工廠視察，可視為鄧小平刺

---

*1　筆者註：鄧小平見面的人幾乎都是解放軍相關人等，因此可以看出，他是為了「打倒汪東興」才到全國各地掀起狼煙。同時，這也應視為鄧小平對即將發動的中越戰爭所進行的動員準備。本文在IV中會講到這點。

*2　筆者註：這顯示鄧小平對華國鋒和林乎加他們在冶金部的所為非常警惕。

探華國鋒動用冶金部在上海實施有關鋼鐵產業改革的內情，而作的特意安排。

第五把火：1978 年 9 月 20 日——到天津市去視察

鄧小平在天津市會見了林乎加。

在本章第二節裡曾經講到，華國鋒在 3 月 11 日對相關負責人說：「要從日本引進成套設備，地點由上海寶鋼自行決定」一事。擔當這項工程的負責人正是林乎加。華國鋒為了實現這項工程，特意派林乎加率團再次訪問日本。因為當時文革剛剛結束，懂行的人少，一個人往往擔當數個職務，所以林乎加同時又擔任了天津市委第一書記。

從中我們可以看到，鄧小平期望把華國鋒正在推進的日本新日鐵公司和上海寶鋼之間所進行的工程功績全數抱走成自己的成績，並企圖將它說成是自己發射的「改革開放第一炮」，載入中國歷史。（將這種行為說成是歪曲史實，也絕不過言）。鄧小平正是為了此一目的，才歷遊全國各地，去到處煽風點火強行布局的。

● III. 在政治工作會議和十一屆三中全會上的「引爆」

鄧小平「點上火」的炮彈，在中國共產黨第十一屆三中全會召開之前舉行的的政治工作會議上」總爆發」了。

中國共產黨第十一屆三中全會在 1978 年 12 月 18 日

至22日舉行，為了舉行這個重要大會的準備會議在同一年的11月10日開始。這個會議的時間長達36天，於12月15日閉幕。全國各省市自治區以及各大軍區的主要責任人和中央黨政軍各部門的負責人出席了會議。

中央工作會議會在總會舉行以後舉行分會。分會會以「東北組、華北組、西北組、華東組、中南組、西南組」等六大區域分別召開，每天的參加者為212人，每個代表在進入會場時都會收到名單，知道自己應該走進哪個分會會場。

在鄧小平「點火」最厲害的「東北組」名單中有陳雲的名字。

陳雲11月12日在東北組的發言就像是號角一樣地轉變了歷史前進的方向。陳雲的發言被認為是一下子發出了「六發砲彈」，那時鄧小平故意模仿毛澤東的方式，到外地出差，而不出席。過去毛澤東在決定高崗命運的會議上，故意缺席去了杭州，把批判高崗的事情全盤交給鄧小平去處理。

這一次，鄧小平採取了和當年毛澤東完全相同的方式。

鄧小平故意在這個時間缺席，把陳雲當成火種去引發那個爆裂物。

11月12日、陳雲走進東北組分會場的時間比別的代表稍稍晚了一點，他就近地坐入了「主席台」位置。陳雲當時只是個普通的中共中央委員，是沒有資格坐在主席台位子的，然而當陳雲坐上主席台時，整個會場在瞬間變得安靜了下來。

什麼都不知情的人（未被鄧小平點到火的人）自然不會為此驚訝，但知情人士此刻則是屏住了呼吸，因為一場決定勝負的好戲馬上就要開場了。

陳雲以凌厲的氣勢列舉了「四五天安門事件的鄧小平冤案」和「彭德懷冤案」以及在「61人叛徒集團事件中的薄一波冤案」等6個案例，大聲地提出必須為這些冤案的受害者全部平反，恢復名譽。

那一瞬間，會場四處傳出了掌聲。此後東北組的各個代表先後發言，表示贊同，這種狀況完全符合了鄧小平在「點火」時所計算的那樣。人們為「陳雲投下的的6發重量級爆彈」感到興奮。這種風暴也同樣地在華北組、西北組、中南組、西南組……等一一掀起，並引發了「爆炸」。

我們把在這些小組發言的重要人物和鄧小平有無對他們進行「點火」，以下面的方式表示。

◎ 東北組：「已經點火」。發言者陳雲、王恩茂。

◎ 華北組：「已經點火」。發言者天津的林乎加。

◎ 西北組：胡耀邦（鄧小平培植的對象，下一屆的中共中央主席，當時已允諾由他擔任下屆中共中央總書記)。于光遠(國務院副總理,幫鄧小平和陳雲寫發言稿的人。)

◎ 華東組:鄧小平和萬里(迄今與鄧小平關係最為密切的人)。

◎ 中南組:「已經點火」。廣東省的葉劍英。

◎ 西南組:「已經點火」。四川省的趙紫陽(鄧小平培植對象。已允諾他擔任下一屆政府的國務院總理)。

有了這樣的布局,應該不再有什麼需要擔憂的了。

陳雲的發言完全地顛覆了毛澤東所作的結論,其內容自然否定了「兩個凡是」。誰都知道「兩個凡是」是由汪東興提出來的,所以這個會議的攻擊方向自然轉向了汪東興。緊接著在繼續召開的黨的十一屆三中全會上,汪東興的所有職務都被剝奪,只剩下了《毛澤東選集》總編輯一職。

這個結果完全實現了鄧小平和陳雲最初定下的4項內容中的 2 立即「從汪東興手中奪取軍權」和 3 「為了讓華國鋒下台,必須先掃除他的外圍勢力」之目標。

在 4 中寫到由陳雲提出的「不能舉行宮廷政變」其含義極為深刻,對此筆者也是非常關注這點的。慣於政治鬥爭的鄧小平當然明白這個意思,他是為了讓「中共中央委員會去討論並對此去作出決議」才到全國各地扇風點火的。

這一招極其厲害,對此我們不得不表示欽佩之情。

李銳在他的口述記錄中，多次提起鄧小平和陳雲在講話中說到的所謂「黨內民主」，而實際上鄧小平也確實把他的聚焦點，集中到了如何在中央委員會的會議上取得多數票的問題上。為此陳雲配合地發射了「6 發砲彈」，最後再利用「黨內民主」的方式，以多數票通過決議，剝奪了汪東興的權利，從而大獲成功。

在 12 月 18 日開始的三中全會上，陳雲因得到了與會代表的讚賞，而再次奪得「中共中央副主席、中共紀律檢查委員會第一書記」的榮冠。

這次會議把華國鋒逼到了一個非常被動的局面，但是距離把他從中共中央主席和中央軍事委員會主席的寶座上趕下來還差一口氣，因此還須繼續地逼迫華國鋒。

● IV. 用中越戰爭去奪取軍權，從而逼退華國鋒

鄧小平的「最後一手」就是對外國發動戰爭。

因為華國鋒雖然是中央軍事委員會主席，但在解放戰爭（國共內戰）中並沒有什麼業績，如果沒有了汪東興，他對軍隊幾乎一無所知。

雖然葉劍英是軍事委員會副主席，但他沒能自由調動的部隊，最多也只是「部隊行政」上的領導人。正因為如此，毛澤東才認定葉劍英沒有可能舉行政變，才從 1966 年起讓他擔任軍事委員會的副主席，放在自己的身旁，這

個事情前文也已經提到了。

鄧小平注意到了這一點。

如果中國和外國之間發生戰爭，那麼調動「參戰部隊」就是最重要的，而調動部隊當時只有他鄧小平才能做得到。

在新中國誕生前，參加解放戰爭從第一到第四野戰軍總司令中，彭德懷和林彪已經死了，被稱為是「常勝將軍」的粟裕，自1958年開始就受到迫害，至今尚未恢復名譽，而阻止恢復粟裕名譽的人，正是鄧小平。

粟裕在解放戰爭時期的淮海戰役和渡江戰役等大戰役中，不僅是戰略戰術的設計者，還是能夠在戰場上直接去指揮的軍人。因此毛澤東對粟裕的評價比任何軍人都要高。粟裕的軍事指揮才能高於林彪，又沒有升官發財的權勢欲望，因此一直獲得毛澤東的賞識，但卻在1958年被掛上了根本不能成為罪行的「教條主義者」罪名，被剝奪了軍權而閒賦在家。

1958年給粟裕羅織了罪名的那場會議，主持者正是鄧小平。

其實鄧小平給粟裕判罪的主因也是那場淮海戰役和渡江戰役。正是粟裕在戰術上運用得宜並在前線衝鋒陷陣下，才扭轉了戰場上的形勢。因為這場戰役最初十分艱難，因此粟裕向毛澤東提出「讓鄧小平和劉伯承擔任總司令」。但鄧小平也好、劉伯承也罷，都拒絕了，理由是他們不願承擔這個極可能落敗之重責。由於粟裕的奮戰，這場戰役終於獲得了巨大的勝利，但是鄧小平卻以劉伯承和鄧小平得勝之名，向毛澤東作了匯報。

又一次地強奪功績。

過去鄧小平在看到高崗很可能成為毛澤東的接班人時，立即設法陷害高崗，於是在 1954 年把高崗逼上了自殺的絕境。近乎同時，當他知道毛澤東在軍隊中著迷於粟裕的表現後，儘管背後的原因非常複雜，鄧小平還是在陷害粟裕上起了推波助瀾之效。（此件背景複雜，這裡只針對和鄧小平有關的部分作出分析。）

1978 年，葉劍英主張為粟裕恢復名譽，鄧小平表面上雖然贊成，但卻在背地裡耍陰招，阻撓了他的名譽恢復。葉劍英事後曾這樣評價鄧小平：「小平這個人哪，不甘寂寞，很擅於攬權，他一出來就會喧賓奪主，這樣的話就顯不出華主席來了。」

正是這個原因，使當時中國能調動軍隊的人物，僅只鄧小平一人。

其實當時，華國鋒也有把鄧小平搞下去的機會，他甚至還能聯手汪東興去逮捕鄧小平。在文革剛結束時，被剝奪了所有權利的鄧小平，調動軍隊的能力是零！華國鋒不願這麼做的原因，是因為可能引發內戰，為了避免造成國家混亂，他才忍耐著不在意這些，對此葉劍英十分明白。

正因他明瞭華國鋒的性格，所以對推動鄧小平政治復出，並不採取積極態度，而且此後，他還為自己對鄧小平的復出所為正確與否，表示了懷疑。

當時中國想發動戰爭的首選對象並非外國，而是統一台灣。但台灣有美國撐腰，而中國當時沒有對抗美國的軍事實力。

和北方蘇聯的關係也不好，因此也能考慮對蘇發動戰爭，然而蘇聯也是軍事實力很強的對手。

所以唯一能考慮的戰爭對象，就是越南了。

但攻擊越南需要藉口。

因為越南在與美國的戰爭中（越南戰爭 1965 年—1975 年），與和美國對立的蘇聯建立了密切的關係，如果開戰，中國將會被蘇聯和越南這兩個反中國家夾擊。中國與蘇聯關係的惡化，也是使越南靠向蘇聯，敵視中國的一個重要原因。

這裡面還有一個原因，那就是柬埔寨的波布（高棉語：ប៉ុល ពត）政權加強了和中國的關係。他們在邊境上不斷與越南發生衝突，使越南出兵攻擊柬埔寨。無可奈何的波布政權馬上向中國求救，希望得到中國的幫助。

「為了幫助柬埔寨」就是一個很好的藉口，為此鄧小平開始籌劃進攻越南的計劃。

由於擔心和越南開戰很可能會招來蘇聯的進攻，為此陳雲向鄧小平獻策：「蘇聯幅員遼闊，進入戰爭體制需要一定的時間，因此對越南的戰爭最好迅速在一個月左右的時間內結束。」

美國是理所當然不會介入的。美國在毛澤東還在世的1972年和中國實現了國交正常化，並發表了共同聲明，使美中兩國在1979年1月1日正式締結了外交關係。

鄧小平在此時讓華國鋒召開了中央軍事委員會會議，並在內部發布了於1978年12月7日攻擊越南的命令。

然而不無論如何，當時的中央軍委主席還是華國鋒，發動戰爭的責任自然落在華國鋒身上。由於中越戰爭花費了大量的軍費且出現大量的死傷，華國鋒受到了國民的批判。「文革才剛結束，為何要在此時去發動戰爭！」這場戰爭甚至在黨內也遭到了反對。「中國在文革中遭受毀滅性的打擊，為什麼此時不專注於經濟復甦，卻去發動戰爭？這是什麼狀況啊！」

面對這場即將發生的戰爭，葉劍英也束手無策，只能聽從鄧小平的意見，並對華國鋒說：「你手下並沒有隨時能調度的參戰部隊吧！」因而威脅華國鋒，使他無可奈何地辭去中央軍委主席的職務。

鄧小平之狡猾和攻於心計，實在是讓人無話可說。

他在國內採取到全國各地煽風點火的方式，控制了全國各個軍區，在國外除了北朝鮮外，還分別訪問了緬甸、尼泊爾、泰國、馬來西亞和新加坡，與東南亞的周邊國家搞定了關係。

1978年10月，鄧小平就像是「中國最高的領導人」一般訪問了日本，而且又在1979年1月28日訪問美國，並和卡特總統進行了會談。他對卡特說：「中國要對越南進行懲罰，將進攻越南，但會在短期內結束戰爭」，並要求美國採取旁觀態度。

就這樣，中越戰爭在1977年2月17日爆發了。接著，鄧小平又在3月5日發表「戰爭已達預期目標」，宣布中國軍隊將從越南撤退。

這是一場只花了「20天時間」的戰爭。鄧小平忠實地執行了陳雲給他定下的「只要在一個月內結束戰爭，那麼蘇聯就來不及開戰，也就不可能攻擊中國」的忠告。

其終極目的，也只是鄧小平「想對外國發動一場戰爭。」

鄧小平完美地達成了目的。

在1981年6月召開的黨第十一屆六中全會上，華國鋒辭去中共中央主席和中央軍事委員會主席的決議被正式發表了。

1994年12月25日，在鄧小平準備從政界引退之時，粟裕好不容易被恢復了名譽，這是由中央軍事委員會副主席劉華清和張震聯名以正式文件發表的。那時，自1984年蒙冤至今的粟裕已經去世，這個在他死後十年召開的追悼會也許有著其特殊含義吧？它意味著鄧小平已不再有發言權，這應是當時作出恢復名譽行動的唯一的解釋。

應該說，有很多人在等待鄧小平離開政界的那天。現在中國共產黨黨內的高層幹部，已經沒有什麼人會再去懷念鄧小平了。

最後還有一件事。

1989年，鄧小平在看到指揮淮海戰役的領導高層均已去世後，發表了以下言論：

毛主席對我說：「我把指揮權交給你了。」這是毛主席親自交代我的。淮海戰役的部署也是我根據中央軍委和毛主席的指示，主持決定的。

這件事被蒐羅在《鄧小平文選》的第三卷裡，成為現在的定論。

鄧小平想的一定是「死人是不會開口的」吧？但這可不一定。

就像韓鋼在《還原華國鋒》中寫的那樣，所有的一切都逃不過研究者的眼睛，事實終將得到證實。若不是如此，那麼我們的心、我們的靈魂，又將如何跳動著生存在這個世界呢？

第五章

習仲勳與廣東省的「經濟特區」

習仲勳返回北京

● 習仲勳被葉劍英的一席話，感動得熱淚盈眶

讓我們把時間稍稍地往前回溯一下。

在 1978 年 2 月中時，河南省中國共產黨委員會接到了一通來自中央辦公廳的電話，要他們立即把習仲勳送往北京。

那是葉劍英和華國鋒他們左思右想後所定下的事情。

為習仲勳的釋放而持續向中央請願的，是習仲勳的妻子齊心和女兒橋橋以及長子習近平和他的弟弟習遠平。

在文革結束後出現的平反冤假錯案恢復名譽潮流中，沒有習仲勳的名字。為了前去探望仍軟禁在洛陽的習仲勳，齊心坐立不安地帶著女兒橋橋，不斷地奔走在北京和洛陽之間。

1976 年 10 月四人幫被逮一個月後，習仲勳給華國鋒和葉劍英寫了祝賀信，並在 1977 年 8 月 21 日又給鄧小平和胡耀邦、王震分別寫了信：「懇切請求黨中央重新認真審查我的黨籍問題，作出結論，期望早日恢復組織生活，再次為黨貢獻。」8 月 24 日，他又向華國鋒、葉劍英、鄧小平和李先念等發出祝賀黨第十一屆代表大會勝利召開的信件，並再次表示，願在有生之年為黨工作。

葉劍英讓他的兒子葉選寧到北京去和齊心見面，傳達葉劍英的話：「只要王震不計前嫌，小平同志那裡就不會再有阻力了。」

為此習仲勳又在 8 月 21 日給王震寫了信，並在信中提到了曾在建國初期新疆維吾爾族自治區問題上對王震的做法批評一事，為此作了檢討。

當時，王震和鄧小平的關係很好，「只要請到王震，讓他跟鄧小平開口不阻止習仲勳平反就行。」葉劍英向習仲勳這麼傳達。

彼時葉劍英也清楚，陷害習仲勳的就是鄧小平。

2013 年，為了紀念習仲勳誕辰 100 周年，中央電視台放送了名為《習仲勳》的系列紀錄連續劇。在這部片子中，習橋橋說了自己和王震會面的經過。習橋橋說，她為了見到王震，特意他家門口等著，看見王震走出家門她立即迎上前去，自報家門地告訴王震說自己是習仲勳的女兒。王震立即歡迎她進門，收下她轉交來的信並傾聽了她講述習仲勳的情況等。

《習仲勳》這部片子裡剪去了葉劍英和胡耀邦以及當時地位在他們之上的華國鋒幫助支援習仲勳的鏡頭，只保留了和鄧小平關係良好的王震幫助他們的畫面，顯得很不自然。其實，在這段畫面的前後一瞬間，出現了黑畫面並閃出藍光，這或許是剪輯師在編輯中出現的問題。可以推斷，那是因為當時在對鄧小平的評價問題上，仍有著很多擔心和顧慮所造成的吧！

齊心母子在1978年年初，在胡耀邦兒子胡德平的安排下和胡耀邦見了面。那是習近平委託胡德平幫忙才得進胡耀邦家裡的。

然而，不管是葉劍英也好、胡耀邦也罷，當時的最高領導人是華國鋒，習仲勳的復出肯定是他們和華國鋒交談後，才被決定的。

2月22日，習仲勳坐火車離開了洛陽，途經鄭州回到了北京。

兩天以後，從2月24日至3月8日，習仲勳作為特邀委員出席政協第五屆全國委員會第一次會議，並當選為全國政協常委。在此以後，舉行了第五屆全國人民代表大會第一次會議，習仲勳列席了此次會議。在那次會議中，葉劍英獲選為全國人大常委會委員長。

會議期間，葉劍英親切地會見了習仲勳。他見到習仲勳時非常高興，緊緊握著習仲勳的手說：「仲勳同志，你備受磨難，身體竟然還這麼好！」習仲勳由衷地感謝葉帥在百忙之中接見自己，並簡要地匯報了自己的情況。習仲勳後來回憶說：「葉劍英年事已高，工作異常繁忙，還抽空接見了我。他鼓勵我要向前看，以後多為黨做事。他那寬廣的胸懷、恢宏的氣度，對同志親切謙和且真摯，這種深情厚誼使我感動得熱淚盈眶。一個共產黨員，還有什麼能比為黨多做些工作而感到幸福和自豪的呢？」

習仲勳被視為「反黨分子」禁閉了16年，他對葉劍英跟他講「從今以後要為黨繼續工作」而不是「從今以後要改變自己的思想」感到由衷的高興。他覺得這不是一般的問候，這表明葉劍英並沒有把自己當成是「反黨分子」。

● 為了保持精神健康，他每天堅持運動

習仲勳不管是在被關押、軟禁或入監期間，他都沒有忘記鍛鍊自己的身體。有段時間他被關在七、八平方米的一間小房子裡，但仍然堅持每天兩次轉圈散步。轉圈開始從一數到一萬，然後再退著走從一萬數到一。每天重覆著進行這樣的運動。若不是如此，他很可能不是精神衰弱，就是神智錯亂，甚至產生自殺念頭，這樣的例子並不少見。為了防範這種狀況，他每天專注走路鍛鍊，保持身心的健康。

葉劍英比習仲勳年長15歲，在當時已經81歲了，他想讓兒子接任他廣東的地盤。他期望讓前妻所生的長子葉選平繼承他在廣東省的工作，因此會議結束後，他特意讓葉選平和葉選寧到習仲勳住處，鄭重地邀請習仲勳一家到

葉家來參加宴會。

關於習仲勳今後的工作，其實有著各種各樣的意見。

讓他去第七機械工業部或農業部，或回到他故鄉陝西省工作都可以，但是葉劍英在眾多的意見中強烈主張，要習仲勳到廣東來工作。為此華國鋒（當時他還是中共中央主席、中央軍委主席、國務院總理）特意去找了胡耀邦（時任中共中央組織部部長），去進行遊說。

公開的記錄是這麼寫的，當時的廣東省委第一書記韋國清不僅兼任著廣東省革委會主任，還擔任中共中央政治局委員、全國人大常委會副委員長以及中國人民解放軍總政治部主任等職務，他一個人幹不了那麼多事，根本無暇顧及廣東省的工作。

一個人身兼多項工作，其結果是每個工作都無法深入去做。這或許是個正當的理由，但廣東終究是葉劍英的地盤，無論如何他都想讓兒子去繼承他在廣東的工作。

葉劍英說：「廣東省是南大門，戰略位置非常重要，且廣東省的問題又非常複雜，如果沒有一個資歷深、水平高、政治經濟經驗都非常豐富的人來領導，一定沒法搞好，因此習仲勳正是最合適的人選。」

習仲勳的秘書張志功曾經說過：「從歷史上來看，葉帥和習書記共事不多，他們也不屬於一個山頭，但他們在重大政治問題上的觀點非常一致，而且在黨內鬥爭中都不同程度地挨過整，對左派深惡痛絕，因此在感情上很親近。」

這裡提到的「左傾」，就是文革中出現對毛澤東的無限信仰，與由此導致的意識形態鬥爭。廣東省在文革期間發生的冤假錯案非常多，其中很多人都尚未平反恢復名譽，這些問題對遭受同樣待遇的習仲勳來說，是最能發揮作用的了。

在葉劍英、華國鋒和胡耀邦都表示認同後，鄧小平無可奈何地也只能贊成，最後中共中央正式決定，把習仲勳派往廣東工作。

本來應讓他到廣東擔任第一書記的，但當時應回北京工作的第一書記韋國清還沒回來，所以習仲勳自己主動提出：「讓韋國清同志繼續留在第一書記的位置上，我作為第二書記去那工作。」

這也許是因為長達 16 年的監獄生活所養成的內斂低調之故吧！終於，習仲勳作為第二書記前往廣東省赴任了。

到廣東去前，習仲勳還特意到華國鋒、葉劍英、鄧小平、李先念、汪東興等中央領導人那去拜訪作別。彼時，汪東興還在中央領導人裡。

在廣東等待著他的是「大規模逃亡香港」的過渡問題——習仲勳視察深圳邊境

● 每天只睡3個小時的緊張工作

他一頭鑽進了繁忙的公務，每天的睡眠時間只有三個小時。

1978年4月5日，北京刮起了狂風還捲起了漫天黃沙，就是那一天，習仲勳的女兒習橋橋和秘書范民新一起從北京空港搭上了去廣州的飛機。當時的廣東省委辦公廳陳仲旋副主任專程來到北京空港迎接，並和他們一起再次坐上飛回廣州的飛機。

到達廣州機場時，習仲勳正好在前往廣州友誼劇院的路上。他要在那出席中共廣東省委第四屆第一次代表大會。在第二天6日上午的會議中，習仲勳被選為中國共產黨廣東省委第二書記。（雖然這個職位已在中央內定，但還是要透過民主手段，在地方中國共產黨委員會中以多數票的選舉形式去決定）。習仲勳在大會上這樣說道：「我人生的一半都在北方的氣候風土中度過，從今以後，我將在南方氣候風土地薰染中，送走我的後半生。」

他講這些話並沒有講稿，應該說他用一種最為樸素的語言去表達了自己的心聲，讓與會代表感動。當時的廣東省寶安縣委書記方苞對《中國新聞週刊》的記者這麼說：「文革後大家都擔心會再次成為被批判的對象，所以事先都會認真地準備好發言稿，按照稿子去念，因此當與會代表看到沒有發言稿的習仲勳時都感到驚訝，並為他的真誠而感動。」

會議結束後不久，第一書記韋國清返回北京工作，廣東省的工作實際上全部落到了習仲勳的肩上。

已經16年沒有工作的習仲勳，為了奪回被失去的工作時間，幾乎每天都工作到第二天的凌晨2、3點，又在當天一早5、6點起床工作，這樣長的工作時間身體一定吃不消的，況且對經受北方風土薰染的他來說，廣東的悶熱潮濕也絕不是好對付的。

當時還不是能隨便使用空調的年代，省委的常委會議室裡也只有一台空調，辦公室和家裡能用上電風扇就已經很不錯了。看到這種情況後，澳門的中華商會會長捐贈了三台空調給廣東省委，還要將其中的兩台送到習仲勳的辦公室和家裡供他使用，但是習仲勳拒絕了他的好意。

他每天過著這樣的日子。一邊汗流夾背著、一字不漏地閱覽中央文件，一邊把廣東省的問題和成果總結成文，一小時一次地向中央報告。

對此，在中央的葉劍英反而有點不安了。

在習仲勳離開北京還不到一周的4月11日，81歲的葉劍英顯得坐立不安，他搭乘飛機趕回廣東。對於葉劍英的到來，習仲勳非常高興，他從前去機場迎接的車輛直到下榻的酒店南湖賓館為止，在各方面事務都作了細緻妥當的安排。

為了接待好好葉劍英，他還特意打電話到北京去徵求楊尚昆的意見。

葉劍英在廣東下榻的時間裡，習仲勳把廣東現存的問題鉅細靡遺地向葉劍英報告，並仔細徵求他的意見。在公開發表的記錄上，當時葉劍英對習仲勳作了六條指示，要他深入調查研究，妥善制定計劃，及時報告中央，按步驟進行實施，分別清重緩急，並注意保密安全。

中央那時正在密謀著逼使華國鋒下台，為此有人擔心，習仲勳也會成為鄧小平清算的對象。因為鄧小平給華國鋒定下的罪狀中有一條就是「經濟改革冒進」。會不會因此把習仲勳也捲進去呢？或許正是這個原因，葉劍英才會對習仲勳表示要他別焦急吧！

為了奪回被耽誤的16年的時間，習仲勳辦事情確實有一種急於求成的感覺。因此他不得不焦急地去工作啊！

其實當時，廣東省「偷渡香港」的問題很嚴重。

關於這件事在《習仲勳主政廣東》（《習仲勳主政廣東》編輯委員會，中共黨史出版社）和中央黨史研究室研究員李海文寫的論文〈篳路藍縷，以啟山林——改革開放的廣東起點〉（《同舟共濟》2018 年第 12 期）以及「華國鋒與我國改革開放的發軔」（《黨史博覽》2018 年第 8 期）中，都詳細地記載著，本章試圖依據那些基本情報來進行考證。

習仲勳到廣東省赴任時，廣東省不斷地出現廣東居民偷渡香港，這成為中國大陸和英國管轄下的香港政府之一大問題。由於中國邊防部隊缺少有效防止偷渡客的方法，致使偷渡客日益增多。

當時廣東省深圳附近農民的平均年收入為 134 元，而對岸香港新界農民的平均年收入則是 1 萬 3,000 港幣，換算成人民幣是 4,708 元，相差約 35 倍。

在這裡筆者想稍稍停留一會，先提一下在前章也曾經提到過的事情。

習仲勳到廣東赴任之際，正值華國鋒派 4 個大型考察團去海外考察之時。1978 年 4 月中旬出發，由段雲率領的香港澳門經濟貿易調查團，花了 28 天的時間考察了香港和澳門。段雲團長在出發那天說道：「現在亞洲四小龍的發展非常顯著。這次我們到香港澳門考察，就是為了要去探索香港為什麼能獲得那樣迅速的發展，找出這些原因是我們此行的目的。」

亞洲四小龍指的是從 1960 年代開始到 1990 年代在經濟上取得了高速發展的香港、新加坡、韓國和台灣。那時香港和新加坡已成為領導世界發展的國際金融中心，而韓國和台灣則在訊息、技術和製造業工業化方面走在世界的前端。

到了香港後，段雲一行去了工廠、農場、企業、建設現場、港口、生鮮市場和各種店鋪，作了現場調查。我們知道香港是遠東貿易、金融和海運的中心，而澳門則是旅遊的最佳去處，它們缺少耕地、缺少原材料資源，在過去就是一個經濟貿易的中轉之地。60年代以來，香港開始變為進口貨物和處理加工的地方。他們首先著手的是輕工業、紡織業以及服裝等行業，此後又開始加工製造手錶、電器、電子等輕工業產品，並由此而發展起來。1977年，香港的對外貿易總額為196億美元，超過了同期出口貿易總額為148億美元的中國。

當然，當地的物價和服務業的價格也是很高的。在長達28天的考察時間裡，如果不去理髮店理髮，頭髮就會太長。雖然他們曾一起去了理髮店，但因為付不起高價，所以只能買了剪髮工具，自己剪髮。

● 從農民中獲得的靈感

5月6日，段雲一行在回國途中到廣東省寶安縣作了停留。

那天下著大雨。進入寶安後周邊雜草叢生，顯得荒涼，很多耕地被荒廢棄置。那時正是農忙季節，但在田野裡幹活的只有老年婦女和小孩，有時還能看到邊防部隊的戰士在幫忙。當時，在地年輕的勞動力幾乎都逃到香港去了。

寶安縣是深圳邊上一座被荒廢的小鎮，這裡住著兩萬人左右的居民，卻只有兩條半的馬路，而且非常狹窄，那些矮矮破爛不堪的房屋看上去都讓人心痛。

從林立著摩天大樓的香港，回到自己國家看到就在身旁不遠的「貧窮」，這對比恐怕任誰看了都會產生想逃亡香港的念頭吧！

段雲一行訪問了那裡的農民。他們說：「我們幹一天活只能賺幾毛錢，在香港幹一小時的活就可以賺到比這個多幾十倍的錢。為了養家糊口，我們只能偷渡去香港。」

廣東省的寶安和香港緊挨著，只要通過羅湖這座橋和「沙頭角的中英街」就能進入香港，連接著它們的則是漁港「深圳鎮」。

有著 14 萬人口的寶安居民在香港和澳門都有自己的親戚，占全縣 33 萬人口中的 42.4%，其中有些人還持有香港和寶安的雙重戶籍。另外還有兩萬漁民來往於香港和寶安之間。從寶安逃亡香港的偷渡人數在廣東省裡是最多的。幾乎每天下午 3 點，在羅湖的漁船碼頭邊上都可以看到英國管轄的香港政府的警察，將偷渡者押上卡車送往大陸交給中國警察的光景。

他們一個一個地被點名，登記好以後就被送往環境極為惡劣的偷渡客收容所。偷渡客幾乎都是農民和漁民，在收容所關押教育了幾天後被釋放，之後又會馬上設法再次逃亡香港。這種慘狀反覆再三，讓段雲一行感到心痛。

段雲回到廣州後住在小島省委招待所，見到剛上任的廣東省委第二書記習仲勳時分外高興。面對劫後餘生的老領導，他們要談的話真是太多了。國家百廢待舉，大家首先要談的自然不會是什麼個人的恩怨。

習仲勳把熟悉狀況的廣東省委常委、省革委會副主任劉田夫、吳南生、省計劃戰線革委會副主任曾定石等請來，和大家一起談話。劉田夫、吳南生、曾定石一直在廣東工作，「文革」前就是廣東省委常委、部長，和段雲也都是老相識。

段雲將在港澳考察的見聞、思索和盤託出，詳細地向習仲勳等人介紹狀況。大家都感覺到，寶安、珠海這麼好的條件，不去利用發展真是太可惜了。段雲直接了當地建議：要廣東省政府把寶安、珠海兩縣改成省直轄市，把農業從「以糧食為主」的方針，逐步到「以經營出口副食為主」的方向轉型。改革農業，發展加工工業和旅遊業，把這兩個縣建設成為具有相當水平的工農業結合的生產基地和對外加工基地，建設成為吸收港澳遊客的旅遊勝地，使其成為新型的邊防城市。

他的建議得到習仲勳、劉田夫、吳南生、曾定石的贊同。大家反覆研究應該採取的措施，整整談了兩天，共同研商、討論解決辦法和制定規劃。談完後，段雲高興地對王志強說：「我們達成了共識，大家都認為可行。」這些共識，在後來廣東省向中央提出的報告中的第二部分，即〈千方百計奪回我在港澳市場的優勢地位，切實把寶安、珠海兩個基地建設好〉中，得到了詳盡的介紹。

聽到段雲忠告的時間是5月上旬，當時習仲勳正忙於平反文革時造成的冤假錯案，把受冤枉的人從監獄中營救出來恢復名譽等事。

然而，還有更讓習仲勳焦慮的事。

因為他剛剛知道，有著1,000萬人口的廣東省正面臨著糧食不足的問題。

6月上旬，習仲勳和廣東省委決定在黨常委會上舉行整風，其目的是為了動員一切力量解決糧食問題。根據習近平弟弟習遠平的回憶，習仲勳到廣東省工作不久，就知道了有著1,000萬人口的廣東面臨糧食不足的問題。為此習仲勳十分焦慮，當即給湖南省委書記毛志英打招呼，拜託他幫助解決廣東面臨的問題，調撥一部分糧食給廣東。

然而廣東在當時是無法自由行動的，應等段雲返回北京向中央提出調查報告，等待中央作出指示後才能做事。

習仲勳是在7月上旬去寶安縣視察的。這是他到廣東省赴任以來第一次出差。

寶安縣委方苞書記把習仲勳帶到一個地處香港境內，名叫羅芳的農田。方苞介紹說，那是英國在1898年租借香港土地時，把新界也列入行政管轄區內，由於其所租借的新界4,000畝耕地包含了寶安縣的這個部分。因此，寶安縣的農民每天早上7點半進入香港境內的農田勞動，當日傍晚5點再回寶安縣的家。

習仲勳在沙頭角時，看到兩個戴著手銬的男人從街道的另一邊給帶了出來。當地幹部說明，邊防警備部隊正要出發逮捕偷渡客，因此將日前抓到的偷渡客先帶來這裡寄放，等候與其他稍後就逮的偷渡客一起，當晚押解上車，送到臨時收容所去。

在沙頭角那條獨特的「中英街」上，習仲勳看見了幾塊豎立在街中央的石頭，它將這條窄路一分為二，更使粵港兩邊對比鮮明；香港那邊車水馬龍，繁華熱鬧，而寶安這邊破破爛爛，蕭條冷清，貧富在此被清楚地對照了出來。

那裡還有一個奇妙的景象。

在中英街的一角有一家製作塑膠花的工廠。中共汕頭鎮委書記張潤添向習仲勳報告說：「這個加工廠只幹了三個月就掙得了11萬港幣的加工費。」因此，鎮裡最近開始實施了一個叫「三來一補」的加工產業項目。

「三來一補」正是當地被委託實施的加工業務（來料加工、來樣加工和來件組裝業務）和補償差額業務的總稱。這是當時廣東省企業的一種獨特形態。企業只要拿著和外國投資者的合同，就能以開辦中國企業的名義去辦理登記手續。

這裡面還有一個專做皮包的工廠，光兩個月的加工費就獲得了6萬港幣的收入，工人的月平均收入高達900元。實行了這個政策後，居民們就不願再偷渡去香港了，鎮裡甚至還出現了以前偷渡去的人陸續回到鎮裡來的傾向。

這種事情可能嗎？

習仲勳的腦海中閃過了這樣一個念頭。

回去的時候天已經暗下來了，但習仲勳無論如何也想再去看看臨時收容所。

他來到位於蓮塘的臨時收容所，問就逮的偷渡客為什麼要偷渡去香港時，他們用潮汕口音回答：「因為食物不夠吃。」

「那麼假如有了充足的食物呢，還會偷渡嗎？」習仲勳繼續問道。

「還是會，因為那邊找工作容易，每月能掙一千好幾百元，可以給家裡寄很多錢，如果幹上2、3年的話，就能夠在家鄉蓋上房子了。」

被囚禁的偷渡客純樸的回答道。因為他們都是農民，並不知道習仲勳是誰，所以說得都是一些大實話。

農民的回答，讓習仲勳的腦子裡產生了要將當時十分荒涼的深圳，建立成今日的經濟特區之想法。這是把改革開放引向縱深去推進發展的一種核心理念，在當時，不論是誰恐怕都不會去想到這一點。

建立深圳經濟特區
和推進改革開放
——就是再次被批判也要推動改革

離開寶安縣前，習仲勳對方苞強調說：「外貿基地建設主要看香港市場需要什麼，什麼東西價格高、賺錢多，你們就種什麼、養什麼。只要能夠把生產搞上去，讓農民增加收入，國家法律沒有規定不能搞的就大膽幹。不要先反他的什麼主義，資本主義有些好的方法我們也要學。過去文革搞錯的，現在都要改正過來。」

這次到寶安的旅行給習仲勳帶來很大的震撼。他為自己親眼所見到的中國本土和香港之間的貧富差距感到痛心，但同時又讓他產生了過去從來沒有過的嶄新想法。

在廣東省委常委會議上，習仲勳強調說，不管是哪個偷渡客，他們的問題和階級鬥爭沒有任何關係（不是為了逃離社會主義才叛逃去資本主義的罪犯），全是因為經濟問題，這已是十分明確的了。香港也是中國的土地，對於為了生活才逃去香港的人不能稱他們是「外逃者」（外逃是逃往外國），應該稱他們是「外流者」才對。

當時雷力行告訴《中國新聞周刊》說：「當時，偷渡被看成是叛國。像習仲勳講的這些話是誰都不敢說的，那會被認為是同情階級敵人。」

曾經主持過多個習仲勳研究項目的廣東省委黨史研究室巡視員陳宏軍此後告訴《中國新聞週刊》的記者：「習仲勳非常敏銳地感覺到中國必須要進行體制和政策方面的改革。他是最早察覺到改革勢在必行的中國領導人之一。」

1978 年的夏天，習仲勳向中央提出的在寶安縣考察的內容報告書被送到了華國鋒那裡，華國鋒當即指示要求中央國家計劃委員會和中央行政廳的外國貿易部組成調查組，再次去寶安縣調查。於是習仲勳在廣東省外國貿易局調查班子的陪同下，和廣東省計劃委員會以及廣東省各相關部門再次組成考察小組，到寶安和珠海進行調查研究。

習仲勳看了調查小組交來的報告內容後，再一次地向中央建議說：「寶安和珠海有必要先行一步地去實行改革。」他明白這個建議一定會被人反對並經歷很多困難，但在中央的葉劍英和華國鋒商量後立即給習仲勳寫了「全面支持他提出建議」的鼓勵信件。

在調查研究進行的同時，廣東省政府已經從香港和澳門引進了技術、設備、資金和原材料等，並積極地推進著加工技術的合作。1978 年 10 月，他們又以廣東省政府的名義，向國務院提出了關於把「寶安和珠海兩縣變更為對外貿易基地，並把它們提升為市級單位的構想」報告。

這正是廣東省要「先行一步」的構想。

同年 11 月，習仲勳在到北京出席中央工作會議前主持了第四次廣東省委常委會議，並準備了關於工作會議的匯報材料，這裡面就有「希望中央能給廣東更大的支持，同時也給廣東自主處理問題的餘地」等內容。

總之，他希望從中央政府那裡得到一些「特許權利」。

同時，習仲勳也希望中央允許廣東省在香港設立辦事處，能與港澳廠商直接建立聯繫。他向中央提出，凡是來料加工、補償貿易等方面的經濟業務，請直接授權廣東果斷處理，以便減少不必要的手續。

總之，廣東省政府希望「讓廣東成為特區，授予廣東部分自決的權力」。

習仲勳有些焦急，因為眼前有很多迫切需要解決的問題，如果不採取非常手段就無法處理，改革也就無法深入進行，為此必須加大力度以清除十年文革所帶來的負面遺珠，時間不等人啊！

● 不畏批判，堅定地推進地方改革

在當時的狀況下，廣東省對中央的提議肯定是會被人盯著不放的，可以預見，勢必會受到極大阻力；但是出人意外的，中央竟然同意了習仲勳那些在當時顯得十分突兀的提案。

1978 年 11 月 9 日，習仲勳在他出席的北京召開的中央工作會議上提出了和華國鋒會談的要求。考慮到事情的重要性，華國鋒立即會見了習仲勳，並和他進行了交談。

華國鋒和習仲勳會談後達成了以下共識：

◎ 他們一致認為，外逃問題不是政治問題，而是經濟困難造成的，應該大力發展經濟，去解決這個問題。

◎ 當習仲勳提出「讓廣東先行一步」的構想後，華國鋒立即表示同意，並讓廣東省委先在寶安、珠海兩縣建立外貿基地。

華國鋒的支持使習仲勳獲得極大的鼓舞。他在 11 月 16 日召開的中央工作會議上，就廣東如何大幹快上的問題作了長篇發言。除了提出發揮廣東毗鄰港澳的優勢外，還提出了「經濟體制一定要按照新形勢新任務的要求，果斷並迅速地作出相對的改變，在中央統一的規劃下，充分發揮各級、各部門和各企業的積極性。」

這個在當時有著劃時代意義的提案，正發生在鄧小平欲鬥垮汪東興見分曉前的黨第十一屆三中全會之前舉行的中央工作會議上，進行了討論。當時，鄧小平等人一心關注在如何從華國鋒手中奪取政權等事，但卻不想，華國鋒仍然一派鎮靜地將精力投注在經濟改革上。

1978 年 12 月 11 日，中共中央任命習仲勳為中共廣東省委第一書記，楊尚昆（1907—1998）為第二書記。

楊尚昆在新中國誕生時擔任中共中央辦公廳主任，此後又擔任了中央軍事委員會秘書長。他在文革中被逮捕，在監獄裡關押了12年，直到就任廣東省委第二書記前才被釋放，此後的他在1988年擔任中國國家主席。因此當時的他，作為習仲勳的部下被派到廣州，多少讓人感到詫異。

不過，他們兩人在過去就相識了。習仲勳在建國後到北京擔任國務院秘書長職務時，楊尚昆正在北京的中南海裡供職，擔任中央辦公廳主任。他們兩人都受到了迫害，這應該是他們之間共同的話題。總之在1978年12月11日，鄧小平在黨第十一屆黨三中全會開始掌握實權時，他們的看法基本上是一致的。

他倆之間的謎團要在下一章將講到的「解除中央軍委秘書長耿飈的職務，並由楊尚昆取代」之事件上才會解開，耿飈的名字會在本章第四部分「習仲勳和葉劍英父子的故事以及習近平登龍門」的章節中會再次被提到。

葉劍英於12月15日的中央工作會議閉幕式上發表了「以發揚民主精神」為題的講話。當時他特意提到了習仲勳的名字。他稱讚習仲勳：「他是個即使遇到了刺耳意見也能側耳傾聽，從不忌諱不同意見，有量容人繼續講話的人。他的那種勇於接受評論的勇氣，非常值得人尊敬和學習。」

就像本書第四章中講述的那樣，黨第十一屆三中全會在1978年12月18日至22日在北京召開，鄧小平在會上作了推行「改革開放」的宣言。他稱讚習仲勳是改革開放的先遣部隊，並且將他選為中國共產黨中央委員會的候補委員。

習仲勳在12月20日紀念毛澤東誕辰85周年時，在《人民日報》上發表了〈紅日照亮了陝甘高原——回憶毛主席在陝甘寧邊區的偉大革命實踐〉一文。

第二年的1979年1月6日，廣東省和中央行政廳交通部聯名向國務院提出「駐香港招商局關於要在廣東寶安設立工業區的提案報告」。1月23日，廣東省委決定撤銷寶安縣，並在該區建立「深圳市」，並同時把珠海縣升格為「珠海市」。

沒有習仲勳的努力，「深圳市」很可能就不會存在。

知道這個事情的日本人應該不多吧。

當然這裡離「深圳經濟特區」的構想最後被批准還有很長的路要走，因為經濟特區被批准後，改革開放之路才真正開始。

● 是習仲勳創造了「經濟特區」的概念

1月30日，國務院批覆了廣東省和交通部的報告，決定在蛇口興辦工業區。

1月31日，李先念和谷牧在北京中南海聽取了交通部副部長彭德清和袁庚的匯報。李先念當場用紅筆畫出蛇口以南位於半島　端50平方公里的土地，籌辦蛇口工業區。隨後，香港招商局開始在蛇口劃了一平方公里的荒坡建立工業區，並在那裡興建了23家工廠，還開通了國際微波和直通香港的貨運碼頭。此後不久，蛇口工業區又吸引外資興辦企業，在短時間內建成了初具規模的現代化工業小城。

2月14日，國務院批覆了廣東省關於寶安、珠海兩縣成為外貿基地的規劃設想，並由國家投資1.5億元。國務院在批覆中指出：「凡是看準了的就要立刻行動，說幹就幹，把它幹成，辦好。」

中央的這兩個文件鼓舞著習仲勳和廣東省委。

他們在廣東省委常委會上得出了一致的結論：「一定要根據廣東的特點去發揮優勢，並要求中央給廣東放權，在全國的改革開放中讓廣東先行一步。」

習仲勳說：「盡管三中全會發布了加速推進改革開放的宣言，但結果還是很慢，有些地方甚至還在原地踏步，反而讓在改革開放中前行的人感到不安。」對此他非常擔憂，並再三強調：「只有鼓起勇氣往前走，不斷地突破難關，否則改革開放就不可能獲得成功。」為此他一再主張，要求「中央政府把一部分決定權交給地方政府」。

進入 2 月份後，「汕頭」也向廣東省政府提出要建立出口加工基地的要求，對此習仲勳不僅表示同意，還提出了不僅僅是汕頭，還應把深圳和珠海都納入建立加工區的主張。他把自己的想法告訴了正好來到廣東視察的葉劍英，使葉劍英感到非常高興。

4 月 3 日，習仲勳和王全國赴北京參加了中央工作會議。習仲勳在 7 日上午主持了中南組的討論會。王全國在發言中提出了要改革現行經濟體制的要求，同時習仲勳也在發言中指出：「不僅僅是改革經濟體制，整個行政體制上也要考慮進行改革。中國這麼大的國家，各省有各省的特點，有些事應根據各省的特點來辦，這也符合毛主席講的大權獨攬、小權分散的原則。」

習仲勳再三呼籲，不管是對和香港鄰接的廣東省，還是對各沿海城市及有其特長的地方政府，中央都應將一定的決定權交給他們。

毫無疑問，習仲勳正行走在一條危險的鋼索上。

4 月 8 日，華國鋒和李先念、胡耀邦出席了中南組的討論會。習仲勳在討論會上作了系統發言。他說：「有一個重要問題，那就是搞現代化不能離開中國社會的經濟基礎和條件。也就是說，我們只能搞中國式的現代化，走自己的現代化道路。」

習仲勳還提出：「現在權力仍然過於集中，這個問題並沒有得到妥善的解決。經濟管理體制問題就是集權和分權的問題，我們一定要處理好這個關係。現在地方政府感到辦事難，他們沒有權，因此很難辦成事。這個問題光講原則不行，還要更具體化一些。希望在這次會議上能夠就改革經濟管理體制問題定出若干條規則，以便有所遵循。」隨後他又說：「廣東臨近港澳，華僑眾多，應該充分利用這個有利條件，積極開展對外經濟和技術交流。這方面希望中央授權，讓廣東先行一步，放手去幹。麻雀雖小，五臟俱全，但廣東是一個大省，是個大麻雀，等於人家一個或幾個國家。然而現在省的機動權力實在太小，國家和中央部門對此管得太緊，並不利於國民經濟的發展。我們的要求是在中央政府的集中統一領導下，多放手一點、搞活一點，這樣做對地方有利，對國家也有利，那是一致的。」

習仲勳的懇求和提案講到了問題的核心，非常務實，得到了中央領導階層的支持。在這個危險領域要是稍稍走錯了一步的話，很可能會再次被送進監獄。他這一系列的走在鋼索上的舉動沒有受到攻擊和批判，也許應該歸功於那個人心思變的改革時代。

習仲勳的發言抓住了華國鋒、李先念和胡耀邦等人的心，從而受到了重視。4 月 17 日，華國鋒和鄧小平、李先念等人聽取了參加中央工作會議的各組召集人匯報，那時習仲勳再一次地為「特定區域」的「一步先行」，提出了以下提案：

「廣東打算仿效外國加工區的形式去進行學習、觀察和試驗，並運用國際慣例，在毗鄰港澳的深圳市、珠海市和重要僑鄉汕頭市劃出一塊地方，作為華僑、港澳同胞和外商的投資場所，單獨管理，並按照國際市場的需要去組織生產。我們準備把這個區域定名為「貿易合作區」。

這個「特定區域」，或許正是從本書第一章中所講到由習仲勳他們共同參與創立最初西北革命根據地中特設一個「革命特區」的概念來的吧！

這個「特區」的概念是在 1935 年 12 月提出來的。

1936 年 1 月，陝甘寧革命根據地蘇維埃政府建立了「關中特區」，習仲勳擔任了這個「特區」的書記及副主席。這個「特區」是蘇維埃政府模仿蘇聯的「行政機能」機構，也是共產黨為奪得天下而事先進行模擬的「行政機構」。這裡不僅建立了教育文化設施和醫院、郵局、《關中報》等新聞社，還建立了「關中特區軍事司令部」和有著警察機能的保安部以及管理金融、經濟等等方面的部局行政機關；總之，它把社會、政治和軍事以及包括民生在內的所有的行政部門都網羅進去了。

鄧小平和習仲勳最初接觸時，正是習仲勳擔任「關中特區」書記的時候。對於鄧小平來說，「習仲勳＝陝甘寧蘇維埃政府和關中特區書記」，因此可以推斷，鄧小平對此一定是留下了深刻的印象。

為此鄧小平曾經對別人說，現在習仲勳講的這種「特別區域」，一定就是他一直引以為傲的「特區」吧！

然而此後不久，命名這種「特區」的人變成了鄧小平，就像是他創造了廣東省「經濟特區」似的，這種「鄧小平神話」純粹是被他的吹捧者捧起來的，無法讓人認可。

關於這句話究竟是在一種什麼樣的狀態中說的，又是誰對誰講的呢？說法有很多，且曖昧模糊。如果是鄧小平講的，那麼從另一個角度來說，它也可以成為是「鄧小平從過去到現在一直對習仲勳等人創辦的陝甘寧蘇維埃政府和關中特區一事極為關注」之佐證。

其實在台灣也有被稱為「出口加工區」的相同稱呼，考慮到這些因素以及「自由貿易區」的稱謂太過於資本主義化，所以後來又把它改成了「貿易合作區」，並最終定為「經濟特區」。這或許是因為習仲勳知道鄧小平不喜歡西北革命根據地，而故意要避開「特區」這個單詞，但實際上它最後還是只能被稱為「特區」，而無法再去糾結此外的其它名稱。

總之，中共中央和國務院在那一年的7月15日發布的《中發（1979）50號文件》裡面，明確作出了廣東省和福建省在對外經濟活動中，可以在各「經濟特區」裡採取特殊政策和彈性措施，及這些政策措施在深圳市和珠海市推行的基礎上，再加上汕頭和廈門，成為試行出口貿易的特區規範。

1979年11月，深圳市被定為廣東省最高級別直轄市。在1980年8月26日舉行的全國人大常委會第十五次會議上，還正式批准了《中華人民共和國廣東省經濟特區條例》，並發表了在廣東省深圳市、珠海市、汕頭市設立經濟特區的有關決定。

被稱為是中國矽谷的深圳市，是習仲勳在1978年至1979年在中央的「權力分配」下來到廣東，身體力行、歷經風雨地創造出來的，對此讀者應該都清楚了吧？

當年的深圳和香港、澳門捆在一起才撐住了中國改革開放下的經濟發展，然而今天，習近平又作出了將「三足鼎立」的深圳、香港和澳門作為基礎，建設「粵港澳大灣區」的構想。對此，我們完全可以視為：習近平作為習仲勳之子，他的思想裡潛伏著無論如何也要守護父親當年艱苦創業所取得的成果之傳承，促使他為此立下誓約。

習近平政權所定下的國家戰略裡，肯定躍動著父親習仲勳的影子。

鄧小平提出的「先富論」是非常有名的。他最初講這句話是在1980年1月16日（根據《鄧小平文選》），此後他又在 1983 年 1 月 12 日加以補充:「先讓一部分人富起來，隨後再去帶動一般的人。」

當年習仲勳為了防止人民偷渡香港，日夜奮戰地構想建立「特別區域」，並提出「先行一步」的方案，因等不及國家提出的共同富裕政策實現，才向中央提出要他們「讓出一些權力給廣東省，讓他們在特區裡先把經濟發展起來」的要求。因此我們也可以這麼認為，鄧小平的「先富論」首先來源於這個設想，轉而再將它變成自己的語言。

而且，對於習仲勳和華國鋒共同創建的「經濟特區」，鄧小平一直到 1984 年為止都未曾到那去進行過訪問。他是在習仲勳從廣東回到北京後不久的 1984 年初，才產生了要去那裡考察的勇氣。這很可能是因為他想到，自己曾經怠慢了習仲勳的政治復出，若在當時突然提出考察經濟特區，怕會受到冷落。然而到了 1984 年初就不一樣了，此時來訪，就能把「深圳經濟特區的創建人改成自己（鄧小平）」，從而去創造「神話」，讓全世界的人都相信。這種惡劣的行徑是我們不得不去抨擊的。

習仲勳和葉劍英父子的故事以及登上龍門的習近平

● 葉劍英想讓兒子繼承自己的地盤

葉劍英為什麼一定要把習仲勳派到廣東去呢？是因為廣東省是他的地盤，他要把廣東省的地盤保留下來，讓自己的長子葉選平去繼承管理，他想要習仲勳感恩他的付出，作為一種「回報」，將來為他的長子在廣東安排一個相應的職位。

應該說這是葉劍英的盤算。

1924 年出生的葉選平，在 1978 年習仲勳被派到廣東時已經 54 歲了，他擔任國家科學委員會三局的局長。國家科學委員會是在 1956 年的毛澤東時代，管理科學技術的中央行政廳，進行組織編排時遷轉過來的名稱，亦是在 1998 年後被稱為國家科學技術部的前身。三局是對機械和交通運輸科學技術進行研究和行政管理的部門，局長相當於一個副省級幹部。

葉選平在中央已經升到了一個高位，如果再派遣到廣東省去會顯得很不自然，總不能直接了當地讓他沾父親的光，去關照人事部門把他派到廣東吧！然而，葉劍英每次到廣東都會帶著葉選平，和習仲勳談話的內容中也都會帶到「孩子們的將來」這種話題。

或許是因為光講自己兒子的事有些不妥，所以葉劍英也會順勢提到習仲勳的兒子習近平的事。習近平於 1979 年清華大學畢業後，正進入了分配工作的時期。

文革雖然算是結束了，但仍實施毛澤東時代進行的工作分配方式。不管是專科學校還是大學生，畢業後都要由教育機關決定此後的工作。如果是在石油有關的學校學習的話，畢業後就會被分配到石油相關企業，學習機械學理的學生就會被分配到機械相關部門工作。

毛澤東時代提倡由國家來培養學生。所有的學費都由國家負擔，校園裡的學生宿舍也不要錢，就連在校園食堂吃飯也是免費的。國家為培養人才投入那麼多的資金，畢業後到國家指派的單位去為國效勞，這就是當時的「分配制度」。

然而，文革時期所有的高等教育部門都被關閉了，只有一部分由革命委員會掌握的教育機關還在招聘學生，他們把「學生」稱為「工農兵學員」，並且只讓一部分的工人、農民以及解放軍戰士去學習，這些學生不能成為菁英，只能被稱為「學員」。

在文革進入尾聲時，革命委員會才又開始招收被農村工廠等基層單位推薦上來，被認為是「表現良好」的青年學生。

1974年，習近平在他的下放地延安加入了中國共產黨，並在那年冬天被選為梁家河大隊的黨支部書記。為此革命委員會認為習近平是「思想進步的青年」，推薦他作為工農兵學員，在著名的清華大學就學。

在延安期間，習近平用甲烷氣體作為燃料，開發了建設水庫等和水利方面有關的業務，因此他將學習化學工業知識作為他的主攻專業。

習仲勳去廣東時，習近平也利用假期去了廣東，還去了當時屬於廣東省的海南島，作為父親習仲勳的幫手，為到故鄉廣東訪問的葉劍英當響導，並到海南島去考察。習近平到海南島時的照片，好多張都被保留下來了。

習仲勳和葉劍英談到孩子們的話題時應是在1979年的時候。文革結束後不久的1977年末，新的大學考試制度開始實施了。那麼為什麼習近平會在1979年畢業呢？對此讀者可能會抱有疑問。這其中有特殊之處，對此筆者先作一下說明。

當時還在實施「分配制度」。由於革命委員會定下的「從哪來回哪去」原則，因此畢業後回到原下放單位是必須的。那些在革命委員會批准下入學的工農兵學員，哪怕就是在文革結束後新的大學考試制度開始起，也當按照當初定下的分配原則實行。因為習近平當初是從陝西省延安

習仲勳陪同葉劍英視察海南島，習近平同行。當時海南島還屬於廣東省管轄，在習仲勳主持下設立了海南省。（照片來源：新華網）

地區來的，所以他應被分配到陝西省去。和他住在一起又同時畢業來自福建的學友，就被分配到了福建省。

然而習近平不僅被留在了北京，還一下子進了國務院辦公廳和中央軍事委員會的秘書室。如果沒有當時的那段經歷，今天的習近平絕對不會有國家主席的身分。

那個瞬間決定了習近平走向現今中共中央總書記、國家主席和中央軍委主席的道路，這麼說應該是絕不過言的。

● 「習近平在軍隊的資歷」決定了中國的命運

這當然是因為葉劍英的幫助。在這裡，我們再仔細地看一下這個決定了中國命運的事情是如何發生的。

葉劍英對習仲勳曾經講過以下的話。

「近平既然有了農村的歷練，且大學也畢業了，就應該趕快補上部隊鍛鍊這一課。沒有軍事歷練會限制今後的發展。我看就讓葉選寧出面去聯繫耿飈，具體安排習近平到部隊裡的事情。」

就像筆者在第四章中所講，文革後鄧小平之所以會奪得權力，是因為「軍歷」，這是絕對不能缺少的，對此葉劍英自然深有感觸，因此習仲勳在聽到那些話後，一定也會心動吧！

葉劍英繼續往下講。

「到那裡去，怎麼樣呢？在耿飈那裡工作如何啊？」

耿飈（1909—2000）當時是國務院副總理兼中央軍委秘書長。耿飈應葉劍英的邀請逮捕四人幫行動中，協助華國鋒作出了很大貢獻。他以軍隊占領了被四人幫掌控的中央廣播局等新聞機關，使他們無法報導由華國鋒等製造軍事政變的緊急新聞，側面阻止了文革中瘋狂的紅衛兵們不致因此鬧事，從這一點看來，耿飈的功績是很大的。所以他在華國鋒成為最高領導人後，立即被提拔為國務院副總理，此後又由於葉劍英在檯面下的施力，使耿飈在 1979 年 1 月被提拔成為中央軍委常委兼秘書長。

在看到將華國鋒鬥下台的鄧小平之專橫權欲後，葉劍英一定是感到了危機，才產生了一種得在軍隊裡安排親信的打算吧！葉劍英讓習近平在耿飈下面工作，既能使習仲勳更加感激他，又有助於他為自己的兒子葉選平返回廣東一事，這應該是葉劍英一直以來考慮著的事情吧！

葉劍英和耿飈與習仲勳走到一起真的是緣份。作為習仲勳創建的陝甘革命根據地介紹者，葉劍英和耿飈都參加過毛澤東的長征，在 1935 年 10 月到達習仲勳的陝甘革命根據地。特別是耿飈，他在 1937 年 10 月率部到陝甘寧邊區的慶陽駐屯時，習仲勳正好也在那裡，因為他從 1936 年 5 月起擔任慶陽市環縣的第一任書記。

當時的耿飈和習仲勳曾經有過接觸。

耿飈在駐屯後的第二年，遇到了慶陽出身的女性趙蘭香，並和她相戀結婚生子。因此對於耿飈來說，慶陽是個非常重要的地方。耿飈和趙蘭香的相識相遇並非偶然，而是由當地幹部事先偷偷安排而成的。所以位於習仲勳創建的革命根據地中的慶陽，是他無法忘懷的場所。

1945 年 8 月 15 日日本戰敗後，為了防止國民黨和共產黨之間發生內戰，美國在調停時特意要求國共兩黨在美國的主持下舉行三方參謀長聯席會議，並在 1946 年 1 月於北平（北京）設立「軍事調停執行部」。當時的副參謀長耿飈作為共產黨的代表，在當年的九月末為止，一直在葉劍英的指導下參加軍事調停的工作，他與葉劍英的關係就像是學生仰望著老師一樣。

葉劍英是在 1979 年對耿飈講述關於習仲勳兒子習近平一事的。葉劍英在當時不僅將耿飈提拔成中央軍委常委，又讓他擔任軍委秘書長，因此對於耿飈來說，葉劍英講的話不僅重要，還是個必須服從的命令。

況且習仲勳還是當年為他和妻子結成良緣提供幫助的慶陽市最高領導，對於習仲勳兒子的事，他當然是不會反對的。因此，習近平作為國務院副總理兼中央軍委秘書長辦公室的秘書，在這個值得喜慶的崗位上開始工作了。

1979 年 3 月下旬，習近平正式成為耿飈領導下的中央軍委辦公室秘書並開始工作。同年 11 月 4 日，中共中央制定了「中共中央軍事委員會辦公室會議制度」。這是一個在中央軍委常委會的領導下可以決定舉辦所有的軍事活動的制度。它的最高領導人是耿飈。習近平作為其秘書，不僅要出席所有的關於軍事活動的政策等會議，還被要求在會議中作記錄，並擔任向軍委主席鄧小平工作匯報的任務。

初到鄧小平辦公室時，鄧小平問習近平：「你叫什麼名字？」「我叫習近平」。

聽到了習近平的回答後，鄧小平頓時抬起頭來，仔細地端詳著習近平的臉。

「你是在哪出生的？」鄧小平又問。

「延安。」習近平再次回答道。

鄧小平看了習近平一陣之後再也沒有說話。

就像在本書第二章中所寫的那樣，習近平雖然在北京出生。但他總喜歡說自己是「延安人」，特別是對鄧小平。那時的他是不是燃起了復仇的念頭，想在心裡對鄧小平說：「我是延安人！是你想抹殺的西北革命根據地創始者習仲勳的兒子，你沒想到吧！」可以推想，當時的習近平一定對一直想從根本上抹殺西北根據地的鄧小平，充滿了警戒之心。

關於這件事情有很多說法。

有人說，這是耿飈故意把習近平帶到鄧小平家，特意告訴他說：「那是剛剛到我們這兒來工作的秘書習近平，習仲勳的兒子。」並準備就此把他介紹給鄧小平。但這個說法有點牽強。如果這是真的話，那耿飈真是太不懂中國的政治了，那麼做等於是「飛蛾撲火」，把自己的脖子伸出去讓別人砍腦袋。

這當然是眾多說法中的其中之一，但當時鄧小平心裡也可能會想：「噢！他就是習仲勳的兒子……」。這個證據就像在下一章要講到的那樣，此後，鄧小平毫不猶豫地就把耿飈給撤換了。

然而，鄧小平卻無法阻擋習近平的前途，因為當習近平在 2007 年有可能成為中國最高領導人的 10 年前，鄧小平就已經離開了這個人世。

在 2007 年的胡錦濤時代，中共中央政治局的 9 名常委，必須對誰將成為下一任中共中央委員會總書記作出決定。筆者曾在 2012 年出版的拙作《掌控中國的九個男人》（《チャイナ・ナイン　中国を動かす 9 人の男たち》遠藤譽、朝日新聞出版、2012 年）中作過介紹。中共中央總書記同時又要兼任中央軍事委員會主席和國家主席的這個職位，究竟是給習近平呢還是李克強？這是一個決定中國今後的天下由誰來掌控的問題。而這個重大問題的選擇權掌握在以下九個人的手中。

胡錦濤（中共中央總書記）、吳邦國、溫家寶（國務院總理）、賈慶林、曾慶紅、黃菊（2007 年 6 月病逝），吳官正、李長春、羅幹。

胡錦濤當然想讓共青團系列的接班人李克強成為下一屆的總書記，對此曾慶紅首先提出了反對意見。

這是因為江澤民。

由於不願把手中的權力讓給胡錦濤，江澤民對在 2002 年召開的黨第十六屆一中全會上選定這九個常委中安排了他的「刺客」，他就是曾慶紅。曾慶紅和成為耿飈秘書的習近平關係不錯，習近平還稱曾慶紅為「慶紅兄」。這個曾慶紅此後還扶持了石油派的周永康。那些人都鐵了心地支持江澤民。然而，這個要在 2007 年作出的決定中國命運的九個男人的選擇，卻像在變一場戲法一樣。

胡錦濤是鄧小平尚健在時指定為江澤民政權的接班人。對此儘管江澤民再討厭也無法拒絕。因此，當胡錦濤政權第一任期（2002—2007 年）到期時，江澤民就虎視眈眈地盯著胡錦濤，並計劃著把他趕下台，讓一直在培植的上海市委書記陳良宇接任。

知道了這個陰謀的胡錦濤，以陳良宇貪污事件為由，於 2006 年 9 月逮捕了陳良宇。此事的突發在沒有萬全準備的情況下，被曾慶紅鑽了空子，他馬上向江澤民推薦擔任浙江省委書記的習近平，到上海去接任陳良宇的位置。因此，當時如果胡錦濤沒去逮捕陳良宇的話，那麼今日的習近平也許就不會存在。

曾慶紅就像他的綽號「造王大王」那樣，嗜好扶植人上領導崗位，而且還確實有著他的那種獨到手段。

胡錦濤本來考慮讓韓正替換陳良宇。韓正是今日習近平政權最高領導班子的第七把手，也屬於共青團派勢力。然而江澤民卻認為，如果贊同胡錦濤感興趣的人的話，那自己所有的計劃都會泡湯，因此聽從了「自己的兄弟」曾慶紅的意見，讓習近平去接任上海市委書記。

突然的人事異動讓習近平在 2007 年 3 月，匆匆到上海赴任。

2007年10月召開的第十七屆黨代表大會上，由中國最高領導層的九個人選擇下屆中國政府最高領導人的會議，就這樣開始了。

當時還根本不清楚中國那九個最高層領導人能否選擇習近平。當時曾慶紅開口了，他提議讓「習近平」進入下一屆中央常委會。在胡錦濤第一任政權的九個常委中，只有溫家寶一人支持胡錦濤。因此，在曾慶紅開口後，賀國強、賈慶林立即跟著發言表示贊成，終於吳官正、李長春和羅幹也表示了贊同。他們全是跟著江澤民的風向走的。

由於常委會實施的是「多數票通過」的原則，因此胡錦濤沒有辦法否定。但是就在他正想辦法讓李克強能在黨內排名上放在習近平前面時，「習近平的軍歷」成了反對派主打的因素。

那時有一個不成文的規定，在五年後將成為「中共中央總書記、中央軍委主席和國家主席」的人，必須在2007年就開始擔任「國家副主席」的職務。為此，本想在當時讓李克強成為「國家副主席」候選人進入九人常委班子的胡錦濤，卻因為李克強沒有「軍歷」，遭到了支持江澤民一派多數人的反對，而不得不放棄自己的主張。終於，在黨第十七屆代表大會一中全會上，新任的九名中共中央常委及他們在黨內的排名職位被發表了。

第 1 位：胡錦濤（中共中央總書記）

第 2 位：吳邦國（全國人大常委會委員長）

第 3 位：溫家寶（國務院總理）

第 4 位：賈慶林（全國政治協商會議主席）

第 5 位：李長春（中央精神文明建設指導委員會主任）

第 6 位：習近平（國家副主席）

第 7 位：李克強（國務院副總理）

第 8 位：賀國強（中央紀律檢查委員會書記）

第 9 位：周永康（中央政法委員會書記）

這個 6 和 7 之間雖然只相隔了一步，但它卻決定了中國以及世界的趨勢。由此可見，當年習仲勳和葉劍英之間進行的互助對方兒子的「交換條件」，起了多麼重要的作用啊！因為，就是兩名元老不經意進行對話的瞬間，左右了包括日本在內的世界命運。

㊄ 考察澳大利亞、香港、澳門和美國

● 訪問澳大利亞，被那裡的繁華所征服

習仲勳預定在1979年11月22日至12月6日外出訪問。這是他政治復出後的初次外訪，廣東省有六位代表隨同一起前往。他們最初的訪問國家是澳大利亞。從1959年訪問匈牙利和蘇聯等地以來，習仲勳一直沒有離開過中國。

為什麼會選擇去澳大利亞呢？

那是因為澳大利亞新南威爾斯州的財政大臣和州長內維爾．懷恩（Neville Wran）一行，於1979年6月訪問了廣州，並在和習仲勳會談後特意邀請的。內維爾．懷恩當時是澳大利亞勞工黨全國主席，他在當年10月繼續派澳州外貿部門人員前往廣東，和習仲勳進行經濟交流，並再次向他發出了訪問澳州的邀請。

這本是禮儀往來，但因習仲勳本就有前往海外先進國家學習了解他們經濟發展狀況的念頭，因此這次的回訪被擺上了議事日程。

為了轉機，他們先來到了香港。

11月22日，廣東代表團坐火車到鄰居香港，英國政

府在香港的代理總督卡特子爵特意到車站來迎接。(因為當時香港總督在英國倫敦治病)。

傍晚，香港政府舉行茶會招待習仲勳一行，並提出希望他們從澳洲回來時無論如何對香港進行訪問。卡特代理總督特意安排香港政府的車輛送他們到機場。隨後，習仲勳一行在那裡奔赴雪梨。

到了雪梨機場後，以懷恩州長為首的政府要人排成一列，熱烈歡迎習仲勳一行人。在隨後的十天時間裡，習仲勳等訪問了澳洲的政府機關、工廠、港口、醫院、學校和市場及科學研究機關等地，他們被澳洲的繁華征服了。

特別讓習仲勳感到驚訝的是，澳洲雖然是一個高度發展的工業國，但牧畜業卻非常繁盛。當時他們生產的羊毛向全球的出口比例達到 1/3，而支持這種出口量的不僅是澳洲優越的自然環境，更重要的是他們卓越的科學技術和管理方法。

他們和懷恩州長進行了會談並多次餐會，在友好的氣氛中，簽署了廣東省與新南威爾斯州成為友好省州的文件，在將深圳等經濟特區的成績向海外發表的同時，習仲勳他們充滿自信地表示，一定會按照文件中所簽署的內容去實行。

隨後，習仲勳一行離開了澳大利亞。

● 訪問香港，目睹了大陸和香港間的差距

同年12月6日，習仲勳根據他和卡特代理總督的約定，開始進行對香港的訪問。

香港英國政府的政治顧問衛奕信勳爵（David Clive Wilson，1987年至1992年的香港總督）和駐香港的澳洲大使等人，特意到香港機場來迎接。值得注意的是，當時的《新華社》香港支社王匡社長和李菊生副社長也在歡迎之列。因為那個李菊生副社長，正是下一章要提到於香港基本法問題上，站在習仲勳和代表英美法律體系立場的香港大律師李柱銘中間的調停人，現行於香港實施的國家安全法問題的根源，正源自此處。

12月7日起，和卡特香港代理總督等的會談開始了，王匡和李菊生也參加了會議。會談最重要的議題就是香港和廣東省的經貿交流等相關問題。卡特非常了解習仲勳在推動深圳經濟特區改革開放上所作出的努力，因此他表示香港政府會協助他，這自然是習仲勳所樂見的。

接下來的話題是逃往香港的偷渡客問題。

卡特雖然對習仲勳在這個問題上所作出的努力表示感謝，但這並不等於偷渡客已消失，相反地，仍有相當多的偷渡客還在試圖潛逃香港。習仲勳當場承諾，返國後將立即制定反偷渡條例，進一步加強對偷渡行為的管束。

然而，偷渡客問題是因為廣東貧窮香港富裕才產生

的，只有讓廣東也富裕起來，才是解決這個問題的根本之道。如果讓鄰接香港的深圳富了起來，偷渡客一定會減少許多。因此發展深圳的經濟是首要問題。

那麼如何藉外力去發展經濟呢？

這才是一切的關鍵。

卡特極為贊成將深圳比大陸其他地區更早一步成立為先進工業區，因此他保證讓相關人員自由地往來中港兩地，且雙方為這種往來商量了具體的方法。

在香港訪問期間，習仲勳還曾於某日上午5點半起床，和代表團一起到九龍長沙灣的菜市場和果物魚蝦中轉市場視察，那裡有從美國、泰國和台灣等地進口來的物品。那些產品被包裝得非常漂亮。相較之下，從中國大陸來的物品卻包裝得十分粗劣，運到市場時多數已被擠壓損壞了不少，無法和其他國家及台灣來的物品相比。這不僅會喪失國家信用，而且浪費，對此習仲勳不僅感到憤怒還為此深深的失望。

他們還到地鐵及位於新界的其他幾個地方參觀，感受到的幾乎全是大陸地區的落後和中港之間的差距。他們甚至乘坐了香港政府安排的直升機，從天上俯瞰香港全景。

12月11日下午，《新華社》香港分社王匡社長在香港會議中心舉行盛大招待會，卡特和香港的工商界、教育文化界以及政府有關部門等共200名左右的著名人士出席了這次活動。習仲勳在那裡發表了告別演說。演說中習仲勳表示：「廣東省的改革開放才剛剛開始，對於一部分的投資人來說，也許廣東的投資環境還很不安全，但是請大家相信，正因為大陸地區尚未發展起來，因此它反而會成為廣東省發展的動力，這種可能性非常大。廣東省一定會改善投資環境，並沿著經濟發展方向突飛猛進，請大家相信我們吧！」

習仲勳一定是在早上5點半起床，積極地到菜市場及其他地方視察，清楚認識了大陸地區的落後之後，才在講演中講這些話的。

從那之後，香港對廣東省的投資很快地增加起來了。

● 訪問澳門時發表的重要講話

1980年3月10日至17日，澳門總督伊芝迪（Nuno Viriato Tavares de Melo Egidio）應中國政府的邀請訪問北京、上海和廣州。那是在新中國成立後，第一位到首都北京訪問的澳督，他受到了國務院副總理鄧小平的接見。伊芝迪在回澳門經廣州途中與習仲勳會晤時，當面向他發出了訪問澳門的邀請。

1980年6月4日，習仲勳應當時還是葡萄牙管轄的澳門總督伊芝迪邀請，到澳門訪問。

在澳門訪問時，習仲勳同樣受到了如同在香港訪問時獲得的盛情款待。以伊芝迪為首的澳門政府高官和工商界著名人士一起，對習仲勳表示了盛大的歡迎。因為此時與澳門相鄰的珠海市正要成立為經濟特區（1980 年 8 月），所以本次訪問是和即將成為珠海特區負責人的珠海市委書記兼市長吳健民一起去的。

訪問的第一天會談就定下了向澳門輸送電力的有關協議。澳門的面積非常狹窄，但卻是高度發達的都市，沒有可以設置火力發電所的地方。因為沒有大的河流，進行水力發電會有很大困難，因此到 1972 年止，澳門的電力全靠香港的「澳門電燈公司」供給。由於經常會和對方產生磨擦，所以「澳門電燈公司」和發電事業部門分開，由澳門政府出資，作為澳門企業「澳門電力」去向澳門送電。但是，由於這之後的澳門和香港用電消費大大增加，因此從 1984 年開始，澳門的用電全部由珠海提供，直到現在，澳門所需電力的 94% 還是依賴著珠海；而香港也是一樣，此後在深圳建設的大亞灣核電廠的總發電量 2/3，都將供給香港使用，其水源也全部依靠大陸。

5 日早上 7 點半，習仲勳及其隨行人員在柯正平、甄成壽的陪同下，到海邊新街蔬菜批發市場視察。澳門的農產品基本上要依靠廣東省，而現在幾乎 100% 都要依靠大陸了。

習仲勳在澳門訪問的最為另人注目之處是他在澳門的發言。

習仲勳說：「澳門和香港實際上都是特區，將來台灣回歸祖國了，也同樣是個特區。」

當時的香港和澳門都尚未回歸，而「把台灣也稱作是中國的特區」，這是一種何等大膽的設想啊！

「所以我們一定要相互攜手發展經濟，為此，我們更該成立一個大經濟圈才對啊！」習仲勳這樣說道。

現在習近平提出且十分重視的「連接深圳、香港、澳門的經濟大灣區」（粵港澳大灣區）構想的雛形，正是習仲勳在 1980 年 6 月訪問澳門時提出來的。

當時、香港《明報》的金庸注意到了習仲勳講的這句話，並發表了以下內容的社論。

香港和澳門的情況基本上是相同的。習仲勳對澳門問題所說的話，可以毫不修改地適用於香港。雖然港澳和深圳、珠海等特區在行政上性質不同，但在中國當局的眼中，這幾個地區對於中國的作用是基本相同的。因此這些地區的特殊化對中國有利，尤其是在促進發展中國現代化的經濟上有著很重要的作用，為此必須在行政上去保持其特殊化。

本來沒有特殊化的地方，都要特意去劃出一塊地域來使之特殊，例如習仲勳正在實施中的深圳和珠海，更何況事實上早已經特殊化了的香港和澳門？

香港《明報》社論推定，經港赴京的美加主筆訪華團如果就香港的前途向鄧小平提出詢問時，所得到的答覆，和習仲勳在澳門的談話本質上不會有什麼的差別。

習仲勳過去在西北建成的陝甘革命根據地裡設立「關中特區」的概念，卻在改革開放中獲得了成功。今日的深圳變成了「中國的矽谷」，它應該還能繼續成為現在提出的那個「粵港澳經濟大灣區」構想的原動力吧。

不僅僅是那樣，在《明報》上想要講述且在不久之後實現的「香港和澳門回歸祖國」這個偉大事業的軸心問題上，習仲勳難道不是在鄧小平之前就已經對外表示了嗎？

習仲勳把香港澳門稱之為「行政上的不同特區」，在被新聞報導之後，正式的更名為「特別行政區」，從這個意義上看來，我們若將習仲勳稱為是這個名稱的第一創造者，恐怕也不為過吧！

● 訪問美國時吐露出對日本的心聲

從 1980 年 10 月 20 日起到 11 月 6 日止，習仲勳應美中關係全國委員會的邀請，帶領由「廣東省、甘肅省、遼寧省、福建省、河北省……」等省的省長和第一書記組成的代表團到美國訪問。訪問團的團長是習仲勳，副團長是宋平（甘肅省書記）。

他們在華盛頓受到了在美國卡特總統的國家安全顧問的助理布里辛斯基（Zbigniew Brzezinski）和常務副國務卿克里斯多福（Warren Minor Christopher）與各界著名人士的歡迎。當時美國總統選戰正緊張地進行中，兩位候選人卡特總統（James Earl "Jimmy" Carter, Jr.）和隆納·雷根（Ronald Wilson Reagan）展開激烈的競爭。

卡特是以極端著稱的鴿派人士，而雷根則是美國鷹派的代表人物。因為雷根積極推行對台軍售政策，因此中國代表團希望卡特能夠獲得連任。當習仲勳被記者問到這個問題想時，習仲勳說：「這是美國內部的事，對此我不便評論。我們只是希望，無論哪個政黨執政，無論誰當選美國總統，中美關係都能穩健地發展。因為這是中美兩國人民的共同願望，也符合美國的國家利益。」

美方還安排代表團去訪問洛杉磯。但就在三周前洛杉磯市議會把 10 月 10 日宣布為「中華民國日」，並舉行了所謂的台灣「國旗」的升旗儀式。為此廣州市革委會主任楊尚昆立即通知布拉德利（Tom Bradley）市長：「宣布洛杉磯和廣州結為友好城市的初步協議無效。」為此，代表團此後是否要按原訂計劃訪問洛杉磯的議題上眾說紛紜、意見不一，但是習仲勳主張照常參訪。他說：「我相信中美友好才是主流。」結果，代表團在洛杉磯受到了盛大的歡迎，對此習仲勳說：「我好像有種拿到了洛杉磯市贈予我們鑰匙的感覺。」

在此行的美國訪問中，最受注目的應該是對愛荷華這個農業州的訪問了。

讓我們順著這個足跡再一次地回到 1985 年春天。

當時河北省正定縣黨委書記習近平也對愛荷華州進行了訪問。因為正定縣養豬業比較發達，所以習近平要到盛產家畜飼料的美國玉米生產基地視察。為什麼要選愛荷華州呢？因為那是他的父親習仲勳第一次訪美時選擇前往之處。習近平在那時和愛荷華州州長布蘭斯塔德（Terry Branstad）有著很好的關係。2012 年，習近平作為國家副主席訪美時再次去了愛荷華州，和布蘭斯塔德州長見了面。正因為有了這些原因，所以川普（Donald John Trump）政權時代特意把布蘭斯塔德選為美國駐華大使，派遣到中國，讓他再次和習近平見了面。

是習仲勳創造了這些關係。

習仲勳在參觀夏威夷的珍珠港時還發表了以下值得關注的言論。他說：「日本人不可輕信，他們慣用偷襲伎倆。珍珠港事件教訓深刻。美國在毫無防備的情況下損失慘重，太平洋艦隊除航空母艦外幾乎全軍覆沒。看起來日本像是得手了、大獲全勝，但那些炸彈卻炸醒了猶豫不決的美國，從而加速了日本法西斯的滅亡。我們現在仍要十分警惕日本右翼復辟軍國主義的活動。曾經站在同一戰壕裡抗擊過日本侵略軍的中美兩國，要共同攜手反對日本軍國主義的復活，絕不能讓歷史悲劇重演。」

習近平顯然也繼承了這種思維。

他在 2014 年，將 9 月 3 日這天定為「抗日戰爭勝利紀念日」，又將 12 月 13 日定為「南京大屠殺哀悼紀念日」，以這些「反日」印記訂定為中國新的國家紀念日。今日，由於美國加強對中國的包圍，出於戰略需要，中國才會對日本展露微笑；日本人應該銘記在心的是——習近平是一個「徹頭徹尾的反日派」，這才是他的真心之所在。

第六章

再次回到中南海
香港問題和
六四天安門事件
導致習仲勳再次下台

㈠ 習仲勳擔任中共中央書記處書記、全國人大常委會法制工作委員會主任

● 出乎意料的「修改憲法」的任務

1980 年 2 月 23 日召開的第十一屆黨代表大會五中全會上，鄧小平最為信賴的胡耀邦和趙紫陽被選為中共中央政治局常委。鄧小平說：「只要有這兩個人在，天塌下來也不怕，這兩人會給我們撐著。」他用了這樣的語言去稱讚胡耀邦和趙紫陽。值得注意的是，五中全會重新設立了「中共中央書記處」，這個機構曾在 1969 年被廢止。

在 1980 年 8 月 30 日起至 9 月 10 日閉幕的第五屆全國人大第三次會議上，習仲勳被選為全國人大常委會副委員長。因為中國政局出現了顯著的變化，因此我們還是把從 1981 年 6 月 27 日至 29 日閉幕的第十一屆黨代會第六次全體會議的主要人事安排記錄一下。

中共中央總書記：胡耀邦

中央軍事委員會主席：鄧小平

國務院總理：趙紫陽

中共中央書記處書記：習仲勳

這次習仲勳的名字出現在新體制最高領導層的名單裡，他終於回到了中南海。1980年11月6日他從美國訪問回來，3天後的11月9日，中央就通知他「立即回到中南海來」。實際上，從1981年3月28日起，習仲勳就正式地在位於中南海的中央書記處工作了，六中全會只是作了一個追認儀式而已。

中共中央總書記的所有工作都是由中共中央書記處負責的，其中總共有十一位書記。排名第一位的是萬里，他還兼任了國務院副總理。排名第二位的是習仲勳。他們之中的每一個人都輪流著擔任胡耀邦總書記的具體工作。

比如說他們要管轄「中共中央辦公廳、中央組織部、中央統戰部、中央調查委員會……等」中共中央委員會下各部門的日常工作業務，因此極為繁忙。

由於習仲勳是在華國鋒政權時，因著葉劍英和胡耀邦的努力才結束了16年的監獄生活，因此習仲勳對胡耀邦說：「我將竭盡全力，做一點力所能及的事來幫忙，在有生之年，力爭能為黨多做一點工作，以不辜負黨中央對我的信任與期望。」而且他還對組織說：「現在，我仍然是這個態度，並且作好了隨時能讓賢的準備。」

然而工作量仍在不斷地增加著。

由於知識青年在文革中被下放到農村，失去了受教育的機會，能夠成為中堅力量的人才並不多，所以年齡大的幹部還必須留下來，堅持在中央最高領導層裡工作。

這種情況在憲法修改委員會裡如實地被反映出來了。

在 1980 年 8 月 30 日開始的第五屆全國人民代表大會第三次會議上，大家一致認為，要重新修訂在文革中被任意更改的憲法。為此還特地成立了憲法修改委員會，由全國人大常委會委員長葉劍英擔任主任，宋慶齡和彭真擔任副主任。當時，習仲勳還只是那個由大會選舉產生出來的憲法修改委員會 103 位代表其中之一。

然而，作為副主任的彭真卻把自己的職責讓給了習仲勳，最終使習仲勳成為「憲法修改委員會主任」，這裡面發生的事情簡直能以「事件」來形容。

習仲勳生於 1913 年，當時已是 68 歲。而生於 1893 年的宋慶齡當時也已 87 歲。她是中華民國的國父孫文的妻子，亦是蔣介石妻子宋美齡的姊姊，早已過了退休年齡，事實上，她在任期第二年的 1981 年就去世了。

1902 年生的彭真當時也已 78 歲，他說這個任務太過繁重，自己無法承擔副主任的職責。而已經 83 歲高齡的全國人大常委會委員長葉劍英（1897 年生）更是表示，要他擔負起這個憲法修改委員會主任的職務，實在是太勉為其難了。

然而委員會的代表共有 103 人，從各個角度來看，應該都不至輪到習仲勳擔負這個職責吧！當時，委員之中還有鄧小平（1904年生）、薄一波（1908年生）、廖承志（1908年生）、王震（1908年生）……等等，比習仲勳年齡大的人很多，此外也有一些像胡耀邦（1915年生）、趙紫陽（1919年生）等比出生在1913年的習仲勳小2、3歲的委員，但胡耀邦是中共中央總書記，趙紫陽又是國務院總理，總不能再給他們添工作了……當然再年輕一些的人也有，可是他們又缺乏經驗，幾乎都是些門外漢。

況且，不管怎麼說，習仲勳都是1954年中華人民共和國憲法起草制定委員會中的一員，在制定新憲法的問題上，他應該是最為適合的領導人了。

因此在1981年召開的第五屆全國人大第四次會議上，習仲勳正式被任命為憲法修改委員會的主任。

在此同時，他又被任命為全國人大法制委員會主任，除了修改憲法的重任外，又被加上了新的任務。習仲勳就像是被命運指定一般，此後要制定的另一部憲法——即「香港基本法」，恐怕也在等著他吧！

㈡ 主張言論自由——習仲勳建議制定《不同意見保護法》並提議從憲法中刪除「國家由中國共産黨領導」的條款

當時和習仲勳接觸過的全國人大代表高錯（1929 年生，時任全國人大民法國家法辦公室副主任，後又成為全國人大法制工作委員會研究室主任），在 2013 年習仲勳誕生 100 周年紀念大會時，介紹了習仲勳生平的日常工作狀況，對此各國新聞機構和雜誌多有報導。為此筆者從他刊載於《21 世紀經濟報導》的文章中擷取部分內容來向讀者介紹。

人大常委會當時開會時都會分成四個小組，一個組大概 20 多個人，兩個月開一次會，一次會議起碼要開 4、5 天，這是「文革」後的大變化。

習仲勳跟有些領導人不一樣。有些領導人只參加大會，不參加小組會議，而習仲勳的特點是不僅每次都參加常委會，就連小組會議也不缺席。他參加的基本上都是第四組會議，即雷潔瓊 (著名社會學家、法學家，第七屆第八屆全國人民代表大會常務委員會副委員長) 擔任組長的那組。我的工作大部分都是在第四組的會議上列席旁聽，因此聽習仲勳講話的機會比較多些。

在參加全國人大常委會和小組會議時，習仲勳不管是休息還是發言時，他從來都不作什麼「指示」。他不像某些領導那樣端高架子。我印象最深的是在小組會議的休息時間裡，他常會端著一杯茶這邊說說那邊聊聊。

因為我在第四小組，所以跟習仲勳一起坐電梯的機會也多。習仲勳坐電梯也有特點。因為人大開完會後要乘電梯下樓，一散場人就比較擁擠。當時電梯還有「司機」，全國人大副委員長級別以上的領導一到，那個「司機」就會開始喊：「請同志們稍微等一等，讓首長們先下去。」

對此，我們一般都會等在外面。然而習仲勳坐電梯時，他常常會說：「來來來，一塊兒下。」把手一「撈」，就把我們大家都「撈」進電梯裡去了，在電梯裡也是「哈哈哈、呵呵呵」地說笑。從坐電梯的樣子就可以看出他的風格跟人家不一樣。有些人架子大，但習仲勳卻非常平易近人，樸素誠懇，沒有領導架子。這是我對他的印象。

我對習仲勳印象最深的就是他曾經多次跟我講「要保護不同意見」的事。

在我們研究民法時，習仲勳也再三跟我們講到了要尊重不同意見、保護不同意見的問題。他還提出曾考慮制定保護不同意見的制度，後來又說要制定不同意見的保護法。這思想非常了不起。這是他的切身體會。因為他當年在西北（肅反）時就曾被抓。他說過：「我們的天下有多少反黨集團啊！我經歷過十幾個、二十幾個，有中央的、地方的，其中絕大部分都只是意見不同、看法不同，結果卻都被搞成了反黨集團。」所以他建議要建立保護不同意見的制度。

然而保護不同意見的制度到底該怎麼辦呢？如果制定了法律，那麼這就等於是言論自由了。言論自由指的顯然就是可以自由地去講述不同的問題意見。保護不同意見就等於解決了這個問題。所以我覺得保護不同意見的含義真是非常了不起的。

高錯講的話還有很多，在這裡再說明一下憲法修改委員會的審議結果。

憲法必須修改的原因是起源於：文革時期的1975年，中華人民共和國憲法變成了「文革憲法」。當時「黨領導一切」的條文在憲法的各個條文中反覆出現。它們無視全國人大會議上決議出的憲法法律，把黨凌駕於法律之上，使毛澤東個人的人治成了法律。

比如「文革憲法」第26條裡寫關於《公民的基本權利和義務》之規定中，提出了首先要「擁護中國共產黨的指導」之內容，這些內容在第2條、13條、15條、16條中也反覆地出現了。1978年的華國鋒時代，對「文革憲法」

稍稍作了些修正，但是「堅持中國共產黨的領導」的這些語言始終沒有消失。

此後在習仲勳修訂的憲法中，作為概念在序文中雖然還是出現了「堅持中國共產黨領導」的語句，但是在其他各項條文中，把此類的言詞全部削除了。

在 1982 年 12 月 4 日閉幕的第五屆全國人大第五次會議上，這個被稱為是「八二憲法」的版本得到了一致同意。習仲勳對文革的厭惡以及他期望制定《保護不同意見法》的想法，在那部「八二憲法」中，多少也得到了一些體現。

● 習近平恢復了其父習仲勳刪除的條款

登載著高錯講話的《21 世紀經濟報導》，在作者寫的文章前面加上了以下的編者的話。

與在南粵創辦特區「殺開一條血路」的壯舉相比，習仲勳 1980 年代在全國人大工作的故事似乎還不為人所知，其實他在立法機構裡的工作經歷，已經非常清楚地表現出其晚年在民主法治的思想。藉由當年一位平凡全國人大幹部的回憶，我們無不意外地捕捉到一串瑰麗的思想火花。關於民主建設、關於開門立法、關於言論自由，習仲勳的見解可以說是穿透了 30 多年的歷史。

這是對於一個「中國共產黨員」應做的禮讚和評價嗎？

筆者反覆閱讀著，情不自禁地把目光凝聚在那些文字上。

這篇報導在 2013 年 10 月 15 日發表在《21 世紀經濟報導》上。

習仲勳的兒子習近平，在 2012 年 11 月被推選成為中共中央總書記，並在 2013 年 3 月獲選為國家主席。在習近平執政期間，可以去讚美那些提倡「言論自由」的人嗎？更何況這人又是他的父親。

或許，正是因為其禮讚的對象是自己的父親，所以才難以下手對作者批判鬥爭。然而深受知識界歡迎的雜誌《炎黃春秋》，就沒那麼幸運了。其編輯人員不僅一次次被批評，雜誌網站也在 2013 年被中國政府關閉。且政府認定，自 2014 年 1 月起到 4 月止，在雜誌上發表的 86 篇文章中，37 篇都違反了政策規定，在 2014 年內採訪撰寫的文章中，90% 都不准發表，使雜誌被迫停刊整頓。2016 年 7 月 17 日，中國政府趁《炎黃春秋》當時的社長因病住院的機會，立即讓政府信任的中國藝術研究院派人到那，並趁機撤換了該社的社長、副社長和總編，還給編輯部派遣了幹部和新的編輯，把原來的內容全部廢除，從而徹底地取得了這本雜誌的主導權。雖然該雜誌的名字仍然為《炎黃春秋》，但已經面目全非，完全是別的東西了。

《炎黃春秋》原本封面的題字是習仲勳在回到中南海工作後題寫的，但是習近平卻把這本由他父親親身題字的雜誌徹底地摧毀了。不僅如此，習仲勳在「八二憲法」中刪除「堅持中國共產黨的領導」的條文，也都被習近平在2018年一一復活了。

這一切意味著什麼呢？

高鍇在2013年曾經多次分別講述了習仲勳為提倡「保護不同意見法」，並特意去考察研究時發生的經過。

> 1984年，習仲勳曾找我們民法室的幾個負責人商量，看能不能制定一個保護不同意見的法規或者制度。對此，我們之中有些同志就提到了在1982年的憲法中已經通過了的法規，即人大代表（在人大會議上）的發言不受法律追究*。習仲勳當時說：「你說的人大代表只是幾個人啊，可是我想適用的對象是全體人民。難道讓老百姓說點不同的意見就不行嗎？如果連這一點都不能受到保護，老百姓就不敢說真話，就無法從講真話就會受到懲罰的那種恐懼中解脫出來。

有人講新刑法中已有規定，若只是揚言尚未行動，就不會被追究刑事責任，但在實際生活中，因言獲罪的事情還是在不斷地發生著。

---

* 筆者註：類似條款亦登載於《全國人大組織法》。

所以習仲勳提倡的「可以大膽去發表不同意見」，並為此制定「不同意見保護法」的構想，不僅非常重要，而且還有著跨時代的意義。

1990年10月30日，習仲勳最後一次參加了全國人大會議，在這次會議上，他又講到了要保護不同意見的想法，並希望大家能認真大膽地發言。然而沒有想到的是，他在第二天卻「突然」地失蹤了，而當時全國人大的會議仍舊在繼續進行中。

「1990年10月30日」究竟發生了什麼？找出那些事情的真相或許就會明白「習近平為什麼會加強言論管制」的真正原因了。對此筆者將在本章的最終來試著分析。

習近平擔任
中央軍委秘書長秘書

● 獲得「現役軍人」頭銜

透過「考察習仲勳和鄧小平之間的矛盾分歧，分析現今習近平的政權」是本書的目的；所以，我們自然也會隨著「和鄧小平多少有些關聯的習近平」逐漸走入政壇，去碰觸與此有關的內容。

正如本書在第五章中所述，習近平 79 年從清華大學畢業後不久就成為軍委秘書長兼國務院副總理（負責外交事務）耿飈的秘書，在他的辦公室任職。耿飈 1981 年 3 月成為國防部長，由於他的職務幾乎覆蓋了中共中央和中國人民政府的全部門，因此作為他的秘書並處理各項雜務的習近平，幾乎能看到和中共中央、中央政府國務院相關的所有資料。

然而事關軍事方面的資料則有所不同。那些資料的存放都上了鎖，鑰匙基本上都是由耿飈本人攜帶著，不能隨意使用。而且除此之外還有一道關卡，那就是非「現役軍人」，是不可接觸軍事資料的。

為此，作為事務官員的習近平很快就獲得了軍銜，雖然只是「副連級」文職幹部，事實上算不上軍力，只是一個和「軍事事務有關的職務」，但是就是這「現役軍人」四個字，成為了在 2007 年黨的第十七屆代表大會中最高領導層的排名上的一種「強而有力的武器」。

當時的中國人民解放軍沒有實行軍銜制，大家的軍服都是綠色的「三塊紅」軍裝。連秘書和首長的軍裝款式也完全一樣，和士兵相比僅僅多了上衣下排的兩個口袋，那年代的人們用「四個兜」去指認軍官和普通士兵。

幹部被認為是需要開會的人，下面的兩個口袋對於幹部來說意義重大。因為，開會時掏出裝在口袋裡的小筆記本記錄，是這兩個口袋最重要的用途。

不過習近平的下兩個口袋基本上派不上用場，很多事情耿飈根本就不許習近平記錄。

機要秘書要有一個好腦子。耿飈要求習近平記下了幾百個電話號碼。

當時的中共中央軍委主席是華國鋒，副主席是鄧小平和葉劍英，負責日常工作的其實就是耿飈的這位秘書長。

成為耿飈的機要秘書，清華大學畢業的習近平必須做到萬無一失才行。

「他有時也會作弊。」《耿飈傳》的作者孔祥琇對記者說。「一些事情如果當時實在無法用腦子記下來，那麼他會在聽完講話後趕緊回辦公室，寫在紙條上，並悄悄地塞進兜裡。」

儘管如此，習近平最終還是得到了查看那些被鎖在櫃子裡的軍事資料資格。由於他得出席所有和軍事活動相關的會議，因此常有將報告材料送到葉劍英和鄧小平那裡去的機會，和在天安門事件後成為最高領導人的江澤民與胡錦濤等人相比，習近平總是會先行一步地見到鄧小平。

就像本書第五章講到的那樣，關於鄧小平初次見到習近平時的說法很多。但有一點是肯定的，當時鄧小平一定清楚地知道：「習仲勳的兒子到耿飈那去工作了。」連帶使鄧小平從此對耿飈變得嚴厲了起來，這也成了最終讓耿飈下台的導火線。

當時耿飈的秘書有3個人，他出訪的時候肯定會按照順序帶著一個秘書同行。耿飈曾經是中國駐瑞典、巴基斯坦、緬甸及阿爾巴尼亞的大使。他當外交官的經歷很長，並常常帶著習近平和外國人接觸，這些經驗為以後成為中國最高領導人的習近平，打下了堅實的基礎。

● 離開耿飈以後的習近平

然而遺憾的是，沒過多久，習近平就要離開那裡了。這個讓他受到成長歷練的地方，發生了一些意想不到的事。

習近平作為耿飈的部屬開始工作時，發生了本書第四章所述，即那場由鄧小平發動的「中越戰爭」（1979年2

月 17 日—1979 年 3 月 16 日）。

當時越南和美國之間發生的「越南戰爭」（1965—1975 年）剛結束，越南舉國勢必處在疲憊的狀態中，但那場戰爭中國並沒有勝利。雖然他們兩國都說自己贏了，並稱是自己結束了戰爭。然而不管怎麼說，中國沒有打贏那場戰爭卻是事實。

因為一直處在文革的狀態中，所以中國軍隊採用的還是毛澤東的人海戰術。雖然參戰士兵眾多，但軍費不足，部隊也缺乏技術革新，所以軍事裝備很落後。

2012 年被選為中共中央總書記和中央軍委主席，並在 2013 年就任國家主席的習近平，一上台後就制定了使中國實現高科技化的「中國製造 2025」國家戰略。在軍民共同努力參與的基礎上，將軍隊建設重心轉移到不增加國防費用也能提高軍事實力的方向上來。從這裡我們可以看到習近平所秉持「我能糾正鄧小平時代之失策」的執著精神。

中越戰爭「沒有獲得勝利」的結果，讓鄧小平實施了「解放軍裁員百萬人」的政策。為此秘書習近平和首長耿飈的上下級關係，也在百萬裁軍大潮中結束了。在耿飈設計的裁軍方案中，有一條是關於裁員機關幹部的條文。

「當時首長身旁有 4 個工作人員，且夫人趙蘭香 2 個月後也要升為副軍級，此外，他的兩位秘書資格也很老，只有習近平是最年輕的秘書。」孔祥琇說：「為此習近平非常理解首長的難處，所以他表現得很主動。」

在裁軍大潮實行以前，軍組織內部又提出要減輕「冗員」的通知。由於耿飈是執行裁軍計劃的負責人，為此他必須先從身邊的人員入手。

耿飈有 3 個秘書，其中兩位是老資格，只有習近平一人是年輕的，和其他人的年齡有著差距。當時耿飈的夫人也兼任著秘書的職務，但她馬上就要升職，因此要裁員的話，首當其衝的人選當然就是習近平了。只是，沒等耿飈開口，習近平就主動請辭了。本書下一章會引用相關的採訪內容。

也許歷史總會重演……習仲勳在 1962 年突然被剝奪了國務院副總理的職位，一下子變成了政治犯，還被關進監獄，這樣的例子在中國共產黨內隨時都會出現。現在耿飈仍是國務院副總理，但這種身份隨時都會發生變化，不知道什麼時候會突然就掉入谷底，為此必須根據自己的經驗，充分地去認識才行。

那麼，究竟應該怎麼做呢？

那就是，在自己掌握權力之前，與權力離得遠遠的。

也就是從耿飈的身邊離開。

習仲勳忠告習近平拋下離權力太近的秘書位置。他把自己反覆積累下來的經驗——即鄧小平健在時絕不露臉。

將自己稀釋到地方上的經驗，告訴了自己的兒子。這應該是習近平的生存之路。對此習仲勳一邊和葉劍英商量，一邊尋找著方向。

雖然花了不少時間，但去向還是定下來了。1982 年 3 月，習近平作為河北省正定縣的副書記，前去那裡赴任。因為，他爸爸習仲勳有位老朋友在那。

這是一個關鍵時刻突然出現的機會。它帶給了習近平幸運。

在 1981 年 6 月 27 日至 29 日召開的黨第十一屆代表大會第六次全會上，華國鋒的所有職務都被剝奪了。在這次會議上，鄧小平成功地得到他一直嚮往的中央軍委主席寶座，還把耿飈的所有的職務給剝奪了。

這個過程列舉如下：

◎ 中共中央軍委常委兼秘書長，
　在 1981 年 7 月被剝奪。
◎ 國務院副總理，在 1982 年 5 月被剝奪。
◎ 國防部部長，在 1982 年 12 月被剝奪。

鄧小平把上記軍隊關係中最為重要有著實權的「軍委常委兼秘書長」位子，交給了自己隸屬的部下楊尚昆。

這個楊尚昆就是筆者在上一章中提到在 1981 年派到

廣東省，在習仲勳下面擔任廣東省委第二書記的人。筆者將在這裡對這個人事調動作出解釋。

楊尚昆作為第二書記被派到廣東省去，成為習仲勳的部下一事，有著他的背景。對此我們自然無法否定，那有可能是鄧小平想讓楊尚昆成為一個「密偵」，到習仲勳那裡去刺探情報的打算。相關人士甚至還認為，鄧小平是想讓楊尚昆打聽習仲勳建立的「深圳經濟特區」，成功邁出改革開放第一步的真實情況與設想，並向他報告，企圖把這個功績貼到自己臉上。因為此後，在習仲勳被調回北京中南海的同時，他也把「已完成任務」的楊尚昆調回了中央。

鄧小平在習仲勳執政廣東創建「深圳經濟特區」期間，從未到過廣東，卻在1984年習仲勳離開廣東以後，立即到深圳去視察。

這是一種機關算盡的權勢欲膨脹，也是對習仲勳的侮辱，對此習近平應該不會忘記吧！

這種對鄧小平刻骨銘心的怨恨，在2020年9月9日，習近平政權舉行楊尚昆弟弟楊白冰誕辰100周年的紀念大會上充滿複雜情愫的賀詞中，就能看得出來。（主持這次會議的是中共七常委中的趙樂際。）

因為鄧小平曾以一種「無法言說的罪名」，治罪於企圖謀反顛覆江澤民政權的楊尚昆和楊白冰這兩個將軍，把已經成為國家主席，並且掌握了軍隊的楊兄弟職務全數剝奪；這個事件就像是描寫中國北宋時期楊姓家族的奮起和最終導致悲劇的歷史小說《楊家將》一樣，被人們稱作是《楊家將》事件。

楊尚昆從 1950 年起一直是鄧小平一派的好友。鄧小平在1956年9月召開的黨第八屆一中全會上打倒了高崗，成為中央書記處總書記，楊尚昆也因此作為候補書記進入書記處，輔佐鄧小平工作。從那之後鄧小平開始器重楊尚昆。特別是在 1970 年代末到 80 年代時，鄧小平最為信賴的應該就是楊尚昆了。

後文即將敘述到的天安門事件後，因鄧小平不願將軍權交給新任中共中央總書記江澤民，所以特意把軍隊交給了楊尚昆，但是當他聽到據說是江澤民講的「楊氏兄弟企圖顛覆政權」之流言後，立即把楊氏兄弟趕下了台。

在此事件得益的是江澤民。那時，江澤民立刻趁此機會把徐才厚等人弄到軍隊的領導層，讓政權變成一個巨大的利益集團，使腐敗在全中國蔓延。

這個結果是鄧小平利用手中權力，一而再再而三地打倒了「真正為國家利益著想的偉人」所獲得的「結果」。因此很多人認為，紀念楊白冰誕生 100 周年紀念大會上的致辭，實際上是在討伐江澤民時期的政策，雖然那不是一種直接的對抗，但廣義來說，它已顯示出對於鄧小平權勢欲望的批判正在擴散開來。

㊃ 《告台灣同胞書》和香港回歸中國的談判的開始——是誰提出了「一國兩制」和「特別行政區」的概念？

● 他從毛澤東時代開始就執著於台灣了

我們再把時間退回到1979年的1月1日，中美兩國實現國家正常化的時代。當時，全國人大常委會發表了《告台灣同胞書》。

這篇充滿著情感的文章是由當時的《人民日報》國際新聞部副主任譚文端寫的，他的文風模仿了1958年發表的《告台灣同胞書》。那篇充滿著情感的文章的起草者正是充滿著文才的毛澤東本人。

最初的《告台灣同胞書》發表在1950年的2月28日，是在中華人民共和國誕生時以民主聯合政府中「台灣民主自治同盟」的名義發表的。它應受到了毛澤東的審閱。這篇文章以「親愛的台灣同胞啊」為開頭，是一篇文字優美的文章。

第二次的《告台灣同胞書》發表在1958年10月6日，它由毛澤東親筆書寫，以彭德懷的名義去發表的。文章也是以「親愛的台灣同胞啊」為始，非常打動人心。

這也是向包括金門在內的台灣當局呼籲，希望兩岸之間盡快停止越演越烈的炮擊戰。當時大陸每天都向屬於「中華民國」的金門島發射 3 萬發以上的砲彈。可是儘管如此，《告台灣同胞書》裡還是用那種充滿著情感的「我們都是中國人，同胞啊、兄弟啊……」等語言去呼喊，這是毛澤東在國共內戰中慣用的欺騙手法，但那時，此一手段在蔣介石面前已經行不通了。

第三次的《告台灣同胞書》於 1958 年 10 月 25 日發表，第四次則是 1958 年的 11 月 1 日（但是那次未正式公開發表）。1979 年 1 月 1 日的《告台灣同胞書》是第五次。第五次和歷來一樣，在公開發表文章之外，還以中國國防部的名義，由中華人民共和國國防部徐向前部長出面，為結束自 1958 年就開始的金門砲戰向台灣喊話。

無論如何，這些都是中國共產黨為了統一台灣而進行的宣傳手段，但此次的特徵，則是為了要加強兩岸的經濟交流。

蔣介石去世以後（1975 年），他的長子蔣經國繼承了他的衣缽。蔣經國和鄧小平（1926—1927 年）是在莫斯科中山大學留學時一同學習的同學，為此鄧小平一直期望能在自己手上解決統一台灣的問題。

由於美國政府採取了和「中華民國」斷交，選擇「中華人民共和國」，並讓「中華人民共和國」作為「中國」的代表進入聯合國（1971 年 10 月 25 日），還背著蔣經國簽署了中美兩國關係正常化的協議。這些對於蔣經國來說是無法接受的，為此台灣當局根本不會去理睬北京的呼喚。

1979年1月1日，廖承志再次呼籲「期待國共之間進行第三次合作」，而且還想訪問台灣；但蔣經國拒絕了，如同筆者的拙作《毛澤東勾結日軍的真相：來自日諜的回憶與檔案》中寫到的那樣，廖承志本就是那個和日本外務省管轄的「巖井公館」聯手，並在香港設立共產黨間諜總部的領導人。他也是那個和「巖井公館」的領導巖井英一具體接觸的中共間諜潘漢年的上司。

廖承志在日本很有名。他長相貌似日本人，並能講一口流利的日語。和另外一位同樣領導對日本交涉的間諜頭目周恩來一樣，是倖存下來的中共領導人之一。據說毛澤東對廖承志的日語能力有著極高的評價。

在國共合作抗日時期，他們趁機把蔣介石國民黨的軍事情報弄到手，再轉手高價賣給日本軍方，對從事這種漢奸買賣的男人出面去呼籲什麼「第三次國共合作」，台灣國民黨怎麼會相信呢？

1981年9月30日、以全國人大常委會委員長葉劍英名義發表了《關於台灣和平統一的九項方針政策》。這個被稱作是《葉九條》的方針，提示著台灣可以保留「現有的社會制度和經濟體制以及政治領導人，並享有高度的自治」。這就是要兩岸同步認可的「一個中國」原則，也就是「一國兩制」。

《葉九條》裡還提出了「台灣可以保留自己的軍隊」，以及台灣可以成為中國「特別行政區」的方案。這些條文裡面除了可以保留自己的軍隊這一條以外，其他的內容和香港澳門的回歸條件基本上是一樣的。

這種「一國兩制」的概念，是毛澤東在1956年4月提出的「和為貴」及「愛國一家」概念的台灣版。毫無疑問，《葉九條》也和《告台灣同胞書》一樣，都是承毛澤東指示所制定的內容。

從1954年到1955年，第一次台灣海峽危機發生了，上述的國共兩軍砲擊金門島正是那次危機的產物。因為1954年12月，美國和台灣之間締結了《中美共同防禦條約》，從那之後，毛澤東採取了各種手段去進行報復。

1979年到1980年，美國開始根據在和「中華民國」斷交時制定的《台灣關係法》，展開對台軍售。

「別跟美國聯繫，要和祖國一起」的對台宣傳，從50年代起一直到現在都在持續著，它並不是北京政府突然推出的「和平行動」。

《葉九條》中所寫的那個「特別行政區」概念也列入了《八二憲法》，比如裡面第31條上寫著「國家在必要時可設立特別行政區。在特別行政區內實行的制度，可以根據具體的情況制定，並由全國人民代表大會根據法律決定」。

在這裡不特意去指定「特別行政區」的區域，是因為考慮到這個「特別行政區」不僅適用於香港和澳門，而且還適用於台灣。

關於「特別行政區」的概念，就像本書在第五章中所述，跟「經濟特區」一樣，都是習仲勳在香港澳門視察時提出來的。

現在，不管是「經濟特區」還是「一國兩制」，以及「特別行政區」等概念，都成了是鄧小平創造出來的東西。那種「鄧小平神話」正被大肆宣揚著。這完全是種有目的的操作，離真實情況相差得實在太遠。

總之，中國共產黨的對台灣的呼喚被蔣經國斷然拒絕了，因此中國只能把方向轉到香港和澳門的回歸問題上去。

● 就香港回歸祖國問題和英國交鋒

1978年4月還是華國鋒當政時，中國政府針對香港澳門的回歸問題，特別設立了「香港澳門辦公室」，由廖承志擔任該部門的負責人。

香港問題的出現是在1979年3月香港總督麥理浩（Crawford Murray MacLehose）訪問中國時。當時麥理浩對北京表示，期望在99年期滿後的1997年，英國能續租香港的「新界」地區。

這個問題雖然眾所周知，但筆者還是想就英國對香港的殖民政策以及租借問題去作個簡單的說明。

1840 年，英國和清王朝間進行了「鴉片戰爭」，戰爭於 1842 年清朝慘敗而結束。此後，清朝在和英國簽署的《南京條約》中同意將香港島永遠地割讓給英國政府。隨後，又由於 1856 年發生的「亞羅號事件」中落敗，清朝不得不簽署了《天津條約》（1858 年）和《北京條約》（1859 年），使九龍半島也落到了英國人的手中。

英國政府在推行殖民政策的過程中發現，其他的歐美列強也相繼準備向中國索討殖民地，為此英國政府又趁機向清朝提出了額外的要求，並在 1898 年 7 月 1 日和滿清政府締結了《展拓香港界址專條》，租借了九龍以北、深圳河以南的「新界地區」，租借期限為 99 年。

英國政府提出租借而非永久割讓的原因，是因考慮到其他列強諸國在中國推行的殖民地化政策，其目的是不想因自己過度地獲利而遭到其他國家批判。1912 年，清朝崩解，「中華民國」誕生，但這個租借協議仍然被沿續下來了。

麥理浩此次到北京，是想和中國政府探討這個「新界」問題。

由於事發突然，中國外交部根本措手不及，為此，中共中央只能回應「中國將來一定會收回香港」這樣籠統的答覆。

本來，毛澤東在新中國誕生前的1949年4月，作出了「現今中國尚未準備好奪回香港」的戰略方針。因為當時國民黨還仰賴著美國勢力，讓香港居中在英國政府的統治下，能使中國和英國有共同的利害關係。

毛澤東覺得這對中國是有利的。特別是在朝鮮戰爭爆發以後，因遭到美國的包圍封鎖，毛澤東更感受到維持「將香港寄存在英國手中」的戰略重要性。對此英國也認為，透過香港的存在，能顯示大英帝國從過去向來維持的遠東榮光，因此他們也覺得，沒有必要在第二次世界大戰後的世界格局中，再去參與美國對中的圍城。

這也是現今的英國對中政策，特別是脫離了歐盟之後的英國，他們期望在「一國兩制」的期限在2047年到來之前，香港在某種程度上能成為一個對付美國的據點。

1979年3月，麥理浩突然訪中談到「新界」續租問題，乃因當時美國已放棄對中國的包圍，並於1979年1月1日正式和中國簽署了《美中關係正常化》協議文書。

從這個意義上來看，華國鋒政權在1978年4月設立「香港澳門辦公室」是非常及時的，雖然那是廖承志所提出，但不得不說，是件重大的事。

另外，在第二次世界大戰後，已完全被美國超越，昔日的榮光正在逐漸墜落的英國，由於「鐵娘子」柴契爾夫人（Margaret Hilda Thatcher）於 1979 年 5 月上台，產生了根本性的變化。

1982 年 3 月 19 日，阿根廷政府不僅讓自己的海軍艦艇停靠在英國管制下的福克蘭群島（Falkland Islands，西語又譯：馬爾維納斯群島），還讓他們在英國殖民地群島中的南喬治亞島上岸，無視英國政府的反對；為此柴契爾首相決定，立即派遣核子動力潛艦前往，英國軍隊於 4 月 25 日抵達南喬治亞島強行登陸，奪回了該島。阿根廷軍隊雖有抵抗，但是戰局卻朝有利於英軍的方向發展。6 月 14 日，英國軍隊在福克蘭戰役中完勝，阿根廷軍隊投降，結束了這場戰爭。

筆者接著將敘述柴契爾首相就「香港回歸中國問題」和中國鄧小平的會談，就是在那之後發生的。

由於英國海軍在福克蘭戰爭的勝利，柴契爾首相在英國的支持率上升到 73%，這個「鐵娘子」在那年 9 月 22 日，披著一頭美麗的金髮，本著新界地區在 1999 年後續租被拒，但香港島和九龍半島的永久割讓問題，以及至今為止締結的條約不管何時都沒得商量的原則，堂堂地來到北京。

決定命運的日子是 9 月 24 日，柴契爾首相在北京人民大會堂的福建廳和鄧小平進行了會談。

沒想到鄧小平開門見山：「我們今天的會面談的不是哪

個該還、哪個不該還，而是該用什麼方式歸還。」緊接著鄧小平語帶威脅：「當然，如果我們用別的方法，在1997年前就收回香港，也不是不可能的。」

鄧小平的那種沒有完全沒商量餘地的強硬態度壓倒了一切，使得甫走出會議廳的柴契爾夫人，在人民大會堂台階上一腳踩空摔倒在地，這個像是跪著的畫面在全球放送，使香港的股票瞬間暴跌。

在會談中，鄧小平提到了中越戰爭，暗示著同樣的事情即使對英國也可能發生。現在的美國已站在中國這邊，中國人民解放軍在裁員前就有400萬人，與此相比，英國雖然取得了福克蘭戰爭的勝利，但是也損失了好幾艄軍艦與人員傷亡，因此英國是不可能為了香港和中國開戰的。

鄧小平拋給柴契爾的話是：「香港不是馬爾納那斯（福克蘭群島），中國也不是阿根廷。」那股氣勢自然勝過了柴契爾。

因此，鄧小平和柴契爾首相的第一次會見，瞬間就成了最後一次的告別會談。

唯一做出了決定的大概就是「一國兩制」和「維持現況50年時間不變」這樣的結論了。

原本英國方面想盡可能地延長殖民時間（比如說維持100年），中國則希望盡可能早讓香港返回中國手上。因為中國最初提出了10年或15年的數字，但遭到了英國的激烈反對。為此鄧小平把時間增加到了30年，但英國代表互相看一眼，不置可否，待將時間增加至50年，就一起站起來鼓掌喝采了。

就像是中國過去一直盛行的買東西時討價還價一樣，這個時間得到了雙方的認可，鄧小平真不愧是位買賣老練的客家人啊！

鄧小平和柴契爾會談後，中英兩國外交部門又針對此事進行了22次的磋商，終於在1984年12月19日簽署了關於香港問題的中英共同聲明，並為之公布發表。

就這樣，香港和澳門特別行政區，進入了制定《中華人民共和國香港特別行政區基本法》的流程。

㊄ 普通法（英美法律體系）和習仲勳

● 習近平對香港強硬的理由

一國兩制即是在一個中國的前提下，「中國大陸實行社會主義，香港實行資本主義」。這個「兩制」雖然有各種規定，但絕不是保證香港有自由和民主。同意「香港的高度自治」最多也只是在香港實行 1992 年發布的《中華人民共和國香港特別行政區基本法》而已。

制定這個基本法的最大的問題是：如何制定「依法辦事」的制度。

在英國統治之下，香港最高法院定下的判決，最終還是要上訴到英國的樞密院，由此可見，在香港，英國的法治是絕對的，這個根據源自於英美法律體系。

現在這個「英美法律體系」不僅在英國本土（蘇格蘭以外）實施，很多英語圈國家和英聯邦的各個國家法律體系，都是根據這個基礎去構成的。現在的美國除了路易斯安那州（原屬於法國領土）和波多黎各（原來屬於西班牙領土）之外，還是實行「英美法律體系」。加拿大除了法國統治的魁北克省外，執行的也是英美法律體系，原來的英國殖民地澳洲和紐西蘭也完全一樣。

這些實行著「英美法律體系」的國家，即使現在也還是互相關連著的。

香港在回歸中國之後，是否還繼續執行「英美法律體系」，是決定香港命運的最大課題。況且當時中國剛剛結束文革，對於在那個時間點要回歸中國的香港市民來說，當然是不安的。

在鄧小平和柴契爾首相經過會談，中英共同聲明還沒有簽署的 1983 年 5 月 3 日，香港知識界的代表共 12 人成立了「青年訪中團」，在《新華社》的安排下受到了北京的邀請。「青年訪中團」去了中南海，在那裡會見他們的正是擔任中共中央書記處書記的習仲勳。

那時習仲勳不僅擔任了制定《八二憲法》的憲法修改委員會主任，還是全國人大法制委員會的主任。

特別行政區由全國人大管轄，《八二憲法》中記錄著這一點。因此，和習仲勳商談有關香港特別行政區的法律體系問題，是非常合適的選擇。

就像筆者在第五章中所述，習仲勳在訪問香港時曾經說過：「香港的法制體系非常了不起。」因此，他當然會去關注一直禮讚且在香港實行的「英美法律體系」。

這個 12 人的青年訪中團是由活躍在香港第一線的律師、政治家以及企業家等人士組成，其中有位名叫李柱銘的律師，他在此後的回憶錄中提道：「在會談中談到的關於特別行政區（包括法制體系）制度的構築，在當時基本上已經成形了。」

李柱銘在返回香港之後會見了新華社香港分社的李菊生，談到了英美法律體系的問題。

那個李菊生就是本書第五章中提到，接待習仲勳在1979年12月6日訪問香港時的人物。他當時是《新華社》副社長。是他們安排了12人的青年訪中團。因為李菊生知道，習仲勳在廣東省時為和香港進行貿易使盡了渾身解數，且當時習仲勳身兼法制委員會主任，是最適合青年訪中團前去會談的人物。

新華社香港分社就像是北京政府設在香港的「大使館」。對於北京來說，在作為中國領土的香港去設立「大使館」，顯然是不合宜的，所以《新華社香港分社》成了北京政府的外交窗口，尤其是在進行香港回歸交涉的時候。

鄧小平在1983年4月指定原江蘇省委書記許家屯為新華社香港分社社長。在那年2月的春節，鄧小平到江蘇省外遊時，就是由許家屯來為他做導遊的。鄧小平對「江蘇省的GDP成為中國第一，超越上海市」的原因非常關注。許家屯說他對華國鋒提倡的「洋躍進」有共鳴，並按照這個方針實施，從而受到江蘇省保守派老幹部們的批判，造成他江蘇省委書記的職務也被剝奪的經過原原本本地向鄧小平訴說了一遍。

鄧小平對許家屯實行的政策和取得的成績非常滿意，決定要提拔他。(《許家屯香港回憶錄》) 鄧小平一邊把華國鋒推行的「洋躍進」和「經濟改革的冒進」等經濟政策定罪，將華國鋒搞下台，但實際上卻想把華國鋒的功績變成「自己的東西」。因此，許家屯的話正是一種最好的佐證。

胡耀邦根據鄧小平的指示提拔了許家屯，讓他作為中國政府駐香港的代表。總之，新華社香港分社在香港回歸中國時成了中國政府的在香港的外交窗口。

為此，新華社香港分社迅速地安排了青年訪中團的北京訪問。李菊生是這次交流活動的負責人。

包括李柱銘在內的青年訪中團結束訪問回到香港後，立即到新華社香港分社匯報，新華社也舉行了盛大的宴會歡迎青年訪中團的歸來。毛澤東曾經講過：「革命不是請客吃飯。」但新華社香港分社社長許家屯則反其道而行之，說：「革命就是請客吃飯。」他認為這是說服香港實業家的戰術和手段。雖然這只是種揶揄的說法，但新華社香港分社不斷重覆著的「宴會」，把毛澤東那句話中的「不」字換成了「就」字，這一字之別，卻把所有的意思都給表現出來了。當時對這種吃飯的形式評價很好，為此，新華社因為要和香港的豪紳吃飯，還從中國政府那裡獲得了特別的經費。

李杜銘參加了宴會以後和李菊生進行了會談，他不僅報告了和習仲勳談到的關於英美法律體系的事，還和他一起議論了「香港回歸中國以後香港應該實行的司法制度」等等。

根據李杜銘的回憶所述，席間他與時任副社長的李菊生提到了終審法院的問題。在 1997 年以前，香港法庭的申訴最終要送往英國倫敦的樞密院，這已成為一種慣例。但香港回歸以後，香港特別行政區的最終判決不可能再送到那裡，為此李杜銘向李菊生提出，要保持香港在 97 年之後的穩定，香港的司法制度一定要給予外國投資者信心，因此有必要聘用香港本地的律師，其目的是要讓投資者相信，日後在香港遇到任何法律問題，法庭都會如英國樞密院的法官一樣中立公正。

李菊生也認為中國司法制度做不到這一點，想傾聽李杜銘的意見。於是李杜銘便提議將終審法院設在香港，用香港的律師，按香港的案例判案。他更進一步提出，部份終審法院的大法官還可以從其他普通法地區邀請過來，這樣做還能減弱昔日英國在香港的影響。

李菊生認為這是好主意。

這些提議，就像是特意在給習仲勳出主意一樣。只是這部分的資料沒有能夠找到。不過這確實給習仲勳帶來了啟發。

安排習仲勳會見香港青年訪中團的李菊生，在聽了青年訪中團的匯報及和李柱銘進行的討論後，肯定會把這些內容報告給習仲勳的。

對於中國來說，香港回歸的最大魅力就是——香港是一個金融中心，這裡面有多少讓他們眩暈著迷的東西啊！李菊生是非常了解習仲勳在廣東的經歷的，對此筆者確信李菊生必然會向習仲勳匯報，否則就有怠慢公務之嫌了。

根據《許家屯香港回憶錄》中講述的內容，李菊生和許家屯之間的關係不好，和進步民主的許家屯相比，李菊生相對保守。但是他們兩人都和習仲勳會面並進行匯報，如果他們不向擔任法制局領導人的習仲勳去匯報，那就顯得奇怪了。

因為李柱銘也好、許家屯也好，都成為基本法起草委員會的委員，因此那個英美法律體系的有關內容也成了他們共有的信息，此後它在中英共同聲明和基本法中也得到了表現。

在《中英共同聲明》附件 1 的第 3 部，以及在 1990 年 4 月發表的基本法第 82 條和 92 條裡那條關於在香港的司法體系中任命外國籍法官的規定中，都明確地記下了這些內容。

在第 82 條中，規定了香港特別行政區的終審權屬於香港特別行政區終審法院。終審法院可根據需要去聘請正在實行普通法地區的外國籍法官來參加香港的審判。

第92條也明確規定，香港特別行政區的法官和其他司法人員，應根據其本人的司法和專業去選用，並可以從其他正在實施普通法的地區中去聘用。

香港特別行政區終審法院，和高等法院的首席法官，應該由在外國沒有居留權的香港特別行政區的永住居民去擔任。

正因為這個原因，才出現了習近平政權在2020年6月制定香港國安法時，香港的最高法院的17位法官中，有15位是外國籍法官的現象。

筆者在最後的一章會講到香港在2003年以後，反覆出現追求民主化抗議遊行的問題。在這些遊行集會中，香港民主化運動的領袖人物常常會被逮捕，但由於他們是被有著西方民主國家價值觀的法院法官判決，因此在經受1個月或3個月的刑期之後馬上就被釋放了。那些人就像是稍稍進行了一次旅行一般，帶著明亮的表情走出了監獄。為此，他們當然不會結束自己參與民主活動的行為。

正因如此，習近平才下定決心，無論如何也要糾正父親習仲勳容許下所造成的那種法制體系缺失。2019年，他要求香港政府發表《逃犯條例修正案》。對此筆者認為，這是他想自己親手糾正父親留下之「負面遺產」的一種表現。

另外那個曾經和習仲勳見過面的李柱銘，在接下來要講的六四天安門事件中，辭去了基本法起草委員會委員一職，成為被稱之為「香港民主之父」，引導香港民主化活動的大人物。此外，被鄧小平提拔的許家屯在天安門事件後，因厭惡中國社會的非民主性而亡命美國。

㊅　胡耀邦的下台和六四天安門事件——鄧小平讓趙紫陽也下台了

●　鄧小平與陳雲的衝突

1989年6月4日，發生了追求中國民主化的年輕人群聚在天安門廣場遭武力鎮壓。

被日本稱之為「天安門事件」的運動一共有兩起。1976年發生的是第一次天安門事件，而發生在1989年6月4日的則被稱作是「第二次天安門事件」，一般都把它稱作是「六四事件」。本來把它們稱為什麼都是沒關係的，但因為它們常常會被當權者在歷史上抹去，所以記下那些稱呼就成了重要的事，況且在中國現在的網路上，搜索這些事件都已經變得非常困難了。

因為下命令進行武裝鎮壓的人是鄧小平。

關於天安門事件，坊間已經有很多資料，本書不再對此詳述，筆者想追溯的是——鄧小平是如何去將胡耀邦與趙紫陽搞下台？並想透過考察這樣的舞台背後隱藏著什麼內幕，把鄧小平這個人及中國共產黨一黨專政的真實樣貌描繪出來。

胡耀邦和趙紫陽是鄧小平打倒了華國鋒後所說，「只要有這兩個人在，天塌下來也不可怕」，再三讚賞的人物。鄧小平將兩人視為傀儡操弄，既可讓他們當總書記和國務院總理，又能根據自己的意志讓他們下台。對此我們不得不說，鄧小平體制簡直比毛澤東還要獨裁。趙紫陽甚至說過：「鄧小平說的話就是老天的聲音，任誰都無法違背。」

對於這個舞台背後所隱藏的事實認證，筆者主要根據趙紫陽自己錄製的錄音帶及由此整理而成的書籍《改革歷程》（香港，新世紀出版社 2009 年出版）及採訪趙紫陽的原新華社記者楊繼繩先生所撰《中國改革年代的政治鬥爭》（香港，Excellent Culture Press，2004 年），以及胡耀邦的秘書阮銘（1988 年逃亡美國）在雜誌上連載發表的《鄧小平帝國三十年》（台灣，玉山社，2009 年）或者李銳所說的《李銳口述往事》等作品。

趙紫陽在 2005 年去世。自從在 1989 年 6 月開始被軟禁在家後，他誰都沒說，一個人秘密地把天安門事件前後鄧小平的行動及鄧小平如何操弄將他與胡耀邦搞下台的真相，通過錄音帶錄音（60 分鐘一卷，共 30 卷）全部錄下來了。這是趙紫陽親自透過口述發表的證詞，其可信度自然不用懷疑，但作為總書記的他，於在位期間被中共元老拋棄，不清不楚地就被軟禁起來，這中間究竟發生了什麼？真相不明的部分很多，然而透過周邊人等的回憶、以經驗判斷與第一手資料的補充，我們卻意外地觸及到事情的真相。

接下來，筆者將根據自己追蹤得來的內情，以自己的視角，在本書中進行推理、解釋。

胡耀邦在 1989 年 4 月 15 日的突然去世所引起的追悼活動和抗議遊行，是天安門事件的起因。

鄧小平在 1987 年 1 月 16 日把胡耀邦搞下台的陰謀活動，是把胡耀邦逼上死路的根本原因。在 1989 年 4 月 8 日的政治局會議上，胡耀邦突然引發了心肌梗塞，一度有過好轉，但仍因病情惡化，在4月15日逝世。他的死因是「憤怒而死」，對此人們將之怪罪於鄧小平，從此引爆了怒火。

到底為什麼，鄧小平要讓受到群眾讚譽的胡耀邦下台呢？

其中一個重要的原因就是鄧小平與陳雲的對立。

鄧小平和陳雲勾結，一起打倒了高崗和華國鋒。這些事情雖能給陳雲帶來直接的利益，然而他倆理念並不相同，純粹是利益把他們倆捆綁在一起的。

當年，為了取得共產國際的支持，陳雲在長征途中舉行的遵義會議後，去了上海共產國際分部。因為上海是國民黨的老巢，去那有巨大的風險，因此陳雲乘坐了直接開往海參威的貨輪。

他從那裡到達莫斯科，向共產國際總部報告了中國共產黨的困境和毛澤東在黨內被選為領導人之事。當時，他若能在辦完事後馬上回中國，結果也許就會不同。但陳雲卻在莫斯科滯留了兩年，還和王明、康生等親密往來。兩年後他雖然返國，卻也失去了毛澤東的信任。

然而，陳雲卻在莫斯科接觸到了真正的馬列主義，並學習了關於社會主義國家的理論，以及在社會主義體制中如何實施關於經濟建設的「五年計劃」等，並將所學運用在國內的經濟建設上。新中國誕生後，陳雲勾結鄧小平打倒了高崗，原因是他非常反感在經濟上一竅不通的高崗，卻制定了中國經濟建設的五年計劃，還擔任了國家計劃委員會主任。

高崗自殺之後，以陳雲為中心的班子制定了新中國最初的五年計劃。他為自己的成功感到自負，從那時起毛澤東對陳雲的評價也提高了。這當然和鄧小平講的改革開放市場經濟不同，但他卻堅信，中國應該實行計劃經濟，因此也成為中國的「反改革派」，也就是「保守派」代表人物。

其實鄧小平和陳雲的分歧由來已久。

就像在第四章中所述，在1978年10月12日黨第十屆代表大會第三中全體會議召開前的政治工作會議上，陳雲連續提出了6個問題，其中第六個問題雖然是針對康生，但內容卻是對鄧小平的批判。康生在建國之初，因健康狀態不佳一直住在山東，去北京時的各項事務都委由大權在握的鄧小平幫忙處理。毛澤東知道康生和王明都是一夥的，卻沒去清算他們。因為是康生將來自上海，年輕貌美的女演員江青帶到延安，並介紹給毛澤東成了妻子，對此毛澤東非常感謝，也因此開始重用康生。深明其此理的鄧小平巧妙地利用康生，以小說《劉志丹》的問題追剿習仲勳，並獲得成功。因此當康生在 1975 年去世時，鄧小平擔任了康生追悼儀式的委員長，並將至今所有去世共產黨員的追悼桂冠統統都戴在了康生頭上。

然而，陳雲卻對此卻堅決反對。因為康生在文革時期，將很多共產黨幹部打入監獄，陳雲自己也因康生密告被剝奪職務。因此，他在自己提出的第六個問題上強調「必須開除康生的黨籍」。由於鄧小平事先對他提出的六個問題內容並不知情，因此在準備發言之前，不得不急急忙忙地讓秘書去修改發言稿。

鄧小平就此和陳雲產生了隔閡。但因兩個人都是毛澤東去世後代表中國的元老。他們之間的矛盾絕不能外顯，否則就很可能影響中國共產黨一黨專政的體制，對此他們兩人自然是明白的。

因此，站在陳雲這一邊的保守派元老例如：王震、薄一波、李先念等人，雖不責備鄧小平，但為表示自己的立場，卻將批判的對象朝向了站在鄧小平一側的改革派，特別是掌握實權的胡耀邦和趙紫陽身上。

陳雲也是一樣。他本想批判鄧小平的，但卻指桑罵槐地把批判的矛頭對準了胡耀邦和趙紫陽。

鄧小平想對陳雲表達不滿時，也會將心裡話講給站在陳雲那邊的元老們聽，並確信他們一定會向陳雲傳達。因此，當時的中國領導層被分成了改革派和保守派，而鄧小平則在這場危險的政治遊戲中，一邊保持著平衡，一邊維持著自己的權威。

● 唯一反對批判胡耀邦的人是習仲勳

胡耀邦首先成了保守派們攻擊的目標，這是因為鄧小平本身也對胡耀邦有著不滿。比如說改革開放政策實施過度，使中國的年輕人和知識分子開始崇拜西方文化。鄧小平把它稱作是「精神污染」，並在 1983 年發動「反精神污染運動」。但胡耀邦對此卻反應消極。然而，在不知不覺中這個反精神污染運動又變成了「反資產階級自由化運動」，對此，香港和西方國家對中國是否真心願意改革產生了懷疑，這又讓鄧小平感到憤怒。此時社會上進步的知識分子和年輕人卻對鄧小平產生了不滿，認為這是一種倒退，根本是復辟文革。

到了 1986 年 12 月，不僅僅是北京，就連上海和其他地方城市都出現了由學生發起的抗議遊行。知道了此事的鄧小平既恐懼又憤怒，認定這些事起因都來自於胡耀邦的軟弱，因而開始激烈地批判胡耀邦。

除此以外，還有一些讓鄧小平感到憤怒的事。

胡耀邦曾經接受了香港媒體《百姓》的記者採訪。那個名叫陸鏗的記者問胡耀邦說：「難道你不希望鄧小平早點退休嗎？」對於他提出的這個問題，胡耀邦含糊的應付著，也沒有顯示出什麼憤怒情緒。

然而那個記者又追問：「你怎不趁鄧老爺子還在世時，把軍委主席的位子拿來自己當呢？若不是這樣，將來軍方的頭頭要是反對你，你能控制住那個局面嗎？」

對此胡耀邦回答說：「我沒有考慮過這個問題。」

對於那個記者的提問，胡耀邦雖然明確地否定了，但卻沒有禁止那些談話內容發表，以致於使讀了這篇報導的鄧小平惱羞成怒，並下定了決心，表示「絕不能讓事態再發展下去了」（來自趙紫陽的錄音帶）。

鄧小平馬上把胡耀邦以外的 5 個最高領導層（薄一波、楊尚昆、萬里、胡啟立、趙紫陽）叫到自己的家裡，秘密地商量如何讓胡耀邦下台的事情。

那是發生在 1987 年 1 月 7 日的事。當時趙紫陽也在。由此可以推斷，那時鄧小平還沒打算讓趙紫陽下台。

● 鄧小平的聲音是「老天的聲音」

趙紫陽明白，如果當時他出面反對，那麼自己瞬間就會被趕下台去。

趙紫陽在錄音帶上遺憾地說：「我當時也有這種感覺，總覺得胡耀邦應該因為自己的身份，而對某些事刻意迴避才對，何必在這些問題上作太多議論呢？他應更加慎重些才對啊！」

又如 1983 年的胡耀邦對日本的訪問，確實有些輕率。他在訪問中主動邀請 3,000 位日本青年訪問中國的計劃，事先根本就沒討論過，對此鄧小平很不以為然。但胡耀邦作為總書記並且已邀請了人家，也就不好再去改動什麼了。

還有，鄧小平要胡啟立、喬石帶話給胡耀邦，要胡耀邦多講反對自由化。鄧小平的話已經說得很重了，但胡耀邦卻沒有體認到事情的嚴重性，對此實在是令人難以理解。

趙紫陽感嘆地吐露著當時討論如何讓胡耀邦下台的問題時，自己沒法提出反對意見的原因。

這樣在秘密狀態中舉行的會議進行了好幾次，終於，中央顧問委員會在 1987 年 1 月 10 日，召開了所謂的「組織生活會」。那次會議由薄一波主持。那個薄一波就是在不久前受到胡耀邦幫助，流著眼淚向胡耀邦感謝的人。這次生活會一共開了 6 天。

被召集參與這次會議的有中央顧問委員會常務委員、中央政治局委員、中央書記處書記、國務委員、全國人大的黨員副委員長、全國政治協商會議的黨員副主席以及中央軍事委員會各大部門的首長和黨中央各部的部長等。

鄧小平和陳雲沒有參加會議。這就像是模仿當年毛澤東避免出席讓高崗下台的會議一樣。還有李先念也因為人在上海而沒有參加會議。

參加者中，很多人都是受到胡耀邦的幫助才洗清了文革期間受到的冤案而恢復名譽重新開始工作的人，其中還包括一些經常到胡耀邦家去串門子、跟他有著交情的人，但是他們中的很多人都像是文革似的，對胡耀邦進行了激烈的批判。

在這裡面只有一個人，用嘶啞的嗓音提出了反對意見，他就是習仲勳。

因為當時他還是政治局委員，所以被召集來參加生活會。楊繼繩曾經在《中國改革年代的政治鬥爭》一書中寫到了關於習仲勳在當時的發言。

習仲勳是臨時接到通知去參加會議的，他一進會場看到了這個態勢後就大發脾氣：「這樣重要的會議，為什麼不在事先通知呢？這樣重要有關人事方面的問題，絕不能在現在的這種生活會上決定，這是違反黨的規則的！」

當時，能以自己的良心為準則去發出心聲的只有習仲勳一人。有些人基於對於鄧小平的恐懼而保持沈默，但也有很多忘恩負義的人，他們加油添醋地批判胡耀邦，使會場的氣氛變得激烈起來。

他們就這樣把胡耀邦從中共中央總書記的位子上拉了下來，並指名趙紫陽接任總書記。趙紫陽曾多次向鄧小平表示自己不願當總書記，但他的再三請辭並未獲准，所有的結果還是被鄧小平的「老天爺之聲」決定了。趙紫陽在同年1月16日舉行的政治局擴大會議上宣布成為代理總書記，並在10月20日舉行的黨第十二屆代表大會第七次全體會議上被追認，還在11月2日舉行的黨第十三屆代表大會一中全會上被正式選舉為中共中央總書記和軍事委員會第一副主席，其原任國務院總理的位子則讓保守派中的極端人士李鵬擔任。

當然，更迭胡耀邦的方法和把華國鋒打下去的手段是不一樣的，這是根據鄧小平的「老天爺之聲」，黑箱操弄的結果。從那以後改革派的處境日漸險惡，以陳雲為首的保守派勢力則日益增強，而那個李鵬卻又趁此機會走出了一著險棋。

就像本章節的前半部分所述，1989年4月15日，以北京天安門廣場為中心，對胡耀邦的追悼遊行在全國各地展開著，但當時趙紫陽卻即將自4月24日至29日訪問北朝鮮。當然這個訪問日期是早就定下來的，可現在這種狀況下是繼續按原計劃出訪還是中止或延期呢？對此必須作出對策才行。考慮若趙紫陽不按原定計劃行事，更會讓海外人士抱有「中國是否發生了動亂」的疑念，所以還是作出按原定計劃出訪的決定。

趙紫陽在看了政府當局拍攝的錄影畫面後，作出「抗議遊行已逐漸趨緩」的判斷。然而就在趙紫陽出發的前夜，有名的保守派代表北京市陳希同市長等人向當時的全國人大常委會委員長萬里提出了舉行政治局常委會的要求。萬里將此告訴了李鵬。由於趙紫陽出訪朝鮮期間的所有工作都委由李鵬安排，為此李鵬立刻在第二天召開了常委會，並在會中強調抗議遊行已發展到一種極其深刻的狀態。

● 他們不顧當時的學潮已經趨緩

趙紫陽在軟禁時錄下的磁帶中留下了「他們無視抗議遊行已經逐漸趨緩的事實」這樣的聲音。因為當時李鵬等保守派向鄧小平報告，學生的追悼遊行已成為「反共產黨反社會主義的動亂」，激怒了鄧小平，讓他產生了「快刀斬亂麻」的念頭。

這應該是他們在密室中的對話。在對話中，李鵬只是一味地強調如何去結束學生運動。

然而鄧小平講的話卻在 4 月 26 日的《人民日報》中被登載出來了。(《四 · 二六社論》事件)。對此鄧小平感到非常不滿，但為時已晚。因為《人民日報》的報導激怒了學生，使得遊行示威的規模一下子地擴大了。

鄧小平曾經在悼念周恩來的遊行，即「第一次天安門事件」中被革職，此後，他一直以「這不是反革命行動」為由責難華國鋒，但是這次他卻叫囂：「學生的追悼遊行是反革命行動。」

趙紫陽曾在此後的錄音中揶揄地稱當時的鄧小平，是「被保守勢力操縱的玩偶」。

趙紫陽從朝鮮歸國後曾去說服鄧小平取消《四．二六社論》，企圖緩和示威遊行的規模，但沒想到他卻在5月15日接待正在中國訪問的蘇聯戈巴契夫，以及與戈巴契夫舉行會談時犯下了決定性的錯誤。

趙紫陽把中國「最終的決定權都在鄧小平手中」的「真實」情況告訴了戈巴契夫，那就等於把處理學生示威遊行的責任都推到了鄧小平身上。

鄧小平準備把趙紫陽趕下台的決心，應該是那一瞬間定下來的。

鄧小平一邊讓自己成為可以隨時發出「老天爺之聲」之君臨天下的獨裁者，一邊卻又非常厭惡「責任在鄧小平身上」的結論，這是因為他對「人民的聲音」感到恐懼。中國有三種勢力：一種是「黨內的改革派」，另一種是「黨內的保守派」，最後的一種則是「人民的聲音」。對此鄧小平肯定明白，因為沒有比這更讓他感到恐懼的事了。

趙紫陽對此分析道。

5月17日，保守派們在鄧小平家裡舉行了會議，並決定要發布戒嚴令。鄧小平嚴厲地對李鵬說：「這次別像上次那樣，千萬別將我決定戒嚴的事情再捅出去。」李鵬連聲說：「當然，不會！肯定不會！」

就這樣，在6月4日的凌晨，中國人民解放軍向自己國家的人民，且還是年輕人開槍，並用坦克對他們進行了輾殺。

本應保護人民的人民解放軍，卻用武力鎮壓了民主化運動，使天安門廣場在瞬間變成了血海。那是種連毛澤東都不敢做的，中國共產黨建國以來，所發生最為殘忍的大屠殺。

對此，中國人民以及全世界應該都看清了「鄧小平的嘴臉」，但儘管如此，還是有很多人被「鄧小平神話」所欺，因而產生那種不讚揚鄧小平就會成為罪人的錯覺，這些人的罪惡、驚懼及愚蠢真是難以想像啊……

趙紫陽在6月23日至24日所舉行的黨第十三屆代表大會第四次全體會議上，被剝奪了所有職務，並推舉江澤民為中共中央總書記。推薦江澤民的是陳雲、薄一波、李先念等黨內的保守派，因為江澤民絕對是聽他們話的。

應該說鄧小平在這個事件上，其實也是失敗的。

不認識這點，就讀不懂中國共產黨的歷史，因此也就不能去理解習近平的政權。

㊆ 習仲勳的最後一次下台和鄧小平——鄧小平南巡講話的主要目的是要讓江澤民下台

● 習仲勳一直到最後都在呼籲言論自由

此外，包括習仲勳在內的 3 人也在 1985 年 9 月 24 日舉行的黨第十二屆五中全會上被解除了中共中央書記處書記職務，由包括李鵬在內的 5 人加入成為新的書記。

習仲勳於 1981 年 6 月，在黨第十一屆六中全會上就任中央書記處書記時，全國人大常委會委員葉劍英還健在著，但鄧小平在 1979 年 1 月發動中越戰爭並成為中央軍委主席後，葉劍英成了形式上的軍委副主席，所有的實權都被鄧小平奪走了。此後葉劍英在 1983 年從全國人大常委會委員長職務上退下來，並在 1986 年去世，使習仲勳失去了可以去牽制鄧小平的後盾。

但是儘管如此，胡耀邦當時還健在，習仲勳也仍是中共中央政治局委員、全國人大常委會副委員長。雖然，人大常委會的委員長也好、副委員長也好，在今天說來都是「虛職」，沒什麼實權，但習仲勳還是把他最後的力量撲在了那個職務上。

然而現在，連那個職務都在鄧小平的一聲令下被拿走了。

這是發生在 1990 年 10 月 30 日的事。

作為全國人大常委會副委員長的習仲勳，參加了第七屆全國人民代表大會第 16 次會議。這天上午，外交部長錢其琛作了 20 分鐘的簡潔發言，說明了外交關係法案。當時習仲勳站起來讚美說：「用這麼短的時間，講了這麼重要的內容，並清楚說明了很多我們原來不怎麼明白的事，真是非常了不起，讓我們再次給他鼓掌。」

也許這些話是為了去鋪墊接下來的所要提出的建議。

本章提到的全國人大代表高錯（當時他是全國人大民法國家法研究室副主任，此後不久他又成為全國人大法制工作委員會研究室主任），在 2013 年舉行紀念習仲勳誕生 100 周年大會時，曾經記錄了習仲勳在 1990 年 10 月 30 日會議上所作的以下發言。

習仲勳在講完了對錢其琛的讚美之詞後又提出：「歷次的常委會議對討論議案都不夠認真，希望這次會議能夠改變以往的會風，認真討論，因此建議延長一天會議時間。」

但是主持會務的同志告訴他說：「我們已經為外地來的委員們買好了火車票和飛機票，因此會期時間不變更改……」對此習仲勳很不以為然，他再次強調：「我希望的是能改進人大常委會的工作。」

那天下午，大會分成四組討論，習仲勳像過去一樣地參加了第四組的討論。他在休息時仍像過去那樣，轉來轉去和眾人聊天。他反覆地對人言：「人大要代表人民，要替人民說話。」休息結束後的會議開始時，已過了四點半，按慣例再有一人發言後，會議就要結束了。但當時習仲勳站起身來說：「今天我要跟大家談談歷史，請多留一個小時吧！」他講了很多當年在西北地區幹革命的歷史。那時各根據地之間的關係非常複雜，有的人相互猜疑，不少好同志都白白送掉了性命。習仲勳說得很是動情，其言中的大意是：不要把不同意見者看成是「反對派」，更不要把他們打成「反動派」，我們要保護不同意見，要重視和研究不同意見。

他再三地強調，投入了全部的熱情。

然而誰也沒有想到，在繼續第二天的議程時，大會的副秘書長來到第四組通知大家：「習副委員長因為生病，因此中央特准他去南方休養，不再來參加這次會議了。」

到昨天為止還那麼健康，且提出期望大會能多延一天的習仲勳突然病了，這真是難以想像的。如果是突發的「急病」，那麼他應該就近上北京的醫院才對啊！為什麼要特意讓他去「南方」，而且還是「療養」呢？對此，任誰都會感到奇怪，認為這個說明是不自然的。如果真的「要去南方療養」，那時間上也應該是有餘地的，他人也應該到會場來向參加者表致意，打一聲招呼才對啊。

一定是發生了什麼沒法說的事情吧！對此任何人都會這麼想的。

鄧小平對年輕人抱持不同意見，喊出的民主之聲都會用槍彈去封鎖了，那麼對於習仲勳再三提出的要去制定「保護不同意見法」的提議，自然也是不會允許的。

還有全國人大常委會委員長萬里。

當時年輕人對作為民主派的萬里充滿了期待，可他正在美國訪問。

天安門事件爆發之前，在鄧小平發布戒嚴令的 1989 年 5 月 17 日當天，萬里因趙紫陽和要求民主的年輕人期待，準備返國主持公道取消戒嚴令。因為他也認為這樣「背叛了民主」。但是他「緊急歸國」後卻沒能成功回到北京，而被滯留在上海。

江澤民在上海機場迎接他。緊接著萬里發表了支持鄧小平戒嚴令的聲明，隨後則因病住進了醫院，沒有回到正在北京期盼著他的趙紫陽和年輕學子身邊。

因為萬里是委員長，他還是得站在鄧小平那一邊。但是作為副委員長的習仲勳，其政治生涯則在這一瞬間完全地結束了，此後他再也沒有回到政治舞台，直到去世為止。

● 鄧小平的敗北

讓江澤民去接任趙紫陽職務的考慮，應該是在發布戒嚴令時的 5 月中旬決定的。

陳雲是上海人，李鵬則是江澤民在電氣工業部工作時的前輩，而薄一波則有另外的考慮。他為了兒子薄熙來的將來，不糾結江澤民的過去，也是因為他和江澤民有著交換條件，要把兒子薄熙來的將來託付給江澤民。

江澤民的父親是中日戰爭時期在汪兆銘傀儡政權裡工作的官僚，因此江澤民能在日本軍隊建立於南京的中央大學日語系學習，也因為他家和日本軍隊的關係不錯，所以生活條件很好，在戰爭時代還能培養彈琴跳舞的嗜好。

日本戰敗後，江澤民有些慌亂。由於他父親的弟弟是革命烈士，因此他偽裝成叔叔的養子，成了革命烈士的後代，在日本戰敗後加入了中國共產黨，又受到了汪洋的父親汪道函提攜，才算踏上了人生之路。

薄一波答應，不把這個秘密告訴鄧小平，並就此將兒子薄熙來的未來委託給他，作為一個交換條件，才站在了推薦江澤民的陣營裡。

鄧小平的失敗正是在此，因為他不得不去接受保守派的推薦。

從鄧小平把維持一黨專政體制放在最優先的位置上看，我們只能說他就是一個保守派，但是儘管如此，他還是同意了江澤民向他保證，推動改革開放的經濟政策。

然而就如前文章節所寫，對江澤民來說，他還是覺得自己應該聽從將他扶上檯面那些大人物們所說的話才對。

1991 年 7 月 1 日，江澤民在中共中央黨校的演講中（〈七一講話〉中的一個內容）暗示要實行「將個體戶搞到傾家蕩產」的政策。鄧小平聽到這些言論後大為震怒，他在 1992 年春節到深圳〈南巡講話〉時說：「改革的步伐要邁得更大一點，不能像小腳女人那樣。」

他用這種並不上品的話去要求推動改革開放，正如毛澤東在 1966 年特意趕到上海，說「敵人就在司令部裡」，從而發動打倒劉少奇的文革是一樣的。

其實當時鄧小平對江澤民已經非常反感。他的〈九二南巡〉講話就是想換掉江澤民，但遭到了其他三個老人（陳雲、李先念、薄一波）的反對。陳雲講「江李體制不能變。」李先念也幫江澤民講了話。李先念為什麼會對江澤民印象這麼好呢？因為他住在上海時，江澤民把他們夫婦照顧得很好。薄一波說：「事不過三，你已經幹掉了華國鋒、胡耀邦和趙紫陽，再幹就不像話了。因此鄧小平才沒能把江澤民趕下台。

「鄧小平神話」換來的則是江澤民推行的金錢至上主義。因為沒過多久，腐敗就在全國一點一點地蔓延開了。

對此，李銳敏銳地分析到。

毛澤東確實做了很多不合乎常理的事情，但是從中國共產黨的歷史去看，他還比不上鄧小平。鄧小平從建國時期的高崗事件到1989年的天安門事件為止所做的一系列舉措，都把共產黨引向了歧路。他為了實現自己的野心，翻手為雲，覆手為雨，並且霸道至極。

高崗的妻子李力群曾經切齒地對人說：「鄧小平比毛澤東還要霸道。」她在去世之前反覆說的話，確實是很正確的。

就像著名的中國問題專家傅高義（Ezra Feivel Vogel）所言，不少歐美的中國研究者都讚美說鄧小平是「現代中國之父」，是「改革開放的總設計師」，並對他非常崇敬，但這都是因為他們相信了鄧小平所創造的「鄧小平神話」。他跟毛澤東吹噓自己是「為了抗日而戰」那種毫無根據的「毛澤東抗日神話」相比，其罪孽在某方面還要來得更加深重。

因為「鄧小平神話」，把只要中國的經濟給發展了，中國總有一天會實現民主化社會的那種「幻想」帶給了全世界，從而讓中國變得強大，使它正在逐漸成為一個難以超越的存在。對此日本必須要知道的是，造成這個結果最大原因，「犯人」就是日本的政財界，關於這點，筆者會在下一個章節的最後論述。

第七章

習近平對鄧小平的「復仇」形式

父親遭受的迫害 對習近平造成了什麼樣的影響？

● 再三忍耐直到鄧小平去世為止

習近平比誰都明白他的父親所遭受的痛苦和望，為此他既想雪恨但又明白，在自己取得絕對的權力前是絕不能暴露手腳的。

1990 年，習仲勳最後一次被鄧小平趕下台時，習近平正好在福建省。他從 1985 年起至 1988 年止在福建省廈門市擔任廈門市委常委兼副市長，又在 88 年至 90 年擔任福建省寧德市委書記，而後於 1990 年至 1993 年擔任福州市委書記……。

習仲勳曾經在 1983 年 2 月去過福建省。那時胡耀邦對習仲勳說：「利用春節這個假期去南方走一走如何？」對此習仲勳很少見地提出了自己的意願，他表示：「如果能去走一走的話，就讓我去福建省吧！」

習仲勳在 2 月 17 日和廈門市的領導談笑著說：「最重要的是教育青年人，要把擔子放在他們身上才能鍛鍊出來。若不壓擔子，永遠也不行。從今年開始，每年都要到各省市自治區大學畢業的學生中去挑選一批，不是讓他們到這兒來坐機關，而是讓他們下到農村的公社去，到大隊到工廠去，去鍛鍊個幾年，隨後再逐步地將他們擇優選拔到各級領導崗位上來。（摘於《習仲勳傳》）

習仲勳認為，他應該遠離鄧小平所在的北京，到那些離中央政府遠的地方工作。可以想像，習仲勳當時的那句「到福建去」，說不定正是為了尋找日後讓習近平工作的地方。

習近平截至2002年為止一直在福建省工作。他在擔任了福建省委副書記及省長之後才在2002年10月到浙江省述職，他在福建省整整待了17個年頭。

廈門市在1980年被指定為經濟特區，並在1985年擴大其管轄區域，使廈門島和鼓浪嶼等全都被納入了經濟特區。習近平是在1985年6月15日到廈門的，而作出將廈門島和鼓浪嶼等地擴充入經濟特區的決定是在6月29日發表的。因此可以想像，當初把廣東辦成經濟特區的習仲勳，很可能會讓鄰近在福建省工作的兒子，也將福建省辦成經濟特區的。

由於廣東省緊貼著香港澳門，因此習仲勳親自動手，與香港澳門建立了貿易關係。而廈門的鄰居是台灣，站在廈門的東海岸，可以看到台灣管轄的金門島，因此習仲勳一定也會讓習近平去和台灣建立貿易關係的。因為台灣問題與香港澳門一樣，對中國而言都是非常大的課題，習近平或許正是在當時積累了處理這些問題之經驗的。

習近平到廈門的6月15日那天正是他的生日，從這一點上看，我們可以感覺到習家父子對那次人事調動所感到的喜悅。

習近平到廈門赴任一個月前的5月，是賈慶林在擔任福建省的副書記。賈慶林是本書第四章中提到中國七人常委中的一個，後來他又在江澤民執政時期成為江澤民的心腹。

習近平去廈門之前曾經到福州的省委會議室去拜訪了賈慶林，當時賈慶林覺得習近平「姿態很低人也樸實」，對他有很好的印象。

彼時北京正在進行反精神污染運動，胡耀邦的地位正是在那時開始被動搖起來的。

在這樣的時刻只能靜靜地去觀察等待才行。

習近平的父親在他9歲那年突然被趕下台並且被鬥爭批判的那種恐懼，使習近平對「政治空氣」高度敏感，當時他已學會了在政治風暴過去前能低調沉潛、休身養性的本事。

因為習近平明白，一旦把心中真實的想法暴露出來，很可能在不知何時遭受某種勢力迫害，從而喪失政治生命，那種恐懼已經深深地植入在他的身心。

父親習仲勳被鄧小平從政治舞台上拉下，一生沒有著落，但鄧小平卻繼續活躍在政壇上，這些經歷使習近平明白「一定要謙虛謹慎，放低姿勢，不得罪人，對誰都要微笑，讓對方產生好感，要在最後才微笑」的那套政治哲學。

習近平從小就從父親那裡懂得了「要團結人」的重要性。他回憶說自己非常喜歡《水滸傳》中的宋江。雖然他不是什麼英雄，但卻有著凝聚力，能獲得周邊人的信任並不斷地增加朋友，在不知不覺中奪得領導的位置。

他知道在鄧小平健在時，自己絕不能露臉，一露頭就有被摧毀的可能。因此在 1997 年鄧小平去世之前，他一直忍氣吞聲地生活著。他在 1987 年和現在的妻子彭麗媛結婚。在耿飈的部門工作時，他曾在耿飈的介紹下和駐英大使柯華的女兒柯玲玲結婚。和柯玲玲結婚時他們還和習近平的父母同住，但在習仲勳進入中南海工作後，他們就和父母親分開住了。當時鄰居的一個大學教授回憶說，曾聽到他們夫妻吵架的聲音。由於習近平和柯玲玲的生活經歷與興趣都不一樣，且習近平也不願意聽從在倫敦長大的柯玲玲期望到英國生活的意見，因而終至分手。

而彭麗媛是中國人民解放軍所屬的藝術團歌唱家，受到國民的喜愛，這樣的消息不斷傳到習近平耳裡，但基於種種政治上的因素，他都沒有向前邁出那一步。

最初兩人吐露心聲是在 2000 年，那時鄧小平已經逝世 3 年。這樣應該不要緊了吧！習近平很可能就是在那時作出了判斷而同意了她的求婚。共青團屬下的雜誌《中華兒女》第7期（2000年）曾用一篇長長的文章，披露了這些事情。

以下筆者將透過習仲勳在1962年因小說《劉志丹》事件被打倒時的情景，來介紹習近平當時的心情和其所處的環境。

● 成為「黑幫子弟」後遭到的欺凌和習近平的反抗

1962年，9歲的習近平作為軍隊高級幹部的子女，進入了「八一學校」學習。但是有一天，他和母親突然被趕出了中南海的住所。為什麼父親突然地看不見了？為什麼他們要被趕出原來的住所呢？對於這些，習近平自然不明白。他去問母親齊心，但是母親卻哭著什麼都不跟他說。此後他的母親也被趕到河南省，關押在那裡的勞教所裡。

在那些只能讓孩子們相依為命的日子裡，是姐姐橋橋像母親那樣地在照顧他們。

1966年文革開始後，他們的生活變得更加悲慘了。

當時北京成立了「聯合行動委員會」（聯動）這個紅衛兵組織。毫無疑問地，作為政治犯的孩子，習近平當然不能參加紅衛兵組織，相反還要因為自己是黑幫子弟而受到他們的欺凌。

習近平被送進了「八一學校」由紅衛兵組織監管的「學

習班」，強制進行思想改造。這個所謂的「學習班」就是教育黑幫子女的教養所。這種教育不僅將黑幫子女押到批鬥大會去受辱，還常把他們鎖進「小黑屋」裡關禁閉，讓那些紅衛兵欺凌。

習近平此後很少談論自己的過往，但在2000年的一次採訪中他曾說：「我有一股倔強勁，不甘於忍受欺負，因此得罪了造反派，他們把什麼壞事都加在我的身上，認為我是頭頭，因此我被康生的老婆曹軼歐當作「黑幫」* 家屬揪出來了。」

此後，他曾因打架的罪名被送到北京公安局的派出所拘押，並在13歲時被押送到群眾批判大會上去批判，在15歲那年被判決，戴上了「少年反革命罪」之罪名，送到了「少年管教所」。

在當時不管是欺凌還是被欺凌的一方，都有著相當的人數。習近平受到重用後，很多人談到了當時的情景，甚至有人說，習近平當時穿著軍大衣，口袋裡還藏著匕首，出席被造反派召開的批鬥大會等情景。習近平自己則是在接受採訪中也說，自己當時是「被欺凌的對象」。對此我們也許能去推測，他長大後產生要為父親「報仇」的心態，或許正是在當時開始形成的。

---

* 「黑幫」一詞，除了指社會上涉及犯罪的不法份子外，此處指的是文革的走資派——走資本主義的當權派。

1968 年底，毛澤東發出了「知識青年到農村去，接受貧下中農再教育」的號召，也就是所謂的「上山下鄉」運動。這種「到邊疆到農村去」的所謂「上山下鄉」，被稱為是「下放」；而那些所謂的「知識青年」，則是受了一定程度教育的城市青年，也就是中國國內所說的「知青」。根據中國政府的統計，全國在「上山下鄉」運動中下放的知青共有 1,600 萬人之多，而實際上，其人數還應該遠超過這個數字。

1969 年 1 月 13 日上午 9 時，15 歲又 5 個月的習近平作為最年輕的知青，坐上了到陝西省的火車。那個地方是習近平自己選的，他選擇了父親創建的革命根據地延安作為自己下放的地點。當時，在開往延安的北京火車站月台上，擠滿了無數前來為孩子送行的家長與親友；他們和從火車車窗裡探出身子的孩子們一樣，傷心流淚哭喊著，彷彿就此永別了一般。

當時的習近平坐在 4 號硬座的車廂裡。他並沒有趴到車窗上去看月台上的情景，因為他沒有父母親戚來送別。當時習仲勳被關在牢裡已經好多年了，母親也被關押在勞教所，親戚們對他們都敬而遠之，使年輕的習近平沒有留戀。他在車廂裡靜靜地坐著，沒有流淚，也沒有悲哀，有時甚至還一個人暗暗地偷笑。

他笑什麼呢？

他為自己終於逃出了那個讓他受盡凌辱的地方而高興。他早就想去農村了，而且延安還是父親所創建的知名根據地。

● 習近平下定決心「回到群眾當中」

習近平還有一個和其他知青不一樣的地方。

他的行李比誰都要重。這些行李裡面裝滿了書籍。不光是知識方面的書籍，那些《三國演義》、《水滸傳》、《紅樓夢》以及很多被禁的小說都藏在他的行李中。總之，習近平是個喜歡讀書的青年。

從駛向延安的火車車窗往外看，那些「打倒內奸劉少奇！」等標語不斷地閃現在眼前，有時甚至還能看到把劉少奇的腦袋砍下，用草桿子做成的草人。火車進入了黃土高原之後，那種因乾燥所瀰漫的土灰幾乎遮住了車窗。

有一次習近平在廁所門口等著上廁所時，一位猴急的同學前來如廁，習近平看見他後便向後退了一步，把手指向廁所，做出了一個「你先請」的姿勢。這種事在60年代是少有的。筆者今天在電視裡看到習近平邀請外賓就座做出手勢時，總會忍不住地笑出聲來。當時的這個動作，在他成為國家領導人的今天請外賓入座時，所用的手勢完全相同。這樣的小故事，被當時一個和習近平搭乘相同火車去延安的知青，以匿名的方式在2012年11月22日的《博訊新聞網》上寫道，並流傳了出來。

中午12點左右，火車緩緩地進入了西安站。陝西省黨政軍負責人在站台上為他們舉行了歡迎儀式。站台上掛著的巨大橫幅上寫著「歡迎毛主席身邊的娃娃到陝北老區來插隊落戶」的標語，在他們前面還站著一排鼓號樂隊，奏起了歡迎樂曲，那種陣勢給坐了一天一夜硬板凳的知青們帶來了精神。在站台上致著歡迎詞的是一個穿著軍裝，肥頭大耳約40多歲的人，但誰也不知道他叫什麼名字。然而習近平卻小聲地嘟囔著表示，說自己「認識他」。

陝西省的方言把年輕人稱為「娃娃」，因此那條橫幅裡會出現「娃娃」兩個字。

到達下放的地方延安市延川縣時，已是半夜時分。習近平他們在一排被稱為窰洞的住所門口停了下來。也許是因為缺電，那裡幾乎沒有燈光，只有一個電燈在入口處的房簷下閃爍著發出昏暗不明的光影。

這就是「偉大的毛澤東」所說的革命聖地，並也是父親建立革命根據地時住過的地方。值得諷刺的是，在那裡鬧革命、建立根據地，並在後來成為國務院副總理的父親，這時卻成了被關押的囚犯，他的兒子也被認為是黑幫子弟，回到這個革命聖地，從此每天每夜都要和虱子跳蚤鬥爭。

然而他們的處境還不僅僅是這些。

習近平在到達延安市延川縣後，在整理包包時發現了幾塊已經不能吃的乾癟麵包片，他把它們拿去餵狗時被當地的農民看見了。那時延安農民把麵包當成是「文明時代」的食物，因為他們從來就沒看過那樣的東西。

習近平被採訪時曾講述以下內容。

「當時人們議論我最多的東西是什麼呢？就是那一次拿麵包去餵狗的事情。這個事情完全是一個誤會。我並不是那麼浪費食物的人。實在是因為那個殘剩的麵包片放的時間太長了、不新鮮了，在清理書包被發現時，我就隨手把它扔到門口去餵狗了。老百姓看到後問我那是什麼東西，我說是麵包。沒想到當地的百姓不僅沒吃過麵包，就連見都沒見過，因此浪費食物的惡名就一傳十、十傳百地傳遍了整個延川縣。他們說知識青年中的誰誰誰拿麵包去餵狗，好像我們這些人特別不像話似的。」

當時不僅白天的勞動殘酷繁重，晚上睡覺時還要遭受虱子跳蚤的襲擊，皮膚被它們咬得發紅發腫。習近平身上的紅腫還起了水泡，並化了膿，漫延到了全身，那種痛和癢使他整夜整夜地無法入眠。

他們的床鋪在稻草的上面，腦袋的邊上還常常會貼著家畜的臉蛋。

當地的那種勞動強度也使習近平感到震驚。農民們在吃完早飯後到中午吃飯前能有一次休息的機會，只是那休息的時間也不過是抽一袋煙的工夫。這裡沒有什麼成文的規定，只要是煙癮上來了，那就可以坐在一旁抽一袋煙。為此從不吸煙的習近平也學會了抽煙，因為想偷懶；所以他幹一陣子活後就要求去抽煙，因為那樣可以多休息一會兒，除此以外的任何休息都不會被允許。

由於忍受不了農業勞動的辛苦，習近平在當年的 3 月返回了北京。因為當時正是國慶節期間，要經常清理「倒流」人口，但是清理完後又不讓回去，所以習近平被關進了派出所，而且一進去就被關押了四、五個月。那些失去自由的日子並不允許他坐著休息，看管他的人要他到海澱街一帶去埋下水管道，幹粗重的體力活，還要他在休息時間去接受群眾的批鬥。

幾個月後，習近平又被關進了「學習班」，直到半年後才被放出來。那時他來到姨父家去探望年邁的姨父姨媽，習近平的姨父姨媽都是老革命。他們解放前活躍在太行山根據地。當年，正是姨父姨媽把習近平的媽媽帶出來參加了革命。他們都是習近平非常尊敬的人。

姨父告訴習近平說他當時是東北大學的學生，在「一二．九」運動之後參加革命工作，後來又到了太行山。他說：「我們當時都找機會往群眾裡鑽，那時不靠群眾靠誰啊？只有群眾才是我們唯一可以依靠的啊！」姨媽也對習近平說：「那時候我們都是往老鄉家裡跑的，你父母親也是一樣。你們年輕人，難道現在還怕到群眾裡去嗎？那不對啊，你忘了毛主席的教導了嗎？」

姨父母的話讓習近平感到震驚。

「是啊……現在自己還沒到群眾裡去，還沒融入他們之中，我怎麼忘了這個最重要的事呢？不行，我得回延安去，在那裡重新開始！」

習近平下定決心，要回到群眾中去，並立即抓緊時間，回到了延安的農村。

「自己怎麼會逃避艱苦的勞動呢？對我來說，農村才是唯一的生存之路。除了回到群眾裡去之外，我根本沒有其他的出路啊！」習近平在當時這樣講道。（中國共產黨人講的話多少有點誇張，也許是因為他們考慮到自已的現在和將來，才會作那種粉飾。由於那些話是習近平自己講的，所以筆者還是按其原文去作記錄。）

● 申請入黨十多次後終於被批准了

這之後的習近平，一年 365 天幾乎沒有任何休息地在田間幹著農活，有時還去放牧。他常背著 100 公斤重的麥子往來於山道上，承受著繁重的農業勞動。

由於他融入在農民群眾中間，因此也學會了延安方言。

習近平晚上經常看書學習，並把學到的知識講給當地的農民聽，因此到他住的窯洞裡去聽他講故事的農民也開始增加了。習近平把自己從《三國演義》，《水滸傳》等書中學到的知識，用延安方言去向農民解說，為此吸引了他們，使他們常常聚集到他那裡去。

習近平從中感到了「延安方言的力量」以及「融入到群眾中的意義」。他對採訪他的《中華兒女》雜誌記者，由衷地講到了這點。

他憑藉著自己的能力，在這片土地上站了起來，並先後 8 次申請加入共青團。由於他是一個反革命分子，團組織起初根本就不接受他的申請，但因為對他抱持好感的村民和幹部逐漸增多，終使他被團組織批准，在 1972 年加入了共青團。

1974 年他又成為中國共產黨黨員。這他是經過了 10 次以上的申請，好不容易才被黨組織批准的。

作為「黑幫」子女並成為批判對象的習近平，終於洗清了身上的罪名，加入了中國共產黨，並在那年冬天，年僅 21 歲的他，出人意外地獲選為梁家河大隊的黨支部書記。此後正如本書第五章中所述，習仲勳向工廠廠長請求並獲得了證明書，從而讓習近平成為清華大學的工農兵學員，這之後的經過在此就不再贅述了。

習近平於 2000 年擔任福建省委副書記兼南京軍區國

防委員會副主任，又在 2002 年 10 月調到浙江省，成為中國共產黨浙江省委常委、省委副書記、省長，第二年又成為浙江省委書記。

江澤民是在 2007 年把他調到上海擔任上海市委書記的。這次的調動為他在今後成為中共中央總書記、中央軍委主席、國家主席打通了道路。遺憾的是，當時他的父親已經不在了，習仲勳已於 2002 年 5 月 24 日在北京病故。

2012 年，在習近平成為國家最高領導人之後，他一直在心中默念著對於鄧小平復仇的心思，開始逐漸顯露了出來。時間若從 1962 年起算的話，那麼他為此也已經熬了 50 年了。

讓我們看看他這種忍耐，醞釀了半個世紀的「復仇方法」吧！

㈡ 習近平對鄧小平的「復仇」形式和其推行的國家戰略

● 50 年來的忍耐終於爆發

2012 年 3 月 14 日，重慶市委書記薄熙來下台了，將他趕下台的是胡錦濤政權。薄熙來利用中國年輕人對改革開放以來對蔓延的腐敗與貧富差距的不滿，煽動他們以同文革似的手段去搞「唱紅打黑」運動。然而，薄熙來想入主中國最高領導層的野心，在 2007 年 10 月召開的黨第十七屆代表大會上沒有實現，因為他所依靠的父親薄一波，在那年 1 月去世了。

江澤民曾屈從於薄一波，考慮了種種為他兒子薄熙來將來能步入中國最高領導層的方法，但來自薄一波的壓力消失後，江澤民就沒必要再為此費力了。相信江澤民一定想過，像薄熙來這樣充滿野心、性格專橫的人，一旦進入中國最高層九人常委中後，難保以後不會出賣自己；因此，江澤民捨棄了薄熙來，轉而選擇靠向了習近平。

薄一波是在年 1 月 15 日去世的，而習近平調任上海市委書記時是 2007 年 3 月 24 日，正逢薄一波逝世 2 個月後。當時江澤民已作出拋棄薄熙來的決定，因此 2007 年 10 月份召開的黨第十七屆代表大會第一次全體會議時，中國最高領導層的九人常委名單中，薄熙來的名字沒有出現。

為了在5年後2012年秋召開的黨第十八屆代表大會進入中國最高層的九人常委中，薄熙來利用年輕人對社會抱持不滿的情緒，在重慶展開了激烈的「唱紅打黑」運動。薄熙來一定在想：「難道中央對此還是不認同我嗎？」薄熙來在文革時期是最早加入紅衛兵，並參與其暴力行動的人。他始終認為，年輕人激烈的行動和主張能推動國家變革。

由於習近平在黨第十八屆代表大會召開前一直安靜地保持低姿態，因此周圍的人都傾向於支持習近平。習近平在2010年被選為中央軍委副主席，雖然當時他已能預見自己可能成為中國最高領導人的種種跡象，但在黨大會召開之前，他還是忍著「裝出」一副低調的樣子。

終於，習近平在2012年11月15日召開的黨第十八屆代表大會第一次全體會議上，獲選為中共中央總書記和中央軍委主席，並在2013年3月召開的全國人大會議上獲選為國家主席。

很多的中國百姓都對此充滿期待。

習近平為人不僅溫厚低調，生活也很樸實，和腐敗絕對無關；再加上他父親習仲勳的人品。周遭很多人都對習仲勳保持良好印象，認同他講民主、重視言論自由，且非常尊重少數民族。因此人們對習近平都有同樣的期待，認為他一定會像父親一樣，認可言論自由，尊重少數民族。

當時，筆者曾與中國大陸民主活動團體相互交換網址電郵，起初是數十名，很快就變成了數百名，在即將成為千名之時，突然CC（副本發送）的對象卻一個個地消失了，最終只剩下了幾個人。

在此之前，筆者曾經多次親赴北京和他們相會，那些人之中，還有很多是50年代初期反右派鬥爭時入監的人，當時他們都表示：「我們對習近平抱持非常大的期望，這次，我們或許終能獲得真正的自由了！」

可是，結果究竟如何？

難道事實真是朝相反的方向發展嗎？

不僅要嚴格管制言論自由，還朝毛澤東時代倒退？那個「老虎和蒼蠅都要打」，不正是在模仿毛澤東的「大老虎和小老虎的屁股都要摸」嗎？這樣開展反腐敗的鬥爭，行嗎？什麼「洗洗澡，治治病」等，這不是毛澤東在啟發農民時講的話，難道毛澤東所說的「走群眾路線」運動又要開始了？

這難道不是又要回到毛澤東時代了嗎？

「真是個不孝子孫！」當時，周遭不僅有人想去勸說，還有很多人感到疑惑，難道發生了什麼事？失望的人明顯開始增加了。

筆者應該也是那些「失望的人」中的一個，或許也該算是猜疑「究竟發生了什麼事」的那些迷惘人群中的一個。

那麼「這究竟是為了什麼……發生了什麼事呢？」

筆者即刻開始對「隱藏在背後的」進行調查，並直觀地認定，這一定和他的父親習仲勳有關。為此，筆者仔細地檢視了至今為止所找到所有和習仲勳有關的資料，來研究分析。

然而，筆者很快地就感到沮喪……因為習近平這樣的舉動確實奇怪，且另人無法理解，直到筆者發現了「鄧小平的真相」，並對此進行了深入地分析後，才似乎覺得看到了一些習近平政權的真相。

從前文敘述到的那個跨越50年的「復仇之念」，以及對「為了實現這個願望長久忍耐」之人的心理狀態，抽絲剝繭地進行了研究分析、詳加推測之後，筆者對習近平身上所出現的「突變」似乎多少有點明白了，並隱約看到了他的戰略意圖與所下的決心。

在此必須要注意的是，習近平的那種邊為父親向鄧小平復仇毫不動搖的決心，以及一邊將父親視為負面教材，背著其父理念去壓制言論自由、鎮壓少數民族，把維持一黨專政體制作為「重中之重」優先考慮等思緒混雜，並不只是單純的「復仇」要素。

關於違背父親的理念，在習近平推行的國家戰略中，處處顯示出「軟弱」或者說是來自於「良心譴責」等出自親情的因素；對此，西方國家大可以去進行深究。

在維持一黨專政體制的過程中，習近平期望自己能延長自己執政的時間，好在這漫長的時間內去完成對「鄧小平的復仇」。這可能和一般的「復仇方式」不同，但要他的向「鄧小平復仇」的心態，是毋庸致疑的。

其中自然有其錯綜複雜的原因，並非三言兩語可以道明。

因為「鄧小平神話」是花了30年的時間才造成的，把它糾正過來，自然有相當大的困難。

然而儘管如此，習近平仍想為父親正名，洗清加諸在他父親身上的罪責……

在這種矛盾糾結之中，我們至少也要理解當年「毛澤東率領的紅軍長征，如果沒有西北革命根據地這個落腳點，中國革命就不會成功，中華人民共和國就很可能不會誕生」的這個緣由。且在此後的改革開放中，實際上流汗的人是習仲勳，是他明確地提出了經濟特區的概念，因此，每每想到這些事時習近平複雜的心情，是我們不難理解的。

正因如此，在習近平成為中國最高領導人時，優先就將深圳列為他上任首次視察之地。在他2012年12月7日至11日間前往廣東視察時，優先選擇的地點仍是深圳的經濟特區。他在那裡再次發出了「繼續實行改革開放路線」的號召，但在心中卻很可能在吶喊：「睜開眼睛看看吧！這裡就是你鄧小平欺世盜名、由我父親創立的經濟特區！」習近平一定會這麼想吧！我能體會他當時激動的心情。

這個證據就是，習近平讓人把自己對深圳的視察，稱作是「習近平南巡」。很明顯地，這是他故意借用了1992年鄧小平「南巡講話」的字眼。

習近平的行動，同樣被稱作是國家戰略。

他一邊推動著這種能得到人民擁護的政策，一邊卻在心中對鄧小平吶喊：「請看著吧！我會徹底掃除父親的那種無奈，奪回他應得的榮耀！」

習近平那鄭重發誓的樣子，似乎已呼之欲出。

習近平以此為基點而加強一黨獨裁專制，準備把中國建設成一個與美國對等的軍事強權和經濟強國。這個為對付世界新情勢的戰略，正是習近平推行的國家戰略。

● 國家戰略的基軸

為了能清楚地看出這點，我們暫且繞過那些細節，把軸心先挑出來看。

首先列舉鄧小平留下的負面遺害吧！

① 腐敗在全國蔓延。

② 說是社會主義國家但卻出現了極端的貧富差距。

③ 維持著蘇聯式的軍事體制，但卻軍力薄弱。

④ 不尊重毛澤東率領的紅軍「長征」和西北革命根據地，使中國共產黨的權威日益衰落。

⑤ 只重視經濟成長，卻導致了高科技產業的落後。

此外，還有習近平必須得考慮的父親的理念：

❶ 尊重少數民族。

❷ 同意並保護黨內外存在的不同意見。

❸ 堅持因為有了西北革命根據地延安，中國共產黨才能戰勝國民黨的軍隊，中華人民共和國才有可能誕生的這個事實。

❹ 建設包括香港和澳門在內的粵港澳大灣區的構想以及香港問題。

❺ 在香港回歸中國時，承認香港的法制，並禮讚那個英美法律體系。

關於世界情勢出現了新變化之相關問題：

◎ 中國從 2010 年起，GDP 國民生產毛額已超越了日本，成為僅次於美國的經濟大國，因此美國開始將中國視為可能對美國造成威脅的對手來看待。

◎ 互聯網作為新的信息傳達的手段，正日新月異地發展。

關於中國國家戰略如何在應對世界新情勢的內容，筆會在下一節論述，在這裡讓我們一邊看著從①—⑤和❶—❺的內容要素，一邊分析習近平在中國變得強大，實現了維持一黨獨裁體制所需的基本條件後，如何向鄧小平復仇的方法，以及雖然他時常陷入對父親的回想，卻又不得不以國家戰略為重，所作出的決斷與行為規則。

對此，筆者將從以下幾個方向來探討。

I. 反腐運動

2012 年 11 月 8 日，在中國共產黨召開的黨第十八屆代表大會第一天，胡錦濤作為上一屆中共中央總書記，發表了最後的演講。他指出：「如果腐敗問題解決不好，中國就會亡黨亡國。」

因此，在 11 月 15 日召開的黨一中全會上，新任總書記習近平，再次作了〈不解決腐敗問題，就會亡黨亡國〉的演講。

在中國數千年的歷史中，大部分王朝皆因腐敗問題而導致了崩潰。將人際關係視為文化深深紮根於土壤的中國，權力是由少數人掌握的，如果制度可以允許當權者利用權力去做買賣，那就等於是讓他們掌握了生殺大權一樣，一瞬之間就能使中國變成腐敗的天國。

天安門事件發生時，學生們發出了糾正改革開放所帶來的腐敗的聲音，但鄧小平卻沈默反將槍口對準了他們。他將所有權力交給江澤民，並號召強化共產黨權力的同時，仍然在提倡「讓一部分人先富起來」的方針。因此，中國馬上就形成了「悶聲發大財之利益集團」，使腐敗之風在全國快速蔓延，這當然是種可以想見的結果。

腐敗隱藏在黑暗之中，因此我們無法相信中國發表的數據。對此筆者特地參考了美國金融監督機構在 2012 年 12 月發表的〈因為腐敗問題被轉移到海外的中國金融〉報告。這份報告說，在 2011 年之前的 11 年中，中國共產黨的幹部流出海外的貪污賄款金額高達 3.79 兆美元，把它分成十年來計算的話，平均每年都有 40 兆日元（約 10 兆台幣）的非法資金被轉移到了國外。此外，根據一些個別調查數據我們還能認定，2010 年有 4,200 億美元，2011 年有 600 億美元的非法資金移往海外。這個數字是有可信根據的。那些移轉到海外的非法資金，按年平均算來，幾乎相當於日本國家予算總額的一半。

移轉到海外的金額數據就有這麼多，那麼，若再加上中國國內貪污賄賂的金額，那可真是天文數字了。腐敗之風在江澤民時代如此猖獗，進入胡錦濤時代後再去高喊什麼反腐敗的口號，都很難再起作用了。況且，江澤民還在中國最高指導部裡安插了親信，使胡錦濤即使制定了決議，也很難獲得多數人的贊同。因此，胡錦濤只能把自己的希望寄託在習近平身上。作為交換條件，胡錦濤作出了讓步，同意中共中央政治局常委人選可以根據習近平的好惡來選定。

習近平根據他與胡錦濤之間的約定，在2013年1月召開的中共中央紀律檢查委員會全體會議上，提出了「老虎和蒼蠅都要打」的口號，吹響了反腐敗運動的號角。習近平要把老虎——即黨內的高級幹部，以及被稱為是蒼蠅的低階黨員幹部，與包括非黨員在內的民間商人等一起抓起來，關進監獄。結果，在習近平政權的前五年（2013—2017），光是在黨內被揭發處分的腐敗分子就達到了169,000人，其中2013年有182,000人，2014年有232,000人，2015年有336,000人，2016年有415,000人，2017年有527,000人。這是中共中央紀律檢查委員會和中華人民共和國國家監察委員會，在2018年3月合併成立了全國紀檢監察機關後所發表的數字。

日本有很多人評論說，這是因為習近平政權不穩，想藉此機會逮捕政敵、鞏固自己的政權才這麼做。有些大型媒體機關甚至還在2016年時說，習近平已經將政敵清除得差不多了，政權基本上已經鞏固等。但為什麼2017年後清理的腐敗分子又增加了呢？如果按照那些權力鬥爭論者所說「政敵已經消滅得差不多，政權已得到鞏固的話」，那麼在2018年後被逮捕的腐敗分子怎麼卻又不斷增加了呢？

政權既然已得到鞏固，又何必再冒著樹敵的風險，再繼續逮捕腐敗分子呢？2018 年處分的腐敗分子人數為 621,000 人，2019 年為 587,000 人，2020 年 604,000 人，人數都比 2017 年要超出許多。日本這些鼓吹權力鬥爭論的人應記住，他們的推論在這些數字面前已經沒有任何說服力了。

從政權運營至今的情況來看，中華人民共和國建國以來，政權像習近平這樣堅如盤石般穩固的幾乎沒有，這麼說並不為過。因為，由胡錦濤那樣友好，並充滿信賴地將權力交棒到習近平手裡的做法，幾乎沒發生過。

儘管如此，習近平還是持續地進行反腐敗運動。就像胡錦濤在最後演講中所說：「不解決腐敗問題就會亡黨亡國」一般，腐敗問題並不是那麼簡單就能解決的。正因為這是「鄧小平所留下的遺害」，所以我們可以想見，習近平要親自動手解決該問題的決心。

反腐敗運動不是為了鞏固權力基礎，因為將腐敗分子清除入獄，只會為自己樹敵、增加仇恨，招來其家族的仇恨，甚至會危及政權，若什麼都不做，這些危險自然就不會存在。因此，那些主張打擊腐敗就是權力鬥爭論者的觀點，是完全站不住腳的。

那麼為什麼要開展反腐敗運動呢？除了在 ① 中所述的理由以外，習近平想強化中國的軍事力量，也是一個重要因素。因為這關係到在 ③ 中所提出的理由。

接下來我們要討論習近平為實現鄧小平沒能做到的「軍事體制現代化」問題。要實現軍隊的現代化，就會觸及漫延在軍隊內部的腐敗問題。正是這個原因，軍事體制的改革至今也沒有實現。總之，① 和 ③ 兩項是聯動的。這種情況從逮捕徐才厚和郭伯雄等那原中央軍事委員副主席，並將他們關押入監的事情上就能看得出來。

2021 年 1 月 22 日，習近平在中央紀律檢查委員會第五次全體會議上表示：「傳統腐敗和新手段的腐敗交織著，使貪腐行為變得更加隱蔽複雜。腐敗問題和不正之風交織著，讓『四風』問題成為滋長腐敗的溫床。為此，腐蝕和反腐蝕鬥爭會長期存在，稍有鬆懈就可能前功盡棄。而且反腐敗沒有選擇，必須知難而進。」

II. 軍隊體制改革和軍民一體化的高科技國家戰略

截至 2014 年末，共軍基本上清除了自軍隊高級幹部到基層單位的腐敗分子，使阻礙軍事體制改革的阻力被消除了。至今為止，由於中共一直維持建國初期仿造蘇聯的方式，軍隊領導幹部的命令不能直接向下傳達，權力集中在總參謀部，速戰能力也不理想，而且在這幾年，總參謀部和總後勤部又成了腐敗的溫床。

由於優先解決了軍隊上層的腐敗利益集團，阻力就開始減少了。2015 年 12 月 31 日，習近平把至今為止的軍區改變為戰區，新設了火箭軍等，進行了一次「軍事大改革」。中國的陸軍至今為止分為「7大軍區」，由總參謀部進行管轄。這7大軍區是「瀋陽軍區、北京軍區、濟南軍區、南京軍區、廣州軍區、成都軍區和蘭州軍區」。這是鄧小平在1985年6月召開的中央軍委擴大會議上決定的。當時宣布要裁減100萬軍人，並將11大軍區縮減為7大軍區。

但是那些近似於獨立王國、如同軍閥般的軍區，只把陸軍和野戰軍作為主要的防衛部隊，與國際上現存的高科技軍事狀態不符；因此將7大軍區再改為5大戰區，由「陸海空軍＋火箭軍」組成的「聯合作戰體制」，將大幅提升了速戰能力。它不像過去那種由總參謀部指揮軍區，而是由習近平擔任主席的中央軍委直接對「戰區」下達指令，這種高科技化的改變與步署，正是為了適應當前的國際軍事情勢。

中國至今持有的短距離彈道導彈DF–16（又被稱為東風16，能夠搭載核彈頭，射程可達美國關島）和中距離彈道導彈DF–21D（又稱為東風21D，能夠搭載核彈頭，射程約1500公里）等，不管從哪個方向看來，都能有效抑制企圖進攻中國的武裝力量。然而創建了火箭軍，並為他們配備了搭載核彈頭的原子能潛艇後，軍隊就掌握了能在瞬間發動包括核戰在內的立體化進攻能力。

因此，必須實行高科技化的軍事體制和軍民一體化的國家戰略。

高科技化的國家戰略部署和那些把軍隊當成窩穴的腐敗利益集團沒有多大關係。因此習近平在 2012 年 12 月南巡後，立即提出了關於「中國製造 2025，高科技化的國家戰略」計劃，並令中國科學院院士們主導成立諮詢委員會，開始研究相關戰略事宜。（關於這部分詳情可參考拙著《中國製造 2025 帶來的震盪——習近平現在在關注什麼？》）。2015 年 5 月，這個「中國製造 2025，高科技化的國家戰略」計劃，作為正式文件，由國務院總理李克強發布了。

在公開發布這個文件時，習近平同時批准了「軍民一體化的高科技化國家戰略」計劃。2012 年 12 月 23 日，習近平在結束南巡回到北京之後，立即召開中央軍委常委會議，並在會上作了〈軍民一體化進行軍隊建設是我軍的基本方針〉講話。他在 12 月 26 日的軍委擴大會議上重新提到了軍隊建設的問題，從而強調：「我們無論如何都要走軍民一體化的道路。」

2013 年 3 月 11 日及此後的 2014 年 3 月 11 日，習近平在全國人大解放軍代表團會議上，再次提出「要把軍民一體化的國家戰略提高到一個新的階段」。同時他又向與會者敲響警鐘，強調「體制上的問題和利益集團的存在阻礙了我們的步伐，使一體化還實施不了，那種狀態正在繼續著」，同時「軍隊裡還有阻礙軍民一體化的利益集團」。2015 年 3 月 12 日，習近平又在會議上提高聲調說：「要用軍民一體化的發展方式來實現『中國夢、強軍夢』。」

「軍民一體化」的意思是：「把經濟建設和國防建設捆綁在一起，實現國家的繁榮和守護國家的安全」，其目的是想徹底擺脫建國以來施行的蘇聯式軍事力量發展方式。舊蘇聯在美蘇冷戰時代的對抗中，以一種短視的觀點，優先發展軍事力量，結果使國防經費爆增。因為當時，軍事產業全部依賴國營企業，消耗了大量的國家資源，使國營企業處在沒有效率的生產體制中，在某種程度上加速了舊蘇聯的崩潰。

此外鄧小平在改革開放初期就發動了中越戰爭，其結果雖然「平分秋色」，但「沒有贏」就等於輸。況且當時，鄧小平又宣布削減 100 萬的中國人民解放軍官，還把那些在毛澤東時代遷移到內陸去的重工業，辛辛苦苦地改造建立起來的軍工產業基地，全部變成了製造摩托車和汽車產業的民間工廠。在這個過程中，政府原本也想實行軍民一體化方針的，但因產業基礎設施薄弱，結果無可奈何地回歸蘇聯式的軍事體制。

然而，在如今已經以奈米為單位所構成的高科技化軍事產業，已經很難區別它們的產品是要用在民生或軍事上了。

所以，在和中國進行經濟合作與技術協作時，必須非常小心地注意這一點。因為日本是一個漏水的竹筐。很多中國問題研究者和媒體常常一起唱和，什麼「反腐敗運動就是政權內的鬥爭，是為了加強權力基盤」等，不斷將錯誤信息發布出去，使日本未能重視中國的這個發展軍民一體化體制的國家戰略。他們不加鑑別地就接受了中國推薦的那個所謂「千人計劃——到海外學習」的中國人才，讓他們在日本尖端的高科技單位進行長時間地學習。

本來，日本應該將中國軍民一體化體制創造出來的高科技產品編目紀錄，加以甄別，並作出嚴格的規範，但現在為時已晚。因為，中國的軍事力量已一步步邁向世界的領先地位。據美國國防部 2020 年 9 月發表的報告中我們可以看到，現在中國軍事力量正在趕超美國，特別是在導彈和造船技術等領域，已經能與美國並駕齊驅了。

正因為在 ③ 和 ⑤ 的敘述中，看到了中國製造業正逐漸地在超越美國的緣故，因此我們可以說，這是「習近平對鄧小平的勝利」，這應該也被認為是習近平對鄧小平的一種「復仇」形式吧！

Ⅲ. 在紀念建黨 100 周年以前，實現中國人口全部脫貧的國家戰略

習近平政權誕生時，中國 0.4% 的人口大概占有全國

13 億人口中 99% 的財富，中國貧困的底層人口數超過 1 億人，人民的不滿程度幾乎達到了極限。當時不僅是腐敗問題，貧富差異中最底層的極端貧窮人數也到達了一個國家的臨界點。

這應該是鄧小平提倡的先富論觀點所造成的。先富論的觀點中曾經提及，先富起來的人應該把自己的財富分給貧困者，然而他們完全沒有做到。

雖然也有些先富起來的人，比如那些企業創始人，雇用很多職工，並逐漸去提高職工的生活水平，慢慢地將「先富」變成「共富」。但是這樣的人還是太少，而且貧困的底層高達 1 億以上人口。那些人身處偏遠農村，過著像是原始時代人類的生活。

這樣的國家還能說是社會主義國家嗎？

為此習近平政權提出，在 2021 年建黨 100 周年紀念日前，要徹底地消滅「貧困村」的政策。結果他們宣布，在 2020 年 11 月 23 日，中國「貧困村」的人口變成了零。

所謂貧困層的標準是「年收 2,300 元 RMB 以下」。根據中國國家統計局「2019 年國民經濟和社會發展統計公報」以及「2019 年中國農村貧困人口監測報告」等發表的內容中，比如從圖表 7–1 那裡，我們就可以看出中國從 2011 年開始至 2019 年止的貧困人口推移數據。

這裡提到的「農村」人口數據，是根據農村的「戶籍」

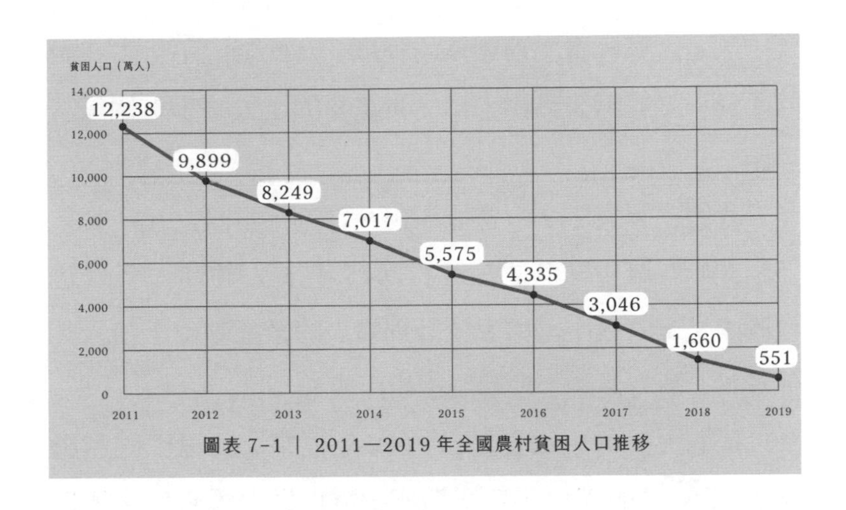

圖表 7-1｜2011—2019 年全國農村貧困人口推移

所統計的。住在城市裡貧困的農民工也作為「農村貧困人口」，都被計算在內，只是城市貧戶有生活救濟金（關於城市貧戶的救濟金有具體的條文說明，本書不論及）。根據這些報告，從 2012 年至 2018 年為止，以年度為單位所計算的貧困人口減少比例，其跨度已達到改革開放以來的頂峰，達到了 25.7%。也就是說，在大約 1 億 2,000 萬的貧困人口中，從 2019 年開始，每年減少 551 萬人。從這個數字來看，基本上達到了習近平政權所提出的要求。

這是否也應該算是習近平對鄧小平的一種「復仇的形式」呢？

只是這裡我們要注意的是顯示貧富差距的數據指標。即從 0 到 1 為止的推進範圍。越接近 1，貧富差距就越大。

改革開放以來，這個指標直線上升，到了一種讓人懷疑中國是否算社會主義國家的程度。為此習近平努力在做的不僅只是於減少貧困人口，更重要的是去縮小這個貧富差距。

我們在圖表 7–2 中還能看出，習近平當政之後，貧富差距開始在減少，但是在到了 2015 年後又開始回升。（這個圖表是筆者在中國國家統計局發表的數據基礎上植入其他資料，為方便讀者理解所編輯而成）。

這個上升的原因正是自 2020 年以來，阿里巴巴和騰訊等 IT 巨頭的市場壟斷所造成，這也是中國政府之所以要對他們以違反壟斷法的罪名懲處的一個原因。

日本一些媒體以「中國政府開始介入民間企業」，從而批判習近平政權逐步獨裁化，這個批評顯然是不準確

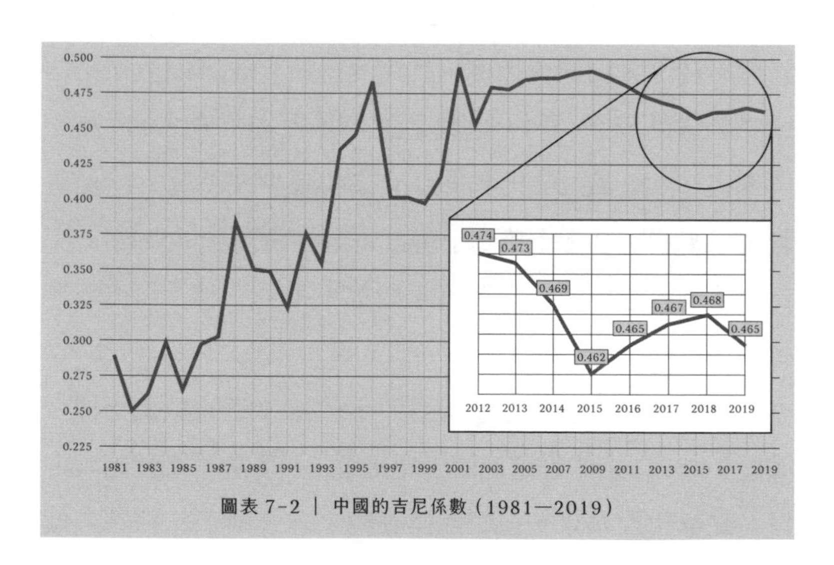

圖表 7-2 ｜ 中國的吉尼係數（1981—2019）

的。因為中國政府介入民間企業的做法，自改革開放以來就未曾停止，從不是什麼新鮮事。我們應歡迎對中國進行批判，但用這種不準確的觀點來分析，將無法準確判斷今日的中國正在發生什麼。

那麼，現在的中國究竟在發生些什麼呢？

對此美國的 GAFA（Google, Apple, Facebook, Amazon）也同樣指出，中國上市的 IT 企業中，尤其是那些以壟斷互聯網銷售市場為主的企業，他們的一家獨富的做法，造成了中小企業無法與之經營競爭的局面。財生財，錢生錢。由於財團將互聯網銷售市場上獲得的龐大利潤投向了金融和房地產，從而離開了實體經濟，形成了一種巨額的「數字上的財產」，一種看似膨大的「虛空」。這種財富無法在市場實體經濟上，透過「消費」數據顯現出來，因而使得民眾的實體經濟受到了壓縮。

這樣放任下去，不僅會使中國的貧富差距指數上升，還會讓中國經濟減速，甚至造成中國經濟的崩潰。

正因如此，中國政府才會以違反壟斷法之名，對阿里巴巴集團和騰訊等企業進行裁罰。

2015 年這個轉折點，是一項非常重要、不可忽視的事。

此外，那個貧富差距指數，似乎在 1998 年前後開始趨緩，但那是亞洲金融風暴所帶來的結果，類似的事件在 1990 年代末期也同樣發生過。這個指數的放緩與停滯不僅意味著貧困人口的增加，也是富裕人口增加所導致的結果。

因此，這不能作為研究的依據。

從此後中國國家統計局發表的數據中可以看出，由於高收入階層的財富增加，導致「錢生錢」的現象正持續地發生著。這種情況就從中國到日本觀光的遊客中出現被日本戲稱為「爆買購物」的現象中，也能看出端倪。只是，今日因新冠肺炎疫情的流行，暫時把這種現象抑制了下來。

IV. 一帶一路

關於一帶一路那個巨大的經濟圈已經是眾所周知的事，在此就不再細訴；但是因為這個背景和習仲勳所提出的「必須尊重中華民族的歷史」有關，因此我們從本書的角度出發，還是作了以下說明。

根據《習仲勳畫傳》和《習仲勳傳》中的內容，習仲勳曾經多次提出，要保護被稱為是西安市「回音壁」的城牆。

這座城牆是隋文帝時代的著名的建築家宇文愷，於公元 582 年接到以建設宮殿為主的首都命令後建築而成的。1370 年，在明代洪武帝時期，這個城牆再一次地被擴建。

1950 年，西安地方政府為了修建水路，加速工業建設，曾經提出拆除古城牆的計劃。由於長期戰亂，當時的西安古城牆遭到嚴重破壞，多處坍塌，城磚被人隨意搬走。4 月 7 日，習仲勳在其主持的西北軍政委員會第三次集體辦公會議上，將拆除城牆問題列為議題。習仲勳在聽取了大家的意見後，認為當時並沒有什麼大的工業建設，單單是為了修理水路，沒必要去拆除城牆。他強調：「城牆一動就會亂。」

習仲勳的意見得到了大家的贊同，最後大會決定，不但不能拆除城牆，反而還要加以保護。此後西北軍政治委員會以彭德懷、習仲勳、張治中等人之名，發出了〈禁止拆運城牆磚石的通令〉。這一決定，使西安古城牆逃過了一劫。

進入了大躍進時代（1958—1961 年）後，全國上下掀起了一股拆除城牆的運動，西安市政府再次批准了拆除西安城牆的計劃，並將此計劃送到了陝西省政府。當時的陝西省委書記打電話給人在中南海的習仲勳，希望能借助習仲勳的力量阻止計劃實行；接到電話後習仲勳立即和文化部聯繫，再三強調保護西安城牆的重要性，這是發生在 1959 年 7 月 1 日的事。當時文化部聽從了習仲勳的指示，並向國務院提出了以下的建言。

在西安城市建設的過程中，西安城牆已有一部分被拆除。西安城牆具有悠久的歷史，宋、金、元各代均因隋唐舊城故址築城。據志書記載：崇禎末年，巡撫孫傳庭廣建四郭城。城牆東西長七里餘，南北長五里，周長二十五里，

高三丈四尺，基厚六丈，頂寬三丈，有四門，並保存有城樓、箭樓、角樓等。城牆建築雄偉，規模宏大，是我國現存保存最為完整規模較大的一座封建社會城市的城牆，也是研究封建社會城市規劃、軍事歷史的實物例證和研究古代建築工程、建築藝術的重要參考資料。據了解，西安城牆即使在現在的都市規劃中，也不妨礙工業建設的發展。因此我部認為西安古城牆應該保存，並加以保護。」

城牆就這樣被保護下來了，並在1961年3月4日列入全國重點保護的文物名錄。這事發生在1962年，是鄧小平利用小說《劉志丹》事件，把習仲勳從工作崗位上趕下來的前夕。此後，西安的古城牆在文革中再一次地受到了破壞。

1980年，習仲勳終於平反，重新回到了政治舞台。當時陝西省相關部門再次向習仲勳請願，希望重新修復在文革中被破壞的城牆。因為這是全力對鄧小平歌功頌德的時代，習仲勳能發揮作用的空間不大，然而儘管如此，為了鼓勵相關人士，習仲勳還是講了以下這些話。

習仲勳說：「城市的歷史要延續下去，應該留下一些歷史符號，沒有實實在在的東西，城市就是空的。中國是文明古國，一定要把老祖宗留下的東西保護好，不然外國人就不會相信你是文明古國，因為你沒有實物。這個事情做好了，就能對人民群眾進行歷史主義和愛國主義教育，給子孫們留下教育的實物。要把剩下的那些豁口都連接起來，不連起來就不算完整，連起來才能叫完整的城牆，它再過兩百年也是文物嘛！」

在此，讓我們把時間往前推移到紀念中國建國 10 周年時。當時北京有一個宏大的建築計劃，即在中共中央和國務院指導下興建辦公大樓。那時周恩來特別徵求習仲勳的意見，對此習仲勳作了以下的答覆。

「人民大會堂是人民代表開會討論國家大事的地方，需要建築，但是中南海這個地方，就不一定要蓋樓了。過去袁世凱、段祺瑞他們都辦過公，我們拾掇一下也就可以了。」

習仲勳就這麼提出了保護中南海的意見。

袁世凱和段祺瑞都是清末的政治家，在民國時期都住在中南海，但蔣介石沒住在那過。可以想像，毛澤東在聽了習仲勳的意見之後一定非常高興。因為他很喜歡中南海，接見外賓時也不願利用人民大會堂的客廳，而始終將地點安排在中南海。習仲勳的相關想法一定傳到毛澤東的耳朵裡了吧！

習仲勳這種尊重中華民族古文明的做法，勢必給習近平帶來了很大的影響。1982 年，習近平在到河北省正定縣工作後，立馬就去視察了正定縣內的遺跡和文物。河北省有很多春秋戰國時代留下來的歷史遺跡，特別是正定縣。《三國演義》中描寫的趙子龍正是在那裡被發現的。1958年，毛澤東在會見正定縣代表時曾說：「正定是個好地方，不管怎麼說，那裡都出了一個趙子龍嘛！」

這段對話記錄，至今仍然被保留了下來。

正定縣所留下的不僅僅是趙子龍的傳說，還有很多古城和寺廟，那些古跡遺址破舊地散落各處，並未得到修復。習近平在隆興寺西側看到沾滿了泥土由元代書法家趙孟頫所書「本命長生祝延碑」石碑，為此，他立刻此提出了保護文化財產的指示。

當時正好是 CCTV（中國中央電視台）計畫製作電視連續劇《紅樓夢》的時候，他們正在期望能和哪個地方政府合作，製作拍攝「榮國府」的場景。這個消息被習近平得知，他立即提出希望能在正定縣建設一個可以永久保存下去的「榮國府」，並很快地得到了對方的認可。現在這個「榮國府」已經成為正定縣受到人們歡迎的最大的旅遊景點。

2011 年秋天，成為中央黨校校長的習近平在新學期開始時，對新學員發表了以下談話。

◎ 歷史是一個民族一個國家形成發展以及其盛衰興亡

的真實記錄，是先人留下來的「百科全書」，是先人的各種知識、經驗和智慧的結晶。

◎ 領導幹部要學習中國歷史，了解並懂得中國人民自古以來創造的燦爛歷史文化，並從中吸取有益於加強修養、做好工作的智慧和營養。

◎ 古老的中華文明早已聞名於世，它與古代埃及文明、兩河文明和印度文明一起，並稱為歷史上最悠久的世界四大文明。然而此後，埃及、兩河和印度這三個地方的古文明都中斷了，唯有中華文明五千年來一脈相承，從未中斷，一直延續到今天。

◎ 這種文明是無可比擬的，它是人類的財富，是中華文明特有的標誌，也是中華民族的寶貴財產。

習近平在 2013 年 3 月 17 日召開的全國人大會議閉幕式上，作為新上任的國家主席時致詞說，中華民族有 5,000 多年連綿不斷的文明歷史。它創造了博大精深的中華文化，為人類文明進步作出了不可磨滅的貢獻。隨後他提出了「中華民族的偉大復興」和」「中國夢」等，並由此倡導制定從古羅馬開始一直連接到西安的「一帶一路」巨大經濟圈的設想。

這個「一帶一路」巨大經濟圈的構想，體現了他父親習仲勳的心念，這難道不是習近平對鄧小平去「復仇」的一種行動嗎？習仲勳對於歷史的寄託很深，而且很不尋常。這是一個很重要的原因，正因如此，習近平的「一帶一路」構想，不管遭遇到什麼阻力，他都不可能放棄的。

2021 年 1 月 11 日中國政府發表的數據顯示，參加一帶一路建設的國家一共有 140 個，2020 年後仍繼續地增加著。

V. 香港問題與大灣區戰略

習近平為什麼會那麼糾結香港問題，而且還在香港實施國安法呢？這些其實不言可喻。因為香港的法官幾乎全部來自歐美聯邦法系國家，香港的民運人士也只能用那套法制體系去審判。

這個和 ❺ 有關係。

香港回歸中國時，承認並同意實施歐美聯邦法制體系的人，是當時擔任全國人大法制委員會主任的習仲勳。基本法屬於全國人大常委會管轄，而當時接見香港 12 人青年訪中團的也是習仲勳，儘管中國當時不得不去選擇歐美法制體系。

因此，習近平很可能是體會到當時由於父親習仲勳同意在香港基本法中植入歐美法律體系的進退兩難，感到了自己的責任。

產生香港問題的原因是香港基本法第 23 條中，關於

「香港特別行政區應自行立法禁止任何形式的叛國、分裂國家、煽動叛亂和顛覆中央人民政府及竊取國家機密的行為，自行立法禁止外國的政治性組織和團體在香港特別行政區內進行政治活動，以及禁止香港特別行政區的政治性組織或團體與外國的政治性組織或團體建立聯繫」等。

1989 年 2 月 19 日制定的草案中曾經定下「香港特別行政區應該自行去制定禁止任何形式的叛國、分裂國家、煽動叛亂，及竊取國家機密的行為」的條文，此後又增加了一條「禁止外國政治性組織或團體在香港特別行政區內進行政治活動」的條文。在那些條文中都明確提到，這些規則「必須由香港特別行政區自行制定」。

因此，香港特別行政區政府無論如何也要去制定一條，和現在中央政府發布的香港國安法有著相同內容的法律。

習仲勳不是基本法起草委員會的人員，他沒有直接的責任，但習近平卻要跟著去承認並執行這個歐美法律體系，這顯然是他所不願意的。

問題出在香港法院聘雇的法官身上。

因為最高法院的 19 位法官中，17 人是從英國和美國及澳大利亞等實行歐美法律體系國家來的法官，他們想當然耳，只會作出有利於香港民主運動人士的判決。為此香港的民主化運動始終不能平息。反之，北京則希望香港政府構築一條犯罪條例修正案——將罪犯押送回中國大陸審判的制度。但是香港政府沒有能力去做到這點。因此，中國政府終於不得已動用了對香港基本法持有決定權的全國人民代表大會常務委員會，在2020年6月制定了《香港國安法》。

然而，在1997年7月1日開始實施的《中華人民共和國香港特別行政區基本法》，理應實施到2047年7月1日，且明確規定應實行「一國兩制」的制度；即在「一國兩制」的前提下，在大陸實行社會主義制度，在香港實施資本主義制度，同時容許香港高度自治。這個「一國兩制」將於2047年6月30日24點終止，下一秒，即從2047年的7月1日0點起，香港就和中華人民共和國的其他城市一樣，從「資本主義制度」變成了「社會主義國家」中的一員。

只要香港在這段期間能夠擁有「民主自由」，那麼就不違反中英雙方簽訂的這份於聯合國機構註冊之國際條約。那麼反過來說，為什麼香港的民主派人士要在現在，為那個「2047年6月30日24點」結束的「民主自由」如此拼命呢？那麼到了時間終點後的「民主自由」呢？難道就不需要了嗎？

要改變這種命運的只有一個方法——那就是結束中國共產黨的「一黨專政」，讓那個支配著「中華人民共和國」的「一黨專政體制」崩潰。除此之外沒有別的方法。香港的民主運人士們，以及世界各國，特別是日本，必須得清楚地認識這一點。

只要香港問題和習仲勳有關係，習近平就無法避開這點，這也是個事實。

另外，還有一個「粵港澳大灣區的構想」——即以深圳為中心，連接香港、澳門的經濟圈構想，也是習仲勳在廣東時描述的。在習近平掌握政權以後，這個大灣區構想便迅速大規模地開始實施了。在這個構想中，深圳應當接替香港，或至少和香港聯手，在深圳建立國際金融中心，將深圳地區當作模範特區，以法律定義一切，給予深圳市一定程度的自由。

中國大陸也在考慮制定以歐亞大陸為中心的大陸法系，讓深圳實行像日本東京一般，利用美國的影響，實施較有彈性且傾向於歐美法律體系的制度。他們期望人民幣數字化，並把那種轉變作為長期目標，漸漸讓香港脫離美國的影響。（詳見筆者與白井一成先生合著的《新冠病毒疫情後的美中霸權與人民幣數位化》）。

澳門比香港晚了兩年，於1999年回歸中國。如同香港一樣，成為「中華人民共和國澳門特別行政區」，與香港同樣實施澳門基本法。但是相較之下，澳門卻沒有像香港那麼頻繁地發生爭取民主化的遊行，這又是為什麼呢？

理由其實很明顯。因為澳門的貧富差距並不顯著。澳門的人均國民總所得（人均收入占GDP的比例），始終在世界排名第 2 位至第 4 位之間移動著。而香港的人均國民總所得比例，雖然由香港的富豪們的帶動高居世界排名第 16 位，但吉尼係數 * 卻是超過 0.4 警戒線的 0.539，在已開發國家中排名倒數，香港成為高所得經濟體中貧富懸殊最嚴重的地區，達到「隨時都可能發生爆亂」的水準。

造成這個原因的正是香港的大富豪們。

然而，批評這種狀態的日本媒體卻幾乎沒有，因此，筆者不得不說：這是一種偏頗的報導。把目光投向現實社會，耳眼並用地細心傳遞關鍵訊息，才能體現真正的新聞價值。在此再補充一下，澳門的吉尼係數是 0.35，比日本的 0.37 還要低。

在日本常能看到被稱之為「專家」的人物寫出「習近平嚴厲鎮壓香港，是因恐懼民主潮流會傳向中國大陸」的論調，對於這種偏離事實的說法，筆者只能驚愕無言。

中國大陸的年輕人在川普執政時期，已失去對美國的憧憬，不再認同民主是好物了。那些嘲諷美國新冠疫情控制不利，甚至可說是落後全球，以及川普支持者私闖美國議會等亂象的諷刺文章，充斥在中國網路。「這才是真正的民主吧！總算看到民主的偉大之處了……」這顯示美國

---

* 吉尼係數 Gini coefficient。依 20 世紀初義大利學者科拉多·吉尼根據羅倫茲曲線所定義判斷年所得分配公平程度之指標。通常，0.4 是所得分配差距的「警戒線」，一旦超過，貧富兩極的分化極易引起社會階級的對立，導致社會動盪。

鼓吹的「民主主義」，在中國已經成了一種笑柄。

川普在中國被叫做「特朗普」，他還有一個稱呼叫「川建國」（即再次創建了中國），即越是制裁中國，卻越增強中國年輕人的愛國心。由於他們開始嫌棄西方社會的民主主義體制，使得習近平在中國推行的一黨專政獨裁體制，變得越來越容易維持了。

到世界各地去「爆買」的中國旅客，在一黨專政下變有錢了。

因此他們擔心，若是施行民主化很可能會讓自己變窮。對於中國出現的這種變化，日本有些人卻散佈「習近平嚴厲鎮壓香港，是恐懼民主潮流會波及中國大陸」，他們難道是想用這種論調去迎合日本人嗎？對此，我們必須要有清醒的認識才行。

VI. 對少數民族的鎮壓
——採訪日本維吾爾族聯盟圖爾・穆罕默德會長

在 ❶ 中以及第三章中也提到，習仲勳對少數民族非常重視，即使在 1990 年下台後他仍主張實行融和政策。但是也許正是這個原因，習仲勳才受到了黨中央的批評被趕下台，因此我們推斷，正是因為習近平認定「自己不能重蹈父親的覆轍」，才去推行現行的少數民族政策的。現在，新疆有 100 萬以上的維吾爾族人以受「教育」和「職業訓練」

為名，被強行送到新疆各地的「強制收容所」遭受迫害，這些是確實存在的事實，誰也無法否定。

其實不光是現在，維吾爾族人受到迫害早在這之前就有了。

我們不去糾結過往歷史，即使從中國實行改革開放政策後的時代來看也是一樣。新疆維吾爾族自治區向來大力開發石油與天然氣的探勘，更是中國對中亞五國的輸出管道，所有的物資全都是通過新疆維吾爾族自治區輸送出去的，這些情況顯示，新疆維吾爾族自治區社會的安定，對於中國政府來說非常重要。

習近平政權誕生後，包括阿拉山口等在內地區，不僅是石油天然氣輸送管道的重要區域，還成為一帶一路的重要據點，其社會秩序的安穩就顯得愈發重要了。

胡錦濤執政時期，西藏地區發生騷亂，為此藏族和新疆維吾爾地區的少數民族一樣受到了迫害。也許是因為他們助長了伊斯蘭教極端組織 IS（阿拉伯語：الدولة الإسلامية，Islamic State）在當地的恐怖活動，為此把新疆維吾爾族人作為迫害的對象的行動，在習近平政權誕生後便逐漸被強化了。

這個記憶應該並不遙遠。2014 年，被認定是新疆維族人對漢族發動的恐怖攻擊事件，接連不斷地發生（2014 年 3 月 1 日發生在雲南省昆明、4 月 30 日發生在新疆烏魯木齊市車站、5月22日發生在新疆烏魯木齊市公園、6月21日發生在新疆維吾爾族自治區的葉城縣公安局、7月28日發生在新疆維吾爾族自治區的莎車縣、9月21日發生在新疆維吾爾族自治區的輪台縣、11月28日發生在新疆維吾爾族自治區的莎車縣)。

因此,習近平建立了再教育設施。

中國共產黨執政在至今的漫長時間裡,向來都是使用武力鎮壓少數民族,現今,習近平以「教育就職」的名義去改變強制收容所的內容,或許多少有借鑑一些習仲勳當年想法的意圖。然而,當他在2016年8月將西藏自治區的黨委書記陳全國調到新疆去擔任維吾爾族自治區的書記後,那個強制收容所就搖身變成欺凌虐待新疆少數民族、無視人權的地方了。

關於這個變化過程和現在新疆維吾爾族人民的現狀,留日的「日本維吾爾族聯盟」圖爾·穆罕默德(Tur Muhammet)會長在採訪中告訴了筆者。筆者曾經在2017年11月15日,主持了在東京代代木奧林匹克中心召開以「推進人權、民主與和平」為題的研討會,並邀請在川普政權時期擔任政府首席戰略官的史蒂芬·班農(Steve Bannon),在研討會上演講。當時穆罕默德會長也出席了研討會,並在會上對新疆維吾爾族問題作了專題發言。

為此筆者特別將他演講的內容概括如下:

強制收容所是在2016年8月開始，把對收監在那裡之人犯的欺凌，變得越來越殘酷的。我的女兒和她的祖父母一起生活在烏魯木齊，我常常會和他們通電話聯繫，但是從2016年12月起，和烏魯木齊家裡的電話聯繫就不通了，而且，像過去委託回國探親的留學生和朋友幫忙，前去確認家人安危也變得不可能。因為只要維吾爾族人一出現在機場，就會被當地警察強行押送到強制收容所或刑事拘留所，並從此去向不明了。

全世界有1,000人以上的維吾爾族人，在YouTube等媒體上將自己在強制收容所遭受到的事作出了證言。此外，活著走出強制收容所的證人以及對有關方面的人員的採訪中，我們也證實了強制收容所的內部情況。根據證言可以推斷，有100萬左右的維吾爾族人在收容所裡被消失了。他們之中不是被槍殺就是被餓死，或者是死在最近在收容所內蔓延的新冠疫情中。

過去，特別是在江澤民時代，法輪功學員的臟器被買賣移植，然而現在法輪功學員已經很少了，因此關於維吾爾族人的臟器被買賣或被移植的證言也傳到了我們的耳裡。由於阿拉伯各國一些需要臟器移植的富豪們認為，他們只能使用伊斯蘭教徒的臟器，因此從2017年開始，臟器的提供者基本上都變成維吾爾族人了。而且新疆當局從2014年起，成立了以維吾爾族人為中心的DNA數據銀行，因此只要稍作調查，需求者所需的臟器對象就能明瞭。

我們這裡還收到這樣的情報，說中國共產黨為了維持一黨專政的獨裁體制，就必須把維吾爾族的人口減少到500萬左右。現在西藏自治區的人口已經被減到剩300萬人左右了，因此目前最主要的目標就是新疆維吾爾族人，中國政府為此想要去屠殺一批維吾爾族人。

美國的蓬佩奧先生說：「這是對民族文化的集體屠殺。」他講的完全正確。要屠殺到只剩500萬人以下才行，唯有這樣，維吾爾族人才會失去爭取獨立的能力。

中國共產黨不是人，為了維持一黨專政的獨裁體制，他們什麼樣的事情都做得出來。遠藤先生，我們對您充滿了期待，請您將這個事實告訴全世界。

然而，即使世界上所有人全知道了也沒用。因為那些政治家們不願去正視這個現實，更不願去付諸行動。他們注重的是「經濟」。只有從經濟這個根本上斬斷他們的幻想才能有所效果。因為現在還有很多像日本那樣主動向中國獻媚的國家。

從中國共產黨的歷史看來，不論是鄧小平還是習近平，為了維持中國共產黨的一黨專政獨裁體制，他們是不惜一切，無所不做的。這的確是事實。這正是中國共產黨的真實面貌。

關於少數民族的問題，習近平背叛了他父親習仲勳的思想。他選擇了強化一黨專政獨裁體制的道路，這是非常明確的。但是反過來說，不這樣做就維持不了中國共產黨的政權，這是中國共產黨的特徵。正是這個特徵，習仲勳給「一黨專政獨裁體制」貼上了「軟弱」的標誌。這正是習近平政權最為可悲的地方。他違背了父親的理念，受到了「良心的譴責」，這正是他的軟肋。中國共產黨的一黨專制獨裁體制越是不穩定，這個「軟肋」就越為明顯。

最近，由於這個「對民族文化集體屠殺」的原因，使得很多國家組織都紛紛站出來呼籲，抵制 2022 年北京的冬季奧運會。2021 年 2 月 4 日，住在日本的維吾爾族人、西藏人和蒙古人等集合在一起，作為在中國受到迫害的少數民族代表，對中國政府推行的「對民族文化集體屠殺」提出抗議，並呼籲抵制北京冬季奧運會。他們不斷地召開記者會，並舉行抗議示威遊行。

在舉行北京奧運的 2008 年 3 月，由於中國政府以武力鎮壓西藏暴動，西方各國首腦也表現出了抵制北京奧運的行動。對此，當時的胡錦濤國家主席向最容易說服的對象日本伸出了手，並在當年 6 月訪問了日本，與當時的福田康夫首相會談，並約定共同開發東海油田。

對中國來說，奧運會被抵制是最為棘手的事情。

本書在第四章已講到，並在本章的最後也會詳述，日本為了幫助其解除對於天安門事件所受的制裁，使中國的GDP 從 2010 年開始超越日本，成為僅次於美國的經濟大國。因此，如果今天世界上的主要國家都以中國推行「對民族文化集體屠殺」為由，抵制北京冬季奧運的話，那麼中國共產黨政府恐怕也會用「經濟制裁」這個武器去對付他們吧！

但是即便如此也沒有關係，因為中國政府對民族文化的集體屠殺是事實，西方各國只要以這個事實為依據，攜手團結就行。但遺憾的是，以自民黨二階俊博幹事長等人為首的極端親中派掌握的日本自民黨政權，即使至今也從未放棄邀請習近平以國賓的身分訪問日本的念頭。

最大的敵人就在身邊，這是我們不得不為之嘆息的事實啊！

VII. 重視毛澤東和西北革命根據地
——把和美國對抗比作為「長征」

這裡要寫的內容和 ④ 及 ❸ 有相同之處，並且也已提及部分，在此再將它概括說明。

首先是關於習仲勳因小說《劉志丹》問題所受到的冤罪之事。

在 2012 年 12 月 4 日習近平擔任中共中央總書記和中央軍委主席的 20 天後，《中國共產黨新聞網》發表了該事件是如何的錯誤、荒唐的長篇評論文章，為習近平的父親習仲勳徹底平反、恢復了名譽。

習近平在 2013 年 3 月擔任國家主席 4 個月後的 7 月 21 日至 23 日，曾經到湖北省去進行視察。在繁忙的行程中，他訪問了東湖之畔的毛澤東故居。

毛澤東生前曾經 44 次住在位於武漢的東湖賓館。在新中國誕生之後，除了中南海外，東湖賓館應該是他居住時間最長的地方了。2013 年，為了紀念毛澤東誕生 120 周年，東湖賓館展示了 400 張毛澤東在武漢時的照片。

當時習近平在一張照片前停了下來。這是 1953 年毛澤東站在路邊的包子舖和小販談笑的照片。聽了介紹人的說明後，習近平一動也不動地站在那裡，若有所思。

這一切意味著什麼呢？原因在以下描述的毛澤東 120 周年誕辰紀念大會上被辨明了。

在此，我們先談談 2013 年 10 月 15 日習仲勳 100 周年誕辰紀念時的事。當時人民大會堂舉行了紀念習仲勳誕生 100 周年的座談會，還由中央電視台製作了紀念習仲勳誕生 100 周年的電視連續劇。中國在紀念過去的領導人時，除了像胡耀邦和趙紫陽那種被視為「罪犯」的人之外，都會製作一部表示紀念祝賀的電視特集片。此事還被海外媒體批評為是「提倡個人崇拜」云云。

到了那年的 12 月 26 日，北京又召開了毛澤東 120 周年誕辰紀念大會。那時中國的網路一湧而上，到處都在討論這個內容。然而在海外傳的則是發生在兩天後12月28日的事情。人們沒有想到，習近平會來到北京市的一個小餐廳，和一般人一起排隊花錢買包子，並和一般客人坐在同一張桌上吃包子，就像當年毛澤東和小商人一樣，邊吃包子一邊談笑。這件事不僅在網上被炒得沸沸揚揚，還被海外媒體大肆報導，因此，「習近平要模仿毛澤東」的揣測一下子在全世界傳開了。

2015年2月13日至16日，習近平訪問了他父親曾經活躍過的西北革命根據地，視察了習仲勳當年與劉志丹首次見面的延安、照金等地。對此《新華社》以「黃土地的兒子回來了」為題，進行了特別的宣傳報導。從此以後，當初被鄧小平輕視的西北革命根據地對中國共產黨的革命事業所作出的貢獻，被大幅地宣傳提升了。

中華民族的偉大復興，就像經歷了充滿著苦難的「紅軍長征」後才誕生了新中國，並在最終定會取得勝利的說法是從2016年2月開始的。那年春節，發揚「長征精神」，被列入了國家戰略軸的宣傳方針裡。

2016年10月21日，「紀念紅軍長征勝利80周年」大會在北京人民大會堂隆重舉行，習近平特別發表了演說。

就像是在召開黨代表大會時那樣，中共中央政治局的七人常委和其他中共中央政治局委員一起出現在舞台上。

舞台的左右兩邊掛著五星紅旗，中央則是「1936—2016」這幾個金色的大字。沒錯，各路紅軍全部到達延安的日期確實是 1936 年的 10 月。

中國共產黨歷經千辛萬苦從西北革命根據地延安脫穎而出，誕生了中華人民共和國，當時的心願絕不能被忘記的「不忘初心」一詞，成了中國共產黨的口號，反覆地出現在各種場合。此後，長征的各個名勝出現在各類旅行社的行程及報紙的宣傳中。就像長征在最終取得了勝利一樣，中華民族不論遇到什麼困難，都能忍耐著繼續鬥爭，並一定能取得最後的勝利，成為中國人的精神財富。此後中國政府在受到了美國的制裁時，長征又成了人們的精神法寶，「想想長征吧，中華民族沒有克服不了的困難」，成為激勵人們的檄文。

所以當中國政府聽到美國總統拜登（Joe Biden）在對中策略上提出的什麼「戰略忍耐」之類的話時，自然會不以為然地發出冷笑了。

習近平在 2020 年 10 月召開的「抗美援朝 70 周年紀念大會」上對中國人民強調：「中國人民志願軍在朝鮮戰爭這樣困難的境地中都能戰勝看上去不可一世的美國軍隊，那麼今天的中國就更沒有做不到的事情了。」

習近平在中共中央政治局委員以及其最高領導層的七人常委中，大量地選任原西北革命根據地出身的幹部，及曾在陝西省工作的人。他的這種做法已明確地表明，他要對鄧小平復仇，糾正他過去排擠來自西北地區的幹部，以及與此有關的人才政策。然而，他所選拔的幹部是否賢能，完全是另外一回事了。

應對世界新形勢
——中美霸權和對網路言論的控制

這裡提到的「新情勢」，指的是鄧小平時代沒有，但在今天的中國國內和國際上發生的事情。

現在，中國的經濟和軍事力量得到很大的發展，出現了很快就可以追上美國的勢頭。2010 年中國的 GDP 規模超過日本，成為世界第二大經濟體，美國川普政權推行的對中制裁政策，也因為這個目的而變得越來越明顯。這種狀況也給習近平帶來了前所未有的機會，使他認識到這已經不是單純的什麼去「向鄧小平復仇」的事情了。他認為在自己的執政期間，「中國很可能會超越美國，成為世界第一大國。」對於中國來說，這是一個絕佳的機會，習近平認為自己一定能夠抓住它。

鄧小平時代還不能在網路上發言。胡錦濤時代雖然已經開始在限制網路上的發言了，但其目的和現在不一樣。習近平時代的網路限制跟過去全然不同，有著其特殊的考慮和背景。

在這裡我們從以下兩個方面去解讀。

● I. 中美爭霸

中國如何看待拜登新政權的誕生

中國對新誕生的美國的拜登政權非常警惕。

現在，那個與國際社會背道而馳、試圖脫離世界經濟體系，並提出以「美國優先」為口號的川普政權，已經是過去式了。由於川普的保護主義與美國第一主義受到歐洲各國的批判，使得美國在國際社會的領導力逐漸喪失。在川普執政的那 4 年間，中國提出允許各種社會體制存在的所謂「人類運命共同體」口號，使他們在國際社會的地位逐漸得到鞏固。中國本是新冠病毒疫情的發源地，卻由於他們比其他國家早一步戰勝了疫情災難，恢復了經濟增長，成了世界經濟的牽引力。這種讓他們感到自信的程度，在中國近代史上來說，是從來沒有過的。

正是在這個時候，提出以回歸國際社會為主要目標的拜登政權誕生了。

2021 年 1 月 20 日，拜登正式成為美國總統。在他就任的第一天起他就以總統的名義，一一簽署了美國重新回歸包括巴黎協定和世界衛生組織等在內的決定。當時，法國總統馬克宏（Emmanuel Macron）立即發出「歡迎美國回歸」的賀詞，成為國際社會十分期待美國重返世界的一種最為顯著的象徵。

習近平政權成立以來，國際組織很多重要部門的領導位置，都被中國人或者親中的第三國人物「經檯面下操作」而占領了；這個結果使得包括聯合國秘書長古特瑞斯（António Manuel de Oliveira Guterres）在內的國際電信聯盟秘書長、國際民用航空組織秘書長、聯合國糧食及農業組織領導人、聯合國工業發展組織領導人等聯合國各機關及相關組織，都不得不去看中國政府的臉色行事，那陣仗就好像聯合國已經被中國人占領了似的。

習近平政權在其推行的外交政策上，打著所謂「人類命運共同體」的旗號，一邊提出要減免一帶一路沿線貧困國家的債務，一邊又說要將一帶一路沿線變成「健康的絲綢之路」等。在新冠疫情向全球蔓延之際，又為一帶一路沿線國家提供醫療補助，出口中國生產的口罩和疫苗，進行所謂的「口罩外交」和「疫苗外交」等。

2021 年 1 月 11 日，習近平在中央黨校的新年致詞中表示：「中國的機會來到了。」在談到人類與新冠病毒疫情的抗爭的同時，他又充滿自信地說：「社會主義制度的優越性顯現出來了。」

特別是那年的 1 月 6 日，當川普的支持者衝入美國國會大廈，美國一直自豪的民主殿堂權威陷入危機，以及美國的新冠病毒感染者高達 2,410 萬人，死亡人數又達到了 40 萬人的時候。

和美國相比，中國在進入2021年後，雖然疫情也出現了小風波，但感染新冠病毒的患者總數只有8萬8,557人，死亡人數也僅4,635人。為此中國政府強調：「全中國14億人口中的這個人數，充分顯示了社會主義國家制度的優越性和民主主義國家制度的脆弱」等等。

2020年11月15日，亞洲的區域全面經濟夥伴協定（Regional Comprehensive Economic Partnership，縮寫RCEP）簽訂了。對此中國政府自吹自擂地說，這是「多國主義和自由貿易的勝利」，是川普政權提出的「一國主義和保護貿易」政策的失敗。

區域全面經濟夥伴協定的簽署，是因參加亞洲東協自由貿易組織的十個國家經濟，因未能獲得美國川普政府的重視，在疫情蔓延的情況下，不得不依賴已經恢復了經濟增長的中國。此後，雖然日本、韓國、澳大利亞和紐西蘭也加入進來，但包括中國在內的亞洲東協組織的15個國家中，只有中國的GDP規模是超群的，為此中國以外的14個國家不得不去迎合中國，昧著良心說中國的自由貿易有其「一定的高度」，從而使中國在東協組織裡的發言權得到了加強。對此中國政府當然明白，他們在食髓知味後，又將目光轉向了美國未加入的TPP11國貿易聯盟組織，並企圖加入進去。

在2016年，美國本來參加了跨太平洋戰略經濟夥伴關係協定（The Trans–Pacific Partnership，縮寫：TPP），並且簽署了12國協議，然而在川普執政後，美國又退出了該組織。為了和原定包括美國在內的TPP12國協定有所區別，日本與原參與各國將TPP12的名稱改為TPP11。由於是重新建構的貿易組織，因此日本凍結了TPP12條約中原定的22個苛刻的入會條件，降低了參與門檻。因此這又成了中國一個極好的機會。

但沒想到的是，1月20日拜登一上任，馬上決定重返TPP，只是礙於新冠肺炎疫情在美爆發，與1月6日發生美國國會大廈遭川普支持者暴力闖入，使川普的支持者與反對派間發生了激烈的衝突，讓這一切產生了變化。對此中國政府作出了新的判斷，他們認為，剛上台的拜登政府一定會集中精力解決國內問題，無暇顧及重返TPP。

但是，萬一美國在中國加入TPP11前回到TPP組織，那麼原本被凍結的22條嚴苛條件，不僅無法解凍，甚至可能更加嚴格，例如入會需全體會員國同意等。因此斷定，拜登政權不可能改變迄今所推行的對中政策，一旦美國回歸TPP，也絕不可能同意中國加入；因此只要美國率先重返TPP，那麼中國想入主TPP11的可能性幾乎是零。

然而從美國的現狀來看，它率先重返TPP的可能性並不高。因此，為了能盡早加入TPP11，中國勢必作出最大努力。

習近平很可能這麼盤算著：一面透過上海合作組織，加強與俄羅斯合作，利用俄羅斯所主宰的組織17國力量，

推行由北京往西延伸的一帶一路計劃；同時期望加入並主宰北京東邊包括區域全面經濟夥伴協定RCEP在內的TPP組織。若這一切能達成，那麼中國可就全球在握了！因中國與非洲各國的合作關係已十分密切，剩下的就只有美國了。

然而意想不到的是，半路卻殺出了英國這麼個程咬金與中國為敵！

英國成功脫離歐盟，於2021年2月1日正式申請加入TPP11組織。雖然中國諷刺英國這是在「脫歐入亞」，但日本卻為英國的加入將使「中國感到困擾」而表示歡迎。

此事真的會讓中國感到困擾嗎？

筆者為此訪問了國際研究所中國問題調查機構的中方代表孫啟明研究員（北京郵政大學經濟管理學院教授），聽到了「真正來自中國的聲音」。以下是孫啟明教授的回答。

從英國現今的經濟規模與世界地位來看，中國沒有必要在意英國加入TPP11，也根本不用在乎日英等國追隨美國試圖圍困中國之事。TPP11不是美中較量的遊戲場，問題只在美國是否也會跟著加入。英國的加盟並不表示美國

也能輕易入會，因為英美之間在雞肉進出口問題上的不一致，影響了兩國之間的貿易關係，才使英國不得不將目光投向了亞洲；即使拜登上台，英美養殖企業密切關聯的雞肉等問題，也不是簡單就能解決的；因此英國加入甚至可能使美國回歸 TPP 變得更加困難。對於中國來說，只要加入了 RCEP，就完全足以去和美國對抗了。

從現今中國的經濟實力來看，不管是哪個國家，都不可能輕易放棄和中國做生意。TPP11 也好、RCEP 也好，離開中國都是行不通的，因為這些國家都得以本國的利益為重啊！

以上所述實在令人驚恐！因中國早就認定英國會申請加入 TPP11，所以才想盡早和歐盟簽署投資協定。

2020 年 12 月 30 日，這個中歐投資協定已根據原定計劃大致達成了共識。它始於習近平上任的 2013 年，經歷了 7 年 35 回合的交涉。多虧了川普政權，這個協定才大致達成了共識；因川普政府輕視與同盟國間的關係，使歐盟不得不向中國靠攏。因此，中國商務部認為：「中歐全面投資協定可以增加中歐企業更多投資機會，促進商業投資環境的良性循環。」

然而在交涉期間，歐盟中的部分國家提出了如不解決新疆維族受迫問題，就不締結中歐投資協定。然而，這個意見只停留在口頭溝通，使得討厭美國川普總統揚名的德國總理梅克爾（Angela Merkel）提出在年內簽署中歐全面投資協定的提案，變成了可能。因此我們也可這麼說，歐洲在中國新疆維族受迫問題上，已失去了發言權。

拜登總統為了恢復美國的領導威信，在就任演講中，再三強調將改善與同盟國間的關係。如果美國今後能再次與歐洲各國建立信任，那麼對中國來說顯然是不利的。

2021 年 2 月 5 日，李克強總理在北京出席了世界經濟論壇全球企業家視訊特別對話會，他介紹了在新冠疫情蔓延全球之際，中國如何以市場為主體實行保護政策的經過，隨後他又強調，中國政府將「採取一切必要措施去增強市場的活力，簡化外國企業在中國投資的登記手續，並為他們在中國市場的公平競爭提供保護措施」等，再三呼籲對中國市場正猶豫不決的歐洲企業。

歐洲各國對美國的支持率，在川普上任以來跌到了谷底。2020 年，美國蓋洛普調查公司發表了歐洲在 2019 年時「對美支持率為 24%、不支持率為 61%」的驚人數據。

人們本以為，拜登上台後這個數值應會好轉。但根據該公司 2021 年 1 月 19 日對「歐盟外交事務委員會」的調查來看，當時對美國的支持率也只有 22%，比川普政權時代更加惡化，前景並不樂觀。看來川普執政 4 年對歐洲的影響，並非一朝一夕就能改變。反觀川普執政前的歐巴馬（Barack Obama）時代，歐洲對美國的平均支持率為45%、不支持率30%，支持率總是高於不支持者。

2020年12月26日，總部位於英國的經濟與商業研究中心（CEBR）發表了更令人吃驚的數字。他們的調查報告顯示，中國將比自己預估數據提早5年，即在2028年就能超越美國，成為世界第一的經濟大國。甚至還說，中國對於新冠疫情的管控能力，在今後數年一定會比美國與歐洲都強。

這點從中國國家統計局2021年1月18日發表的調查報告中也能看出。

中國在2020年的GDP成長率為2.3%。在世界主要經濟國家中，當時GDP增長的除了台灣之外，只有中國，而美國則出現了74年來的第一次經濟負成長，負增長率為3.5%。英國則更差，跌落到了9.9%的程度。

或許是因無法忽視這個現實，英國首相強森（The Rt Hon. Boris Johnson）在2021年1月13日舉行的英國國會委員會（Parliamentary Committees of the United Kingdom）時，對議長等人敲響了警鐘。他說：「不論是英國國會還是英國政府，都不希望有人輕率地厭惡中國。」這種狀況和日本政府期待因西方國家加入TPP11牽制中國的局面，不管從什麼角度來看，都有很大的差距。

美國對中強硬政策的真實程度

關於台灣問題，拜登總統可說是確實繼承了川普的政策，這一點從台灣駐美代表處代表蕭美琴（駐美國台北經濟文化代表處代表），出席美國總統就職典禮中得到證實。這是自 1979 年斷交以來，台灣政府駐美代表首次正式出席美國總統的就職典禮。川普執政時期，美國對台灣政策已發展到了「不一定再承認一個中國」的階段，如果拜登政府真的對中國政府強硬的話，他就應馬上將台灣認定為獨立國家，時至今日，美國所施行的不承認「一中政策」，所可能走到的極限才對；但是他只是擺擺樣子，其目的或許只是為了避開川普支持者的攻擊而已。

因為 2021 年 2 月 5 日，美國的國務卿布林肯（Antony Blinken）和中國政府分管外交的最高領導楊潔篪進行了電話會談，根據中國政府的發表，布林肯表示會遵守「一個中國」原則。對此，雖然美國政府的網頁上沒有發表任何內容，但布林肯在得知中國政府的發表後並未作出糾正，這顯示布林肯對其內容確實是默許的。

拜登也是一樣。2 月 11 日，拜登終於和習近平舉行了電話會談。這是他就任總統以來，在和加拿大、墨西哥、英國、法國、德國、北大西洋公約組織、俄國、日本、韓國、澳大利亞、印度等 12 個國家領導人進行了電話會談後，最終取得與中國領導人的通話。那麼他為什麼要將與中國領導人的會擺在俄羅斯和韓國之後呢？表面上看，他確實想向美國民眾展現：「自己根本就不重視中國，和川普一樣，會對中國繼續採取強硬政策。」

然而從結果看來，情況並非如此。因為他與習近平電話會談當日，正是中國的除夕，是中國人舉國同慶的日子。拜登特意選擇這天給習近平打電話，並優先拜年祝賀，以這個角度展開的對話，使我們不得不懷疑拜登政府只是在表面上說維持對中的強硬政策。這點從事後美中政府雙方各自發表的會談內容來看，我們的懷疑被證實了，因而筆者確信，拜登的對中強硬態度只是掛在嘴上的敷衍。

美國方面表示：「拜登總統為確保美國人民生活之安全、健康、繁榮，將堅守自由開放的印度洋與太平洋。」拜登總統強調：「美國政府對北京政府高壓不公的經貿政策，及對香港民主人士的鎮壓、侵犯新疆維吾爾自治區人權，與包括對台灣在內的越來越強硬的獨斷行動深感不安。」

然而，中國政府所發表的內容則完全不同。由於中共當局發表的文章很長，筆者特別將重點摘錄如下。

習近平強調：「中美雖在一些問題上有不同看法，但關鍵是要相互尊重、平等相待，以建設性方式妥善管控和處理。中美雙方應該重新建立各種對話機制，準確地了解彼此的政策意圖，避免誤解誤判。要分清哪些是分歧，對此

更好地管控；對那些有合作意義的事情，要共同推動，走上合作軌道。台灣、涉港、涉疆等問題是中國內政，事關中國的主權和領土完整，美方應該尊重中國的核心利益，慎重行事。」

對此拜登答覆：「中國有悠久的歷史，是偉大文明的國家，中國人民是偉大的民族。美中兩國之間必須要加強調控，避免衝突。美國願意和中國一起，本著相互尊重的精神，坦率並持續地進行建設性的對話，加深相互之間的理解，避免誤解誤判。」

對於中國政府發表的內容，美國沒有作出任何反對意見，由此可以判斷，中國政府發表的對話內容是正確的。對此，我們又怎能相信，拜登政府嘴上講的那種將延續川普政權實行對中強硬政策的話呢？

美國重返國際社會，與同盟國以及友好國家攜手同行確實是件好事情，但重要的是，日本自民黨政府為了取悅習近平，至今都未取消「以國賓身份邀請習近平訪日」的計劃。在這種情況下，空談什麼日美澳印戰略對話，自然是沒什麼意義的。日本政府「嘴上反中」，但這可能如當年發生天安門事件時一般，卻比任何國家都早一步解除對中國的制裁，率先向中國妥協。若非如此，那麼日本政府應即刻正式宣布，解除「以國賓身份邀請習近平訪日」的計劃。

● II. 習近平為什麼要加強網路言論的控制

根據2020年12月的統計數據，中國的網路用戶人數有9.89億人，其中透過手機為途徑的有9.86億人。有多達近10億人口能透過網路發表意見，這種狀態若不加以規範審查，很可能會造成混亂的局面。我們完全可以想像，原本依靠紙張通信去維持其「一黨專政獨裁體制」的中國政府，到了今天的網路通訊時代，所得實施的種種嚴厲手段，特別是習近平政府所面臨的不得不強化控制網路言論的國際形勢。

這也是因他看到中國發生的反日示威遊行及其引發的可怕後果。

2012年9月，由於日本推行的釣魚島國有化行動引起中國青年反對，使全中國反覆爆發了以年輕人為中心的反日示威遊行，其激烈程度幾乎要影響將習近平選為中共中央總書記的黨第十八次全國代表大會的召開。

反日示威遊行最終演變成反政府遊行。組織者號召群眾拒買日貨，並對自己使用的手機電腦等電子產品充滿了日本產品而感到憤怒。若按照他們所說，那就得扔掉手機、砸碎電腦。因使用日本零件組裝而成的電腦手機等電子產品是對中華民族的侮辱，必須徹底砸爛。如此號召示威遊行的年輕人，轉而將怒火延燒到中國政府的身上。

經歷了這個風波的習近平在擔任總書記後，馬上開始著手建立以高科技武裝一切產業的國家戰略——即「中國製造 2025」計劃。同時他嚴厲地強化對網路言論的控制，建立了連進行串聯都不可能的管理體制，絕不允許再出現像反日示威遊行那樣的行動。因此，進入習近平政權後，這樣的示威遊行一次也沒有發生過。

我們不要以為反日示威遊行不再出現，就意味著習近平政權不反日。這完全是兩回事。

進入 2014 年後，習近平連續設立了以反日為目的的國家紀念日。一個是 9 月 3 日——中國人民抗日戰爭勝利紀念日。第二個是 12 月 13 日。因為 1937 年 12 月 13 日是中國「南京大屠殺」的日子。因此他把這一天定訂為「國家哀悼日」。習近平將自己扮成堅定的反日派領袖，他要做給人民看，以抑制青年舉行反日示威遊行的念頭。

他們這樣害怕「人民的聲音」是有根據的。毛澤東也好、鄧小平也好，他們都害怕「人民的聲音」。然而在網路如此發達的今天，10 億人可以透過一個渠道去發聲，這是最可怕的。這種狀況必須使用特殊手段來加強監控才行。

此外還有，如何去對待「黨內言論」的問題。

習仲勳一直到最後都在呼籲，應設立「允許不同意見的存在」的條例，甚至到了習近平時代後，這個意見似乎仍得到支持，這是件很有意思的事。

2020年11月30日，習近平召開了中共中央政治局會議，修正並重新制定了《中國共產黨黨員權利保障條例》。他在那個條例裡加入了「有權提出不同意見」的內容。這不是什麼新鮮事；早在1994年，這些條例就以「試行」的方式曾被提出，並在2004年胡錦濤政權時被正式實施。

1994年正當鄧小平正式引退時，因此這個條例先以試行的方法制定，在鄧小平去世數年後的2004年才開始正式實行。但它是有前提的：

1、是不是擁護中國共產黨。

2、如果是為了黨的健康成長之不同見解，那麼可在黨內進行討論，討論多少次都沒關係，但絕不能拿到黨外，傳到網上，或者是透露給海外的傳媒機構。

他們加上了這些條件，使不同的意見只能限制在黨內議論。

然而，楊林等人寫的〈習仲勳：不同意見者並不是什麼「反對派」〉（《當代廣西》2014年第11期）文章裡，在提到了習仲勳說的「黨內議論」，即「允許存在不同意見」的主張後，又在第六章的第二部分，即在高鍇寫的回憶錄中強調，習仲勳講的那些提意見的人，不僅僅只限於來自黨內，而是「所有的人，包括一般的群眾，都可以向黨和政府提出不同的意見，且政府必須予以保障。」

然而，習近平卻把習仲勳的主張限制在了「黨內」。他完全無視父親習仲勳拼著命且反覆再三呼籲倡導的主張。

不僅只是楊林等人在〈習仲勳：不同意見者並不是什麼「反對派」〉一文中披露了那意味深長的話，且深圳市接待辦的原張國英副主任，也提到了習仲勳在晚年提出的「我們必須學習香港的法律制度。法治和人治是完全相反的概念，國家的法律必須根據人民的權益制定。唯有如此，才能從根本上終止一個人說了算的現狀，進而去防止至今為止尚在發生的大量冤假錯案。」

習近平嘴上講著「依法治國」，實際上卻做著與父親理念完全相反的事。這種越演越烈的以言治罪，正是中國共產黨悲哀的地方，也是習近平的「軟肋」。

那種只准一人發聲的社會，會招致什麼樣的悲慘結果，歷史上早已清楚記載。因此對其可能帶來的危險，日本政界財界更應提早有清楚的認識才行。

四　什麼是中國共產黨之間的鬥爭
——建黨100周年和日本的關係

中國共產黨政權從誕生開始至今，都和日本有著很深的關係。如果換個說法，也能說是日本強化了中國共產黨，切幫助了他們維持一黨專制的獨裁體制。在此，我們嘗試將中國共產黨的百年歷史，區分為「黎明期、日本侵華戰爭時代、新中國誕生時代與天安門事件後至今」的幾個階段來分析。

● I. 建黨初期

農家子弟毛澤東在小學畢業時已超過14歲。他當時的老師曾在日本留學，毛澤東從他那裡感受到了明治維新的偉大，並為日本在日俄戰爭中取得的勝利感到震撼。亞洲這樣的一個小國家日本，為什麼能夠戰勝強大的白人國家俄羅斯帝國呢？毛澤東對此非常感興趣，並對日本產生了敬意。

毛澤東18歲時進了免費就能讀書的師範學校（專科）學習。他在那裡遇到了教授倫理學的楊昌濟（1871—1920）老師。楊昌濟老師自1902年至1908年止在日本東京師範大學（日本筑波大學的前身）留學。他將日本人蟹江義丸在1900年譯成日語版的德國哲學家泡爾生（德語：Friedrich Paulsen，又譯弗雷德里希·保羅森）寫的《倫理學原理》，翻譯成中文，並將它作為教材教授給學生。毛澤東將這本書翻來覆去地讀了好幾遍，成為日後被人們稱之為「毛澤東思想」的理論基礎。當時，馬列主義的很多著作都是先被翻譯成日文，再從日文譯成中文的，因此在當時主導中國的思想中，充滿了日本元素。

尤其是1919年毛澤東在湖南著手的「新村建設計畫」。它是根據當時的日本白樺派作家武者小路實篤先生於1918年提倡的「新村運動」設想的。這個「新村」成了新中國誕生之後建立合作社的範本。

中國共產黨跟日本種種關係，要寫是寫不完的，這種狀況從中國共產黨第一屆代表大會除設立了「上海代表、武漢代表，長沙代表、濟南代表、北京代表和廣州代表」外，還特別設立一個「赴日本留學代表」中就可以看得出來。作為參加者的代表13個人中，包括代理代表在內，共有5人有過留日經驗。此時中共中央總書記陳獨秀，也曾到日本的成城學校留過學。因此，不用說也能明白，在中國共產黨成立前後的黎明時期，日本所帶來的影響之深之烈，確實是毋庸置疑的。

● II. 日本侵華戰爭時代

1936年12月，毛澤東向周恩來領導的中共中央情報處特務科屬下的潘漢年等人作出指示，要他們打入進蔣介石的心腹張學良的部隊裡進行策反工作。潘漢年他們巧妙地說服了張學良，要他按共產黨的要求在西安扣留蔣介石，從而引發了著名的「西安事變」。中國共產黨表面上呼籲國民黨和共產黨聯手抵抗日本軍隊，實行第二次國共合作，而真正的目的則是希望國民黨不要再攻擊共產黨軍隊，讓蔣介石領導的國民政府來養共產黨軍隊並且發軍晌。

當然，中國共產黨還有更大的目的。

由於國共雙方的軍事合作，這為共產黨從國民黨手中獲取情報提供了方便。周恩來把自己從國民黨那獲得的軍事情報向毛澤東報告，毛澤東則讓潘漢年把情報用高價賣給日本外務省駐中國之機關巖井公館的巖井英一。

對毛澤東來說，這真是件一舉兩得的好事。一方面能獲得資金，一方面又能讓日本軍隊利用這個情報，更有效地打擊國民黨軍隊。毛澤東想要打倒的是蔣介石，而那個蔣介石當時正率領「中華民國」的軍隊和日本人戰鬥。

這也真是令人難以想像啊！共產黨竟然和日軍聯手來對付國民黨。國民黨軍隊的戰士也是中國人，同樣是中華民族的一份子，這麼說，毛澤東的行為不就是在出賣中華民族嗎？

毛澤東將此稱為「七二一戰略」。蔣介石在和共產黨簽署的協議中說，「國共雙方要投入 100% 的力量合作，全力以赴地投入和日軍的戰鬥中。」然而毛澤東卻在背後制定以 10% 的力量跟日本作戰，20% 的力量和國民黨周旋，剩下的 70% 的力量則要保留實力，為共產黨軍隊的發展作貢獻。

這純粹是對中華民族的一種戰略性的背叛。

毛澤東透過潘漢年「向日軍提出了停戰協議」。（摘自巖井英一的著作《上海的回憶》）。1938 年 12 月至 1941 年 9 月重慶大轟炸時，毛澤東所住的延安，卻一直安然無恙。為什麼日軍歷經三年反覆進行的大規模轟炸，只將目標集中在重慶呢？延安離重慶也不遠啊！日軍為什麼連一次都不轟炸延安呢？

這個內情至今仍不清楚。

對此筆者與流亡美國華盛頓的中國學者共同約定，要集中精力研究這個問題，查明真相。但遺憾的是，那名學者的研究作品才寫了一半，卻因病在 2020 年離開了這個世界。

由於潘漢年對這些內情知道的太多，因此在新中國誕生後不久，他就在高崗事件中被逮捕，並冤死在獄裡。在嚥氣之前，他甚至留下了要毛澤東「感謝日本皇軍」的遺言。

如果中國共產黨沒有和日本軍隊勾結，那麼此後發生的國共內戰中，共產黨軍隊就很可能無法戰勝國民黨。（關於這些內容，可以參考筆者所寫《毛澤東勾結日軍的真相：來自日諜的回憶與檔案》）

習近平不想讓中國人民知道這個事實，也是他強化言論控制的一個非常重要的原因。

● III. 新中國誕生前後

日本戰敗時，毛澤東立即命令共產黨軍隊包圍日本第二航空軍團第四大隊，解除日本人的武裝。當時還是國民黨統治中國的「中華民國」時期。根據《波茨坦宣言》，有資格解除戰敗國日本武裝的只有蔣介石所領導的國民黨部隊。但毛澤東根本不遵守這些。因為解除日軍的武裝，並從日軍手中接收武器及軍事技術事關重大；對於這樣的大好機會，毛澤東已經等很久了。他命令共軍如「猛虎出閘」般，迅速出擊。

面對突然出現的共軍，日本第二航空軍團第四大隊大隊長林彌一郎，立即將部隊所持有的武器、轟炸機及軍事製造技術等，全交到共軍（瀋陽東北民主聯軍總司令部，中共東北局書記彭真）的手裡。

共產黨對缺乏糧食的日軍俘虜進行了懷柔政策，把白米、蔬菜及雞肉等送給了日本人，贏得他們的心。因此，原關東軍第二航空軍團第四大隊所屬的 20 位戰鬥機駕駛員和 24 名機械技術員，以及 72 位製造戰機的技術員等共 200 多人，全部投誠了共產黨。而共產黨則以他們為中心地在 1946 年 3 月 1 日建立了「東北民主聯軍航空學校」。這個學校在中華人民共和國誕生初期成為共產黨最初的航空學校，為此後的中國人民解放軍空軍奠定了一定的基礎。

而當時，蔣介石正在致力於讓日軍俘虜和在中國的日本人早日返回日本。國民黨政府的疏忽給了正積極備戰的共產黨帶來了機會，使他們厚植實力，此後撕毀了雙十協定（1945 年 10 月 10 日簽署的停戰協定），讓共軍的軍力朝有利的方向發展，最終戰勝了國民黨。

出現這個結果的根本原因，是毛澤東在日中戰爭中，推行了避免與日軍作戰的策略，而蔣介石卻在日本戰敗後，未及時關注共產黨的動向，只專注於處理日本軍俘與在華日本人的歸國問題，才會導致這樣的結果。

這樣的歷史事實是誰都無法否認的。

● IV. 毛澤東時代

1955 年 11 月 6 日，原日軍中將遠藤三郎受到中華人民共和國外交學會的邀請訪問中國，並於 11 月 28 日在中南海的勤政殿會見了毛澤東。這是日中戰爭時期，活躍於香港的中國共產黨間諜組織領導人廖承志指揮潘漢年安排的結果。因為遠藤三郎是當年日軍轟炸重慶時的指揮者。

毛澤東對遠藤三郎率領的日軍訪中代表團表示熱烈歡迎。他說：「感謝當年的日本軍閥對中國的侵略。要不是他們對中國進攻，我們今天還根本進不了北京。」（因為日中戰爭時期的岡村寧次大將，在戰爭結束後靠向了蔣介石政權，並在中華人民共和國誕生後成立「白團」組織支持蔣介石，因此毛澤東十分期望日軍訪中團中有大將級的人物）。從那之後，很多日軍的軍官與左翼團體組團訪問中國，毛澤東均反覆表示「感謝當年的日本皇軍」，並對日本人多次表達對侵華道歉、謝罪之詞表示厭倦。

其實，毛澤東根本從來沒對抗日戰爭的勝利表示過任何祝賀。因為，這樣的祝賀就像是祝賀國民黨戰勝一樣地讓他感到不快。且毛澤東從未提過「南京大屠殺」這幾個字，這個狀況一直持續到他離世為止。

然而反過來，他卻非常重視 LT 貿易（L 是取中國廖承志姓名拼音 Liao Cheng–Zhi，與日本高碕達之助的日語發音 Takasaki 上的字首 LT 兩字為名簽署的貿易協定），和由此產生的日中記者交換協議等事情。他將「中華人民共和國」作為中國的代表加入聯合國，以及各國和中國簽訂邦交正常化協議看得非常重要。

因為這能顯示他毛澤東已經「戰勝了蔣介石」。

為了實現這個目標，毛澤東不擇手段地利用日本。他制定了數不清的方案以使日本政界、財界與媒體向中國靠攏。毛澤東獲得了成功，因為他使日本在1972年9月，比美國更早一步，與中國實現了邦交正常化。

● V. 日本在六四天安門事件後率先解除對中國的經濟封鎖

1989年6月4日發生的天安門事件，使以美國為首的西方國家對中國採取了嚴厲的經濟封鎖。但是促使這種封鎖變得寬鬆且最終瓦解正是日本。當時，受到了經濟封鎖的中國以日中友好的重要性為由，不斷向日本政財界遊說，展開各項拉攏。同年1989年7月召開的第37屆八國集團首腦會議上，當時的日本首相宇野宗佑終於提出「不能孤立中國」的主張，並由此後的海部俊樹首相在1991年解凍了對中國的無息貸款，日本的這種背信忘義受到了西方各國的譴責。

根據2020年12月23日解密的日本外交文書（由《時事通信社》提出請求解密），當時的日本政府表示：「不能孤立中國」，和人權民主相比，經濟更應受到重視等，使日本政府反對制裁中國在暗處所扮演的角色浮出了檯面。

此外，天安門事件後成為當時中共中央總書記的江澤民，在1992年4月以紀念日中邦交正常化20周年為名訪問了日本。訪問中他探望正在因病休養的前首相田中角榮，並向他提出日本天皇訪問中國的邀請。江澤民甚至說：「若能實現日本天皇對中國的訪問，那麼中國此後絕口不提歷史問題。」

然而，事實卻完全不是如此。

在實現了天皇訪中目的後不久的 1994 年，江澤民就在中國推行了愛國主義教育，展開了激烈的反日運動。

中國當時或許是這樣考慮的：「只要攻下日本，讓天皇訪問中國，那麼其他西方國家，特別是美國推行的對中經濟封鎖網就會崩潰。」中國的這個策略獲得了成功。因為日本天皇在當年 10 月訪問中國後，美國隨即解除了對中國的經濟封鎖，西方各國又如過往一樣，爭著向中國投資獲利了。

當時的中國外交部長錢其琛在回憶錄中提到：「天皇訪問中國，對破除西方國家對中國的制裁發揮了積極的作用」。「在西方陣營中，日本是最不抱團的國家，說服他們讓天皇去訪問中國，就會成為打破對中制裁的破口。」

日本的 GDP 在天皇訪問中國時還是個僅次於美國、值得自豪的國家，但是在 2010 年被中國後來居上，變成了世界第三，這種狀況一直延續到了今天。

這個證據透過圖表 7–3 上寫著的「對外投資及新增外資企業數字，與外資實際使用額度的變遷」的圖表中也能得到顯示。

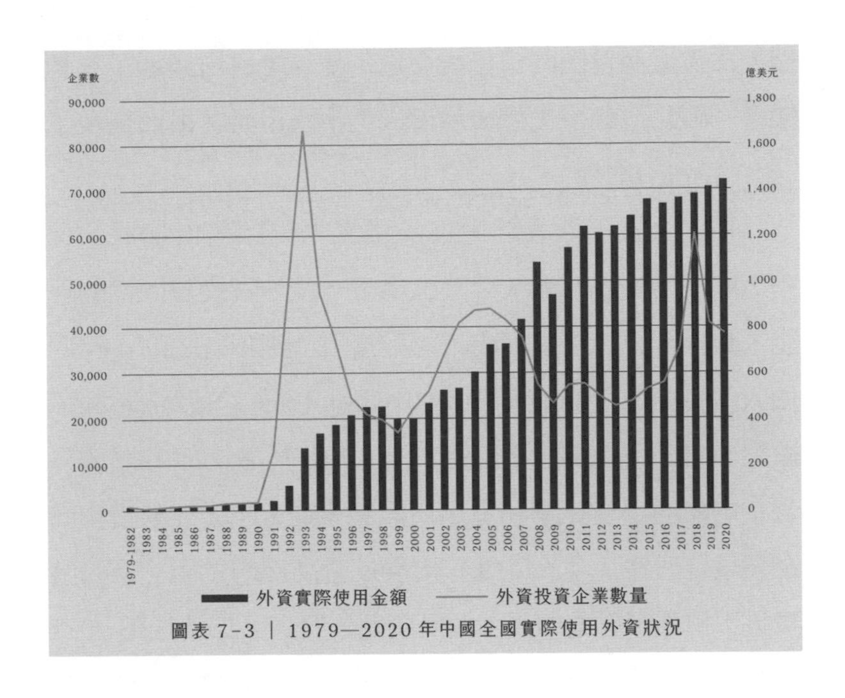

圖表 7-3 | 1979—2020 年中國全國實際使用外資狀況

這是中國商務部發表的《2020 中國外資統計公報》和 2021 年 2 月商務部發表的數據。自改革開放以來，「新加入中國國內的外資企業數字」和「外資實際使用金額」，一直被公開發表著。如同圖表所示，這些數字指標在 1992 年和 1993 年，就像是發生了什麼大事似地到達了巔峰。

這正是日本政府邀請日本天皇 1992 年 10 月訪問中國，所帶來的效果。1990 年後，由於日本逐漸放寬了對中國投資的規範，使日本企業對中國投資的數字出現了緩慢地增長，但在決定了日本天皇訪中事宜之後，西方各國這才發現，原來日本對中國市場如此看好，假如再不馬上投入中國這個遼闊的市場處女地，就等於白白錯過了獲利機會。因此他們爭先恐後地湧入了中國市場，從而出現了「對中投資的巔峰」。

在這之後，外資赴中投資雖然未見顯著的增長，但在 2004 年前後和 2018 年又出現了一波外資投資高潮的可能。2004 年的高點之所以出現，原因是中國在 2001 年底加入了 WTO 世界貿易組織（World Trade Organization，縮寫 WTO），為此不得不在 2004 年 6 月撤消原本關於外資在中國的出資比率和進出口限制，實行了「外商投資商業領域管理法」。而 2018 年出現投資高潮的原因，是因為習近平迴避了香港的民主運動問題，發表了加速推進 2017 年設定的建設粵港澳大灣區計畫，把市民權發給居住在深圳的香港人，並對他們實施包括減稅在內的一連串優惠措施。此後，又因美國川普政權強化了對中制裁，使中國不得已只好將至今實施以吸收外資促進經濟發展的策略，改為促進國內消費為主的方針，致使國內大批以產品中轉運輸批發買賣為主的中小企業獲得了發展。

2018 年中國外資企業的規模並沒有增長，但新成立的公司數卻有了顯著的提升，中國政府又在那時提出了所謂的「雙循環」方針，即內循環以國內消費為主，外循環以和外國進行貿易為主，並開始制裁像阿里巴巴那樣的壟斷企業，將注意力集中在保護受新冠疫情影響的中小企業，來使外資企業在2020年獲得增長。因為在新冠疫情在全球流行蔓延下，中國是唯一一個以V形反轉經濟復甦，並使GDP增長的國家。當時不少美國資金也因看不見投資前景，而將中國當成了投資的目標。

習近平從2014年開始，實施被稱為是「新常態」的經濟方針，為製造業高科技化作準備。不刻意追求GDP量的成長，反而將主要精力著重於研發高科技化產品上。中國這樣的方針雖可能減緩經濟成長速度，但最終卻能帶來更可觀的收益，尤其在當前這個經濟V形反轉的復甦中。

從這種勢頭上看，筆者在前文提到的中國將在7年後超越美國，成為世界第一大經濟體之預測，並不只是空穴來風。

日本由於自身的短視，摧毀了可能「結束中國共產黨一黨專政獨裁體制」的機會，甚至強化了中共扼殺言論自由、鎮壓民主運動的手段，為中國共產黨維持在中國的統治提供了力量，這樣的罪惡真是難辭其咎啊……

● 6→日本在當前的抉擇

然而，日本政府對此卻不思反省。現在以自民黨和公明黨組成的政權，正在重複過去的錯誤。

企圖凌駕美國，從經濟實現霸權的習近平政府，於2017年2月，在北京召開了「一帶一路國際協作研討會」，自民黨的二階俊博幹事長，與前安倍晉三內閣的今井尚哉內閣總理大臣補佐官等人竟然也前往參與。他們雖然提出了附加條件，但仍表明日本將積極協助。安倍前首相甚至還提出，要把那個「一帶一路的構想跟環太平洋地區貿易夥伴合作之經濟圈融合」，展現出實十分積極的姿態。且為了討好習近平，他們還在 2018 年 10 月提出了邀請習近平訪日，共同簽署「協作投資第三國基礎建設的協議」。

由於習近平訪日正值新型冠狀病毒疫情開始感染蔓延之際，有鑒於此，日本政府竟未提出並盡早禁止中國旅客入境，使疫情在日本蔓延。這個罪惡是非常深重的。

萬一習近平真的作為國賓來訪日本，那他一定也會像江澤民，邀請天皇訪中。然而今日，中國政府的船艦，幾乎天天入侵日本領土尖閣諸島水域領海，為此日本政府應該毫不猶豫地拒絕習近平以國賓名義訪問日本的要求。但他們唯唯諾諾，卻只是惶恐地口頭「表示遺憾」。

中國在 2021 年 2 月 1 日實施了《中華人民共和國海警法》，允許中國海警局所屬的船艦可向日本及其他國家公務船（比如日本海上保安廳船隻）開槍開炮。此舉不僅明顯違反了《聯合國海洋法公約》（United Nations Convention on the Law of the Sea，縮寫：UNCLOS），甚至還說要根據中國「依法治國」的方針，在國內制定「可根據法律攻擊外國政府公務船的法律依據」，並將授權中國海警局。對此，日本的菅總理大臣竟然只是向中國政府表示「非常擔憂」，好像是別人的事情一樣！當然，日本的茂木外相等人也提出「這個法律（中華人民共和國海警法）違反了國際法，是不能被認可的」，但是正因為中國的這個海警法違背國際法，所以更不能光只是嘴說說表示什麼遺憾，而應該確實地付諸於行動才對。

中國指望著馬上統一台灣。為了實現這個目的，處於第一島鏈上的尖閣群島，對他們而言是不可或缺的戰略位置。然而從歷史角度來看，尖閣群島並非中國的領土，對此，筆者已經在拙著《和中國的隔閡》（China gap）裡，詳細地說明原因了。中國的海警法是對日本及將尖閣群島列為守備範圍內的《日美安保條約》的恐嚇。對於這種恐嚇，日本政府能否以凜然之姿處置，是取得勝負的關鍵所在。

此外，中國在1992年2月制定的中國領海法（正確應該叫做「領海及其水域法」）中，將尖閣群島及其接觸水域，認定是中國領土和中國領海，對此日本沒有作出反對，卻還在同年10月讓日本天皇訪問中國，這等於是承認中國提出有關對尖閣群島及其水域的領土要求。

日本直到如今還在做著同樣的事。如果現在，日本政府繼續同意邀請習近平訪問日本，那不僅是承認尖閣群島為中國領土，還等於承認中國的那個海警法。

在美中兩國爭霸世界的今天，日本還在向世界發出有利中國的聲音，其結果不僅會強化中國共產黨的一黨專制獨裁，還意味著在幫助中國爭霸世界。

日本真的可以這樣做嗎？

中國共產黨統治的「中華人民共和國」，充滿血腥與陰謀，是在無數亡靈和白骨之上才得以誕生的，對此，閱讀了本書的讀者一定會有所認識。就是從被稱作是「中國現代之父」的鄧小平之謊言與陰謀中，我們眼前也會浮現中國那種欺世盜名的惡劣形象。

像習仲勳這樣的人物是成不了中國社會最高領導人的。而抱著為習仲勳「復仇」的心念推動國家戰略的習近平，也是絕對不肯退位的，正因如此，他才會不惜一切修改中國憲法規範的國家主席任期。

我們還是不要懷抱李克強與習近平正在奪權的那種「甜蜜的幻想」吧！習近平不會沈醉在那種狹小的圈子裡。他窺視的是「全世界」。為此，我們絕不能小看他在對外政策上提出的「人類運命共同體」口號。因為當今的中國共產黨，就像 100 年前的共產國際代表一樣，寄生並潛伏在各個國內部壯大發展，等待並創造支配世界的機會。

習近平在新冠疫情流行蔓延的當今世界，以社會主義體制的優越性為名，俯視著全人類。難道我們願意受迫成為那種毫無言論自由的國家之一嗎？中國共產黨把維持一黨專政獨裁作為重中之重，並不惜一切隱瞞新冠病毒疫情真相，他們的施虐已使現今全球正遭逢前所未有的災難，死亡人數更超出了以往任何一次世界大戰。

為此，筆者常常自問，人活著的意義到底是為什麼？

對此，日本覺悟了嗎？

後記

2020年1月23日，中國的湖北省武漢市由於新型冠狀病毒的感染導致城市被封鎖時，筆者卻神經質地想起了當年長春被包圍、糧食封鎖的情景。

1947年晚秋，長春突然停電停水，連煤氣也停止供應了。不久之後，長春這座城市就開始出現了餓死的人。那座外頭布防著國民黨軍隊的長春，突然被鐵絲網圍得水洩不通，所有能吃的東西都被查封了。1948年10月，由於部分國民黨軍人的投誠，中國人民解放軍在未流一滴血的情況下解放了長春。然而，就在他們攻進長春直到取得勝利之前，數十萬名長春市民被活活地餓死了。

1983年，筆者第一次以文字去記述這個經歷，這也是筆者自出生以來首次使用100張稿紙來記錄這件事，並因此獲獎。1984年，筆者重新將這個經歷寫成為一本名為《卡子——沒有出口的大地》一書，在《讀賣新聞社》出版。然而在等候此書中文版出版的日子裡，中國的言論管制變得越來越嚴重，到後來，這書終究無法在大陸出版。想來也是如此，因為如若講述當時那些死難者的經歷，放在現今社會看來，任誰都會將中國共產黨視為「罪犯」。

如此說來，筆者的一生可說是持續都在和中國共產黨奮鬥。

第一次和共產黨的接觸發生在1946年的4月。

1945年8月，當蘇聯將違反《日蘇中立條約》，越過國境進入長春的流言傳來時，長春日本關東軍司令部裡的關東軍士兵比誰都快地逃向了南方。時值中華民國當政，國民黨軍人還和蘇聯軍人一樣，混雜在長春，但是到了1946年2月，就像事先約好了似的，在極為兇惡的蘇聯軍隊突然消失之際，八路軍卻攻了過來。中國共產黨的軍隊的名稱總是經常變化著，當時一般百姓把他們稱為「八路軍」，或直接稱他們為「八路」。

通過巷戰獲得勝利的八路軍一來就強佔了我們家，吃住都在這裡。這些號稱「不拿人民一針一線」的八路軍，在最後離開我家時，不僅奪走了所有的我們常年備著的罐頭等食物，還強行換上了我家的衣物鞋襪；更令人無法想像的是，他們竟然在我們為他們就寢所準備的絲綢被褥上隨意大小便。

本書在講到劉志丹和謝子長爭鬥的事時提到了「土匪」，這樣的「土匪」在八路軍中到處存在。毛澤東在井崗山的軍隊裡不是也用了很多土匪嗎？當時很多市民把八路稱為「共匪」，並對他們感到恐懼的原因，筆者是深知其味的。

當然八路的隊伍裡，懂點道理、有些知識的人，也是有的。

第二天，一個被父親稱「八路隊長」，名叫林楓的人

（當時的長春市委書記）來向父親賠罪，並派了年輕的八路軍士兵來保護我們。當時，筆者把那個人稱為「趙大哥」，並在趙大哥之後擔任毛澤東日語翻譯時知道了他的名字。

他叫趙安博。筆者5歲時曾被八路軍在巷戰中射出的流彈打傷了胳膊，為此，那個能講日本語的趙大哥給了我很大的安慰。

「我們的紅旗是用革命烈士的鮮血染成的。你應該知道，你流的鮮血也在這面紅旗裡。我們都是同志，而且你還應該是個小英雄喲！」

「紅色的鮮血」讓我感到噁心，但「你是個小英雄」這話，卻在5歲的筆者心裡迴盪著。

趙大哥還給筆者講了關於毛澤東的話：「東方紅，太陽升，就像是太陽從東方升起來的那樣，毛澤東也從東方升起，並照亮了全中國，他給人民帶來了民主、自由和幸福……」

到了5月，趙大哥他們的八路軍一行突然去了北方，換來的則是蔣介石直系的正規軍，來到了長春。進入1947年之後，蔣介石的國民政府要求殘留在中國超過100萬的日本人返回日本。而因筆者父親是對國民政府有用的技術員，所以被政府雇用而留了下來。

到了1948年，被留用的技術員人數已減到最低，政府不再需要的日人幾乎都已被強制遣返。此後，筆者所述的那個長春封城、糧食封鎖便發生了。

筆者曾在自家二樓窗戶親眼目睹街邊野狗在撕啃一個餓死倒地的屍體，而餓得受不了的人們又搶著去獵食啃屍的野狗……這麼恐怖的情事讓我想起舊滿州國時代那條只有中國人居住，被稱作是「支那街」的馬路，有人說那裡有個「人肉市場」。這種流言距離當時那個餓屍遍野的1948年，並沒有隔多少時間。

我們家自然也不例外。筆者的哥哥和最小的弟弟都餓死了，而下一個即將餓死的眼看是筆者的父親了。在這個節骨眼上，父親去找了長春市長，要求他解除雇用合同，決心帶著筆者從長春逃出去。

用鐵絲網圍困著長春的包圍圈稱為「卡子」，這個網有好幾個出口，稱之為「卡口」。我們逃到了原滿州電影製片廠附近的一個卡口上，並被告知：「一旦越過這個卡口，就不能再回長春市裡去了。」我們當然不願意再回長春了。誰還會想再回到那個餓屍倒斃、哀鴻遍野的長春呢！現在，只要越過這個卡口就能看見共產黨統治的「解放區」了，那裡一定有吃不完的食物吧！筆者幻想著，和父親一起伏身毫不猶豫地越過了卡子的門。

然而出現在筆者眼前的，是一種難以想像的淒慘光景。這到底是人間還是地獄呢？眼前地面上堆滿了餓死鬼的屍體，除了皮包骨的手腳以外就是膨脹的肚子。那些滿纏著腸子、膨脹發臭，在夕陽底下閃著綠光的肚子有時還會發出「呼呼」的爆裂聲，使那些腐爛的殘骸隨聲音四射飛散，周圍則是成群發出嗡嗡聲響的大蒼蠅，一批又一批密密麻麻的小黑點，把我們的視線都遮蔽了……

能講隻字片語日文的朝鮮籍八路一面威脅我們，一面把我們帶到圍困長春外圍的那道鐵絲網邊上。看來，長春是被兩道鐵絲網包圍了。當時，通往八路軍一側的鐵絲網門緊閉著，而我們當時所在位置，正是圍困長春那兩道鐵絲網的中間地帶。

我們把隨身攜帶的褥子鋪在地上，餐風露宿，只覺得背脊一陣陣發涼，那種痛楚至今都令人無法忘記。第二天早晨我們才發現，原來昨晚我們是睡在被淺淺地埋的屍體上面。

終於看見剛剛過了卡子的新難民了。

當時，那些至今為止還蜷縮在地上的難民們突然「噢」地叫了一聲，用木棒撐地猛地站了起來，搶著奪取新難民手中可能會帶的食物。現在想來，我們當時沒有受到襲擊，也算是種奇蹟了。

卡子那邊只有一口水井，井裡面還飄浮著屍體，但井周圍仍擠滿了想去取水的人們。那時就連一個能解手的地方都沒有。好不容易來到了一個死屍少的地方，但小便卻讓淺埋在土裡因饑餓路倒的屍體浮現出來。啊！竟然在人的屍體上小便，那種恐怖和罪惡感直到現在都無法消除。

一縷縷黑煙在卡子的這邊那邊升騰著，很多剛斷氣的死屍七橫八豎地歪倒在那，他們甚至用自己的脊樑骨圍成一圈，若處在那個圈子中央會是種什麼光景呢……

啊，趙大哥是在說謊！

什麼紅旗，什麼毛澤東啊……？

什麼為了人民？

你要怎麼解釋我們在卡子那邊看到的那些光景？

到了夜裡，地面上好像傳來了什麼念叨著的聲音。父親一邊說著：「那是沒得到救贖的靈魂的呼喚啊……」，一邊卻朝著那個方向走去。看不到父親的身影就覺得無法呼吸的筆者，此刻只能緊緊地貼在父親身邊走著。

我們到達的地方是一座由屍體堆積而成的小山。

在父親祈禱的聲音中，我好像看到屍體的手突然動了一下……

那個瞬間，支撐筆者的最後一根弦也崩斷了……頓時，筆者喪失了記憶。

從那之後，筆者就開始和中國共產黨奮戰了。

此後筆者聽到了毛澤東在和林彪的通信中說的「長春

成了一個死城」的那些話。

是的，那是一座死城，但仍有從那座死城裡逃出來直到現在還活著的人。

作為那些倖存者中的其中一個，筆者肩負著一種使命，那就是筆者必須為當年那些倒斃在長春，以及長春周圍鐵絲網邊上無可計數的犧牲者，建立一座墓碑。「不把這個真相記錄下來就絕不能死」、「不為他們樹立墓碑就絕不能亡」的這個信念，激勵著筆者去努力奮鬥。

因為《卡子——沒有出口的大地》反覆再版後又成了絕版，因此在《文春文庫》重新印刷出版；但沒想到它很快又絕版，於是《朝日新聞》出版社在 2012 年把書名改為《卡子——中國建國的殘火》再重新出版。這本書的中文版於 2014 年同時在台灣出版，且在美國出版了英文版。

正當疫情在大地猖獗的去年，一位香港電影導演找到了筆者，說要把它改編成電影。那時筆者打從心底深深地感受到，能夠活到今日真是件多麼美好的事啊！

關於日中戰爭時代的中國共產黨，筆者在《毛澤東勾結日軍的真相：來自日諜的回憶與檔案》一書中已作了詳盡的敘述，此後，筆者又透過《卡子》，追述了國共內戰時期的中國共產黨。

現在，筆者又發現到習近平政權中的許多不可思議之處，因此才試圖追溯習近平的父親習仲勳的往事。筆者在執筆時就明白，那些資料一定是不完整的；但一想到這次執筆寫的很可能將會是人生中的最後作品，筆者下定決心，一定要竭盡全力地努力徹底挖掘歷史的真相，使中國共產黨的真實面貌完整地浮出檯面來。

由此看來，本書的完成應該算是一個成功。

這三部作品應該算是揭開中國共產黨建黨 100 年周年以來的秘史了吧！

本書並不是有了結論之後才動筆的。筆者是在書寫的過程中，一次又一次地挖掘爬梳，掌握了歷史的真相後才揮筆而就的。從這個意義上來說，這應該是筆者和讀者共同探討挑戰所得之結果。如果讀者能感受到像是進行了一場冒險旅程一般，逐漸地品嘗到本書的滋味，那將是筆者最大的榮幸。

在本書出版時，ビジネス社（business–sha, Inc.）的編輯佐藤春生先生給了筆者很大的幫助。當時筆者還在執筆其他的書，所以讓他等了好幾年。在此筆者除了向他表示歉意之外，也為他能夠等待筆者那麼長的時間，而向他表示感謝。

2021 年 2 月

遠藤 譽

參考資料 索引

索引	來源	出處
第一章	書籍	《習仲勳傳》（賈巨川、中央文獻出版社、2008 年）
		《習仲勳畫傳》（夏蒙、王小強編、人民出版社、2014 年）
		《中國人口史》第 5 卷（曹樹基、復旦大學出版社、2001 年）
		《浴血高原：劉志丹與西北革命》（薑永明、中國文史出版社、2010 年）
		《紅二十六軍與陝甘邊蘇區》上（劉鳳閣、任愚公編、蘭州大學出版社、1995 年）
		《郭洪濤回憶錄》（郭洪濤、中共黨史出版社、2004 年）
		《毛澤東年譜》修訂版、上（中共中央文獻研究室編、中央文獻出版社、2013 年）
		《毛沢東　日本と共謀した男》（遠藤譽、新潮社、2015 年）
		《卡子（チャーズ）中国建国の残火》（遠藤譽、讀売新聞社、1984 年）
	雜誌	〈劉志丹習仲勳攜手共建陝甘根據地〉（黃博、《中國青年報》、2019 年 08 月 12 日 06 版）
		〈習仲勳與"陝北肅反"〉（魏德平、《黨史縱橫》、2011 年第 3 期）
		〈1935 年陝甘邊蘇區和紅 26 軍肅反問題考論〉（黃正林、《史學月刊》、2011 年第 6 期）
		〈懷念我的父親謝子長〉（謝紹明、《人民政協報》、2017 年 10 月 12 日）
		〈紅日照亮了陝甘高原——回憶毛主席在陝甘寧邊區的偉大革命實踐〉（習仲勳、《人民日報》、1978 年 12 月 20 日）
		〈你不知的開國上將閻紅彥的風雨人生〉（王樹恩、《世紀風采》、2012 年第 11 期）（中國共產黨新聞網轉載）
	網站	陝甘寧邊區紅色記憶人物庫、2014 年—— http://www.sxlib.org.cn/dfzy/rwk/
第二章	書籍	《半截墓碑下的往事：高崗在北京》（家梁、張曉霽、大風出版社、2008 年）
		《陳雲年譜》中卷（朱佳木、中共中央文獻研究室編、中央文獻出版社、2000 年）
		《鄧小平文選》第二卷（人民出版社、1994 年）
	雜誌	〈反高饒鬥爭中的鄧小平〉（宋鳳英、《世紀風采》、2008 年第 1 期）（中國共產黨新聞網轉載）
	網站	「1949 之後：高崗遺孀喊冤」（美國之音、2017 年 12 月 28 日）
第三章	書籍	《反黨小說〈劉志丹〉案實錄》（李建彤、星克爾出版（香港）有限公司、2007 年）
		《若干重大決策與事件的回顧》下（薄一波、中國黨史出版社、1993 年）
		《陳伯達最後口述回憶》（陳伯達、陽光環球出版香港有限公司、2005 年）
		《永遠難忘的懷念：革命回憶錄》（習仲勳、廣東人民出版社、1980 年）
		《習仲勳文選》（中央文獻出版社編、中央文獻出版社、1995 年）
		《只唯實（閻紅彥上將往事追蹤）》（李原、雲南人民出版社、2003 年）
	雜誌	〈王震治疆〉（《環球人物》2014 年第 8 期）
		〈1952 年王震遭批判後撤職離開新疆內幕揭秘〉（《文史精華》2007 年第 12 期）
		〈憶習仲勳與第十世班禪的友誼〉（範民新、《西藏日報》、2015 年 9 月 25 日）
		〈深切懷念中國共產黨的忠誠朋友班禪大師〉（習仲勳、《人民日報》、1989 年 2 月 20 日）
		〈康生的秘書談康生——黃宗漢談話瑣憶〉（閻長貴、《炎黃春秋》、2013 年 2 期）
	網站	「習仲勳被批鬥後周恩來發怒：這是給國家抹黑」（中共河北省委黨史研究室、中國共產黨新聞網、2014 年 8 月）
		「習近平應果斷平反黨內冤案」（林和立、博訊新聞、2008 年 2 月）
		「正是鄧小平當年把習仲勳打成"高崗殘餘勢力"總代表」（高新、RFA、2017 年 4 月 17 日）

索引	來源	出處
第四章	書籍	《跨過厚厚的大紅門》（章含之、文匯出版社、2002 年）
		《中華人民共和國史稿》第三卷（當代中國研究所、北京人民出版社、2012 年）
		《鄧小平傳（1904—1974）》（中共中央文獻研究室編、中央文獻出版社、2014 年）
		《鄧小平文選》第三卷（人民出版社、2001 年）
		《鄧小平年譜》（中共中央文獻研究室編、中央文獻出版社、2004 年）
		《陳雲年譜》下卷（中共中央文獻研究室編、中央文獻出版社、2006 年）
		《他影響了中國：陳雲全傳》（葉永烈、四川人民出版社、華夏出版社、2013 年）
		《李銳日記（Li Rui papers, 1938—2018）》（李銳、フーヴァー研究所蔵）
		《1978：我親歷的那次歷史大轉折》（於光遠、中央編譯出版社、2008 年）
		《從華國鋒下臺到胡耀邦下臺》（胡績偉、明鏡出版社、1997 年）
	雜誌	〈華國鋒遺體在北京火化 胡錦濤江澤民等前往送別〉（《人民日報》、2008 年 9 月 1 日）
		〈還原華國鋒——關於華國鋒的若干史實〉（韓鋼、《往事》第七十四期、2008 年 11 月 14 日）
		〈華國鋒與中國改革開放的發軔〉（李海文、《黨史博覽》、2018 年第 8 期）
		〈十一屆三中全會　鄧小平、陳雲，歷史選擇了這對搭檔〉（范小舟、《環球人物》、2013 年第 29 期）
	網站	「華國鋒同志逝世」（新華網、2008 年 8 月 20 日）
		「黨校教授揭秘黨史細節"兩個凡是"非華國鋒提出」（中國新聞網、2011 年 5 月 14 日）
		「亂雲飛渡仍從容——"文化大革命"中的陳雲」（邵雍、《世紀風采》、中國共產黨新聞網、2016 年 2 月 24 日）
第五章	書籍	《習仲勳主政廣東》（《習仲勳主政廣東》編委會編、中共黨史出版社、2007 年）
		《耿飆回憶錄》（耿飆、江蘇人民出版社、1998）
		《チャイナ・ナイン　中国を動かす 9 人の男たち》（遠藤譽、朝日新聞出版、2012 年）
	雜誌	〈葉劍英支持習仲勳工作二三事〉（高天鼎、《黨史文匯》、2016 年第 2 期）
		〈習仲勳與廣東的改革開放〉（李海文、《黨史博覽》、2018 年第 12 期）
		〈篳路藍縷，以啟山林——改革開放的廣東起點〉（李海文、《同舟共進》、2018 年 12 期）
		〈耿飆：留守抗日根據地〉（周海濱、郭佳、閆斯靜、《中國經濟週刊》、2010 年第 29 期）
		〈習仲勳在澳門的談話〉（查良鏞、《明報》、1980 年 6 月 8 日）
		〈習仲勳訪問澳門預告"特區"安排〉（賀越明、《世紀》、2019 年第 1 期）
	網站	「習仲勳在 1978」（宋春丹、《中國新聞週刊》、2018 年 12 月 17 日）
		「習近平與海南跨越 40 年的深情故事」（新華視點、新華網、2018 年 4 月 14 日）
	戲劇	《習仲勳》（央視紀錄頻道製作、CCTV 上映、2013 年）

索引	來源	出處
第六章	書籍	《耿飈傳》(孔祥琇、解放軍出版社、2009) 《走過 20 年——香港回歸 20 年故事》(明報編輯部、明報出版社、2016 年) 《香港回歸歷程：鍾士元回憶錄》(鍾士元、香港中文大學、2001 年) 《許家屯香港回憶錄》(許家屯、聯經出版、1993 年) 《香港 80 年代民主運動口述歷史》(馬嶽、香港城市大學、2012 年) 《改革歷程》(趙紫陽、新世紀出版社、2009 年) 《中國改革年代的政治鬥爭》(楊繼繩、Excellent Culture Press、2004 年) 《鄧小平帝國三十年》(阮銘、玉山社、2009 年) 《李銳口述往事》(李銳、大山文化出版社、2013 年)
	雜誌	〈習仲勳曾設想制定保護不同意見制度〉(高錯述、《21 世紀經濟報導》、2013 年 10 月 15 日)
	網站	「習近平畢業首份工作為機要秘書　每月工資 52 元」(博客天下、新浪歷史、2013 年 12 月 17 日)
第七章	書籍	《「中国製造 2025」の衝撃　習近平はいま何を目論んでいるのか》(遠藤譽、PHP 研究所、2018 年) 《國民經濟和社會發展統計公報》2012 年—2020 年 (國家統計局) 《中國外資統計公報 2020》(中華人民共和國商務部、2020 年) 《中國統計年鑒》2008 年—2020 年 (國家統計局)
	雜誌	〈習近平：我是如何跨入政界的〉(楊筱懷取材、《中華兒女》、2000 年第 7 期) 〈習仲勳：不同意見者不是 "反對派" 〉(楊林、蔔昌炯 等、《當代廣西》、2014 年第 11 期)
	網站	「延安梁家河村插隊知青回憶習近平插隊點滴」(何天 (偽名)、博訊新聞網、2012 年 11 月 22 日) 腐敗人數 中央紀委國家監委公表 基尼係數 國家統計局公表 「領導幹部要讀點歷史——在中央黨校 2011 年秋季學期開學典禮上的講話」(習近平、中共中央黨校、2011 年 9 月 1 日) Basic Law Drafting History Online 「真攬炒十步　這是香港宿命」(戴耀廷、《蘋果日報》、2020 年 4 月 28 日) 「解密：習仲勳被隔離審查與《劉志丹》案」(水新營、中國共產黨新聞網、2012 年 12 月 4 日) 「Illicit Financial Flows from China and the Role of Trade Misinvoicing」(Dev Kar、Sarah Freitas、Global Financial Integrity、2012) 「World Economic League Table 2021」(The Centre for Economics and Business Research、2020 年 12 月 26 日)

中國共產黨建黨百年的歷史年表

此年表透過回顧中國共產黨成立百歷史，列出本書涉及事件重點而創建。黨代表大會自 1956 年起在北京舉行，從 1982 年起每隔五年舉行一次，然而早期異動時間地點均不規則，故僅採重點簡單列出從第一次黨代會到第十九次黨代會的年份和地點。

第一次：1921 年、上海
第二次：1922 年、上海
第三次：1923 年、廣州
第四次：1925 年、上海
第五次：1927 年、武漢
第六次：1928 年、莫斯科
第七次：1945 年、延安
第八次：1956 年、北京
第九次：1969 年、北京
第十次：1973 年、北京
第十一次：1977 年、北京
第十二次：1982 年、北京
第十三次：1987 年、北京
第十四次：1992 年、北京
第十五次：1997 年、北京
第十六次：2002 年、北京
第十七次：2007 年、北京
第十八次：2012 年、北京
第十九次：2017 年、北京
第二十次黨代會
將於 2022 年舉行

1921

❶ 1921 年 7 月
中國共產黨第一次代表大會在上海召開
中國共產黨成立

1922

❷ 1922 年 7 月
中國共產黨第二次代表大會在上海召開

1923

❸ 1923 年 6 月
中國共產黨第三次代表大會在廣州召開

1924

1924 年 1 月：第一次國共合作

1925

❹ 1925 年 1 月
中國共產黨第四次代表大會在上海召開

1926

1926 年 3 月：中山艦事變
7 月：蔣介石第三次北伐

1927

❺ 1927 年 4 月
中國共產黨第五次代表大會在武漢召開

1927 年 7 月：第一次國共合作破裂
進入第一次國共內戰
共產黨不斷重複武裝起義

1928

❻ 1928 年 6 月
中國共產黨第六次代表大會在莫斯科召開

1929

1930

1930 年 12 月：國民革命軍對共產黨進行圍剿
共產黨以游擊戰對應

1931

1931 年 11 月：毛澤東等人在江西瑞金
建立中華蘇維埃共和國臨時政府

1932
1932 年 1 月：三甲塬事件，謝子長、閻紅彥等人，
肅反劉志丹集團。
1933
1933 年 10 月：國民革命軍第五次圍剿。
1934
1934 年 10 月：第五次反圍剿失敗後，
毛澤東等人放棄江西中央蘇區開始長征。
11 月：劉志丹、習仲勳等人設立陝甘邊蘇政府，
高崗就任紅二十六軍政委。
1935
1935 年 1 月：遵義會議，毛澤東成為中央軍委主席。
2 月：謝子長亡。
9 月：郭洪濤等人頒布「赤色戒嚴令」，
並逮捕劉志丹、高崗、習仲勳等人。
10 月：毛澤東率領紅一方面軍抵達陝甘邊蘇區，
此後以延安作為革命根據地。
11 月：毛澤東釋放劉志丹、高崗、習仲勳等人。
1936
1936 年 4 月：劉志丹戰死。
10 月：紅二方面軍、紅四方面軍合流，
長征結束。
12 月：西安事變。
1937
1937 年 7 月：七七事變，抗日戰爭全面爆發。
9 月：第二次國共合作，
中國共產黨宣布取消「蘇維埃政府」。
1938
1938 年—1941 年：毛澤東指示周恩來、饒漱石等人，
與日軍勾結。
（派遣潘漢年前往岩井公館等等）
1939
1940
1941
1942
1942 年 2 月—1944 年：毛澤東為了打倒政敵王明
發動延安整風運動。
高崗和閻紅彥對立。
1943
1944
1945
1945 年 8 月：日本投降，蔣介石與毛澤東談判。
（重慶談判）
10 月：國民黨與共產黨締結「雙十協定」。

⑦ 1945 年 4 月
中國共產黨第七次代表大會在延安召開

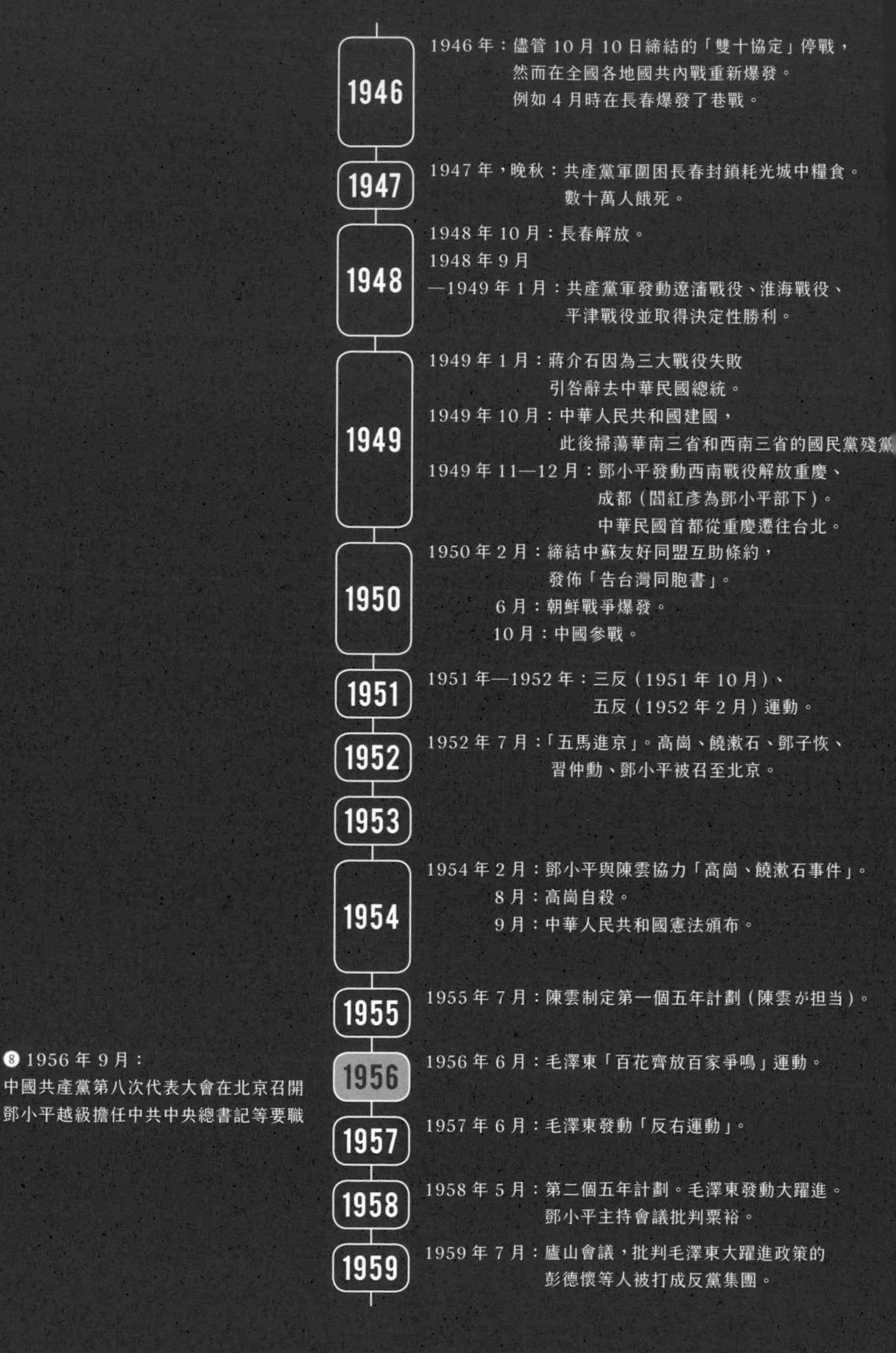
1946
1946 年：儘管 10 月 10 日締結的「雙十協定」停戰，
然而在全國各地國共內戰重新爆發。
例如 4 月時在長春爆發了巷戰。
1947
1947 年，晚秋：共產黨軍圍困長春封鎖耗光城中糧食。
數十萬人餓死。
1948
1948 年 10 月：長春解放。
1948 年 9 月
—1949 年 1 月：共產黨軍發動遼瀋戰役、淮海戰役、
平津戰役並取得決定性勝利。
1949
1949 年 1 月：蔣介石因為三大戰役失敗
引咎辭去中華民國總統。
1949 年 10 月：中華人民共和國建國，
此後掃蕩華南三省和西南三省的國民黨殘黨
1949 年 11—12 月：鄧小平發動西南戰役解放重慶、
成都（閻紅彥為鄧小平部下）。
中華民國首都從重慶遷往台北。
1950
1950 年 2 月：締結中蘇友好同盟互助條約，
發佈「告台灣同胞書」。
6 月：朝鮮戰爭爆發。
10 月：中國參戰。
1951
1951 年—1952 年：三反（1951 年 10 月）、
五反（1952 年 2 月）運動。
1952
1952 年 7 月：「五馬進京」。高崗、饒漱石、鄧子恢、
習仲勳、鄧小平被召至北京。
1953
1954
1954 年 2 月：鄧小平與陳雲協力「高崗、饒漱石事件」。
8 月：高崗自殺。
9 月：中華人民共和國憲法頒布。
1955
1955 年 7 月：陳雲制定第一個五年計劃（陳雲が担当）。
❽ 1956 年 9 月：
中國共產黨第八次代表大會在北京召開
鄧小平越級擔任中共中央總書記等要職
1956
1956 年 6 月：毛澤東「百花齊放百家爭鳴」運動。
1957
1957 年 6 月：毛澤東發動「反右運動」。
1958
1958 年 5 月：第二個五年計劃。毛澤東發動大躍進。
鄧小平主持會議批判粟裕。
1959
1959 年 7 月：廬山會議，批判毛澤東大躍進政策的
彭德懷等人被打成反黨集團。

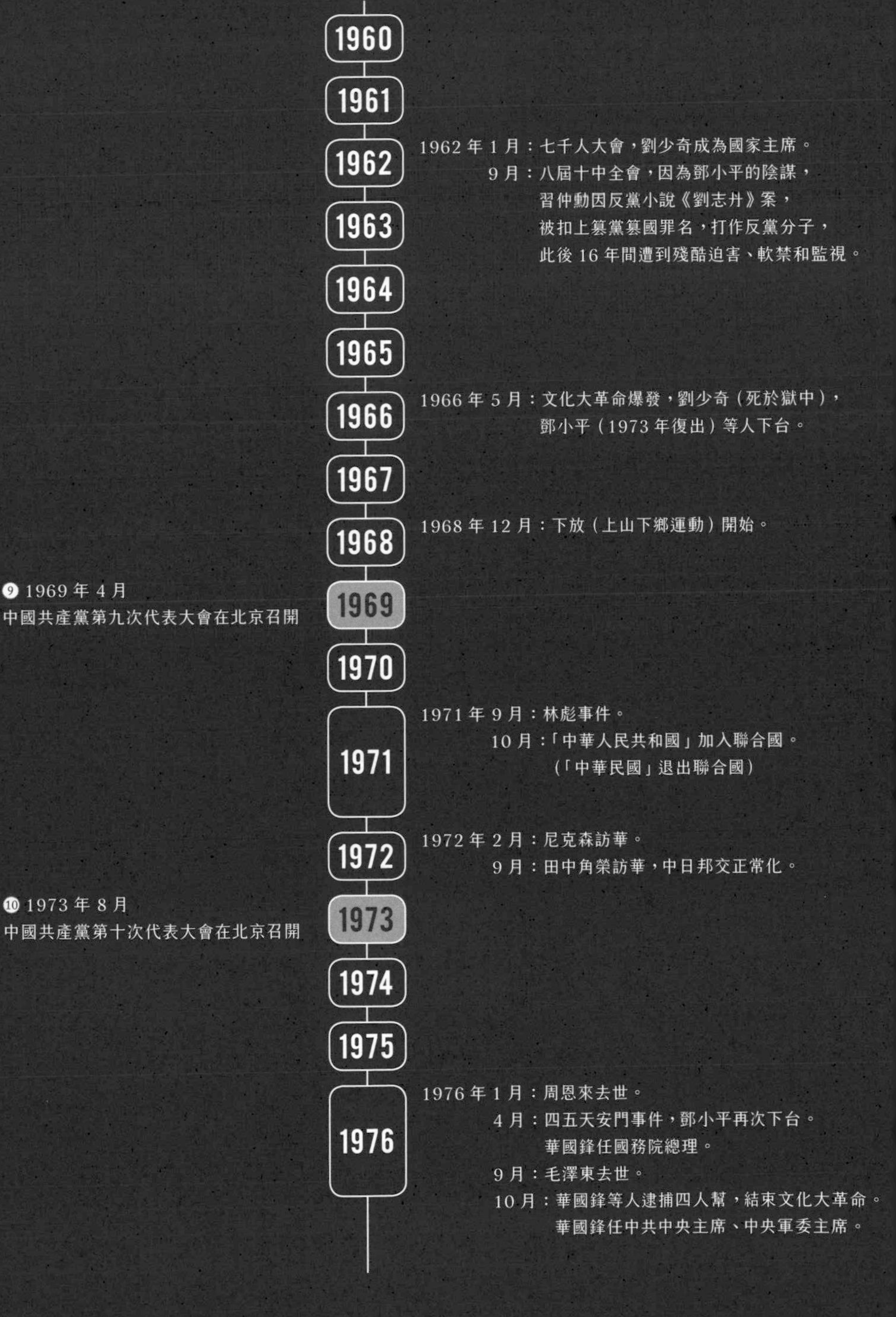
1960
1961
1962
1962 年 1 月：七千人大會，劉少奇成為國家主席。
9 月：八屆十中全會，因為鄧小平的陰謀，
習仲勳因反黨小說《劉志丹》案，
被扣上篡黨篡國罪名，打作反黨分子，
此後 16 年間遭到殘酷迫害、軟禁和監視。
1963
1964
1965
1966
1966 年 5 月：文化大革命爆發，劉少奇（死於獄中），
鄧小平（1973 年復出）等人下台。
1967
1968
1968 年 12 月：下放（上山下鄉運動）開始。
❾ 1969 年 4 月
中國共產黨第九次代表大會在北京召開
1969
1970
1971
1971 年 9 月：林彪事件。
10 月：「中華人民共和國」加入聯合國。
（「中華民國」退出聯合國）
1972
1972 年 2 月：尼克森訪華。
9 月：田中角榮訪華，中日邦交正常化。
❿ 1973 年 8 月
中國共產黨第十次代表大會在北京召開
1973
1974
1975
1976
1976 年 1 月：周恩來去世。
4 月：四五天安門事件，鄧小平再次下台。
華國鋒任國務院總理。
9 月：毛澤東去世。
10 月：華國鋒等人逮捕四人幫，結束文化大革命。
華國鋒任中共中央主席、中央軍委主席。

⑪ 1977 年 8 月
中國共產黨第十一次代表大會在北京召開
汪東興擔任中共中央副主席等職位

1977

1977 年 4 月：華國鋒與日本經團聯的土光敏夫會長率領的訪華團會面（推進「對外開放」）。
7 月：鄧小平復出，擔任中央軍委副主席等職務。

1978

1978 年 2 月：習仲勳復出，華國鋒重啟「四個現代化」。
4 月：習仲勳被任命為廣東省第二書記。
10 月：鄧小平訪日。
12 月：十一屆三中全會上鄧小平、陳雲批判汪東興準備逼華國鋒下台。

1979

1979 年 1 月：中美建交。習仲勳設立深圳市。鄧小平訪美
2 月：鄧小平為從華國鋒手中奪取軍權發動中越戰爭
3 月：習近平從清華大學畢業，擔任耿飈（軍委秘書長）的秘書。

1980

1980 年 2 月：重新設立中共中央書記處。為習仲勳平反。胡耀邦任中共中央書記處總書記。
8 月：制定「廣東省經濟特區條例」。廣東省深圳市、珠海市、汕頭市成為經濟特區
9 月：華國鋒辭去國務院總理一職，習仲勳任全人大常委會副委員長。
12 月：中共中央政治局召開會議批判華國鋒並黨內通報華國鋒犯下的五條錯誤。鄧小平逼華國鋒下台。

1981

1981 年 6 月：十一屆六中全會上，華國鋒的中共中央主席、中央軍委主席的辭呈得到批准。鄧小平任中央軍委主席，胡耀邦當選中共中央委員會主席，習仲勳任中共中央書記處書記。
7 月：鄧小平撤換軍委秘書長耿飈、楊尚昆繼任。

⑫ 1982 年 9 月
中國共產黨第十二次代表大會在北京召開

1982

1982 年 9 月：廢除中共中央委員會主席、設立中共中央總書記。
12 月：制定「八二憲法」。

1983

1983 年 5 月：習仲勳會見香港青年才俊團。
9 月：鄧小平與柴契爾會談。
11 月：胡耀邦訪日。

1984

1985

1986

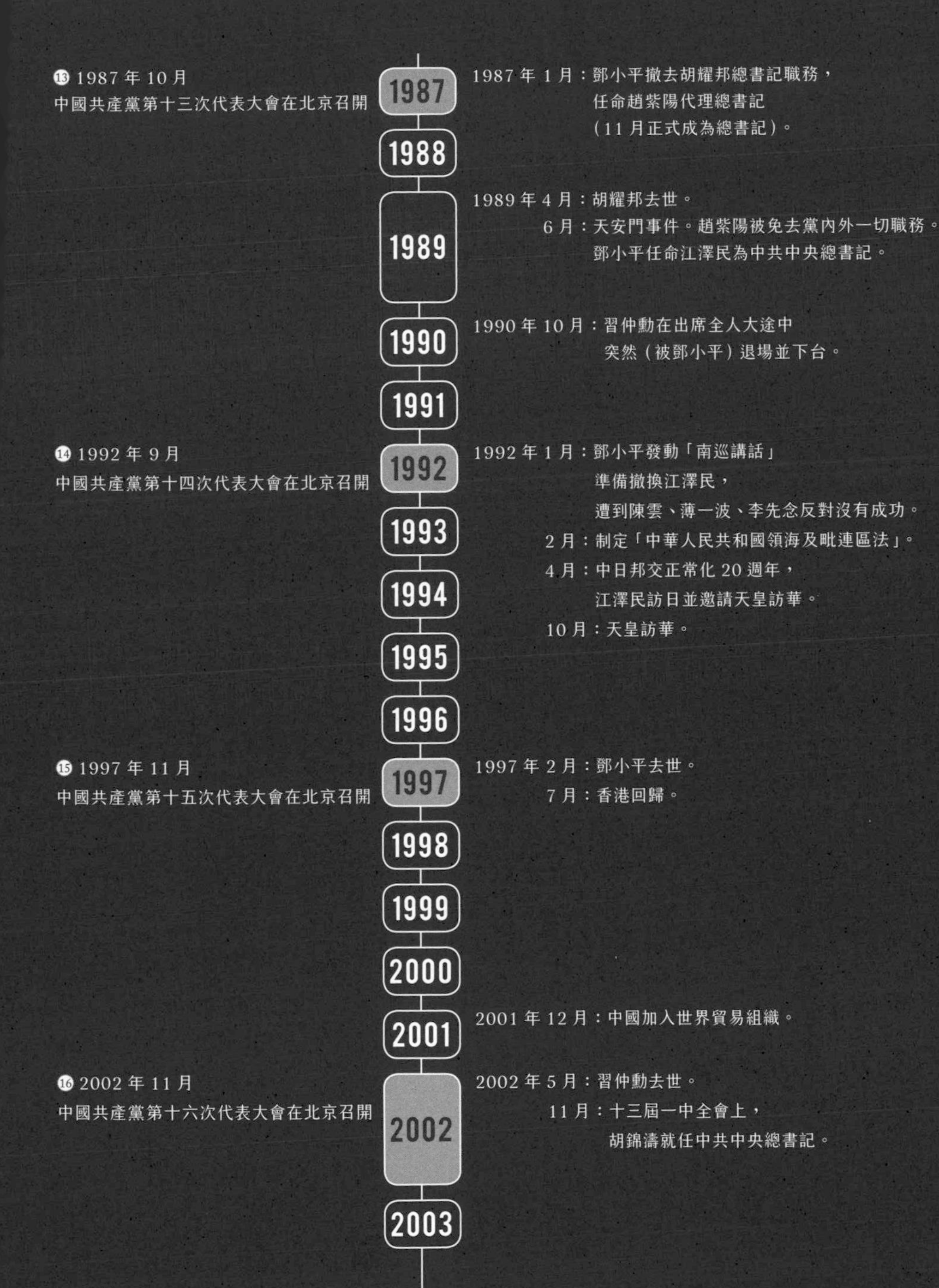
⑬ 1987年10月
中國共產黨第十三次代表大會在北京召開
1987
1987年1月：鄧小平撤去胡耀邦總書記職務，
任命趙紫陽代理總書記
（11月正式成為總書記）。
1988
1989
1989年4月：胡耀邦去世。
6月：天安門事件。趙紫陽被免去黨內外一切職務。
鄧小平任命江澤民為中共中央總書記。
1990
1990年10月：習仲勳在出席全人大途中
突然（被鄧小平）退場並下台。
1991
⑭ 1992年9月
中國共產黨第十四次代表大會在北京召開
1992
1992年1月：鄧小平發動「南巡講話」
準備撤換江澤民，
遭到陳雲、薄一波、李先念反對沒有成功。
2月：制定「中華人民共和國領海及毗連區法」。
4月：中日邦交正常化20週年，
江澤民訪日並邀請天皇訪華。
10月：天皇訪華。
1993
1994
1995
1996
⑮ 1997年11月
中國共產黨第十五次代表大會在北京召開
1997
1997年2月：鄧小平去世。
7月：香港回歸。
1998
1999
2000
2001
2001年12月：中國加入世界貿易組織。
⑯ 2002年11月
中國共產黨第十六次代表大會在北京召開
2002
2002年5月：習仲勳去世。
11月：十三屆一中全會上，
胡錦濤就任中共中央總書記。
2003

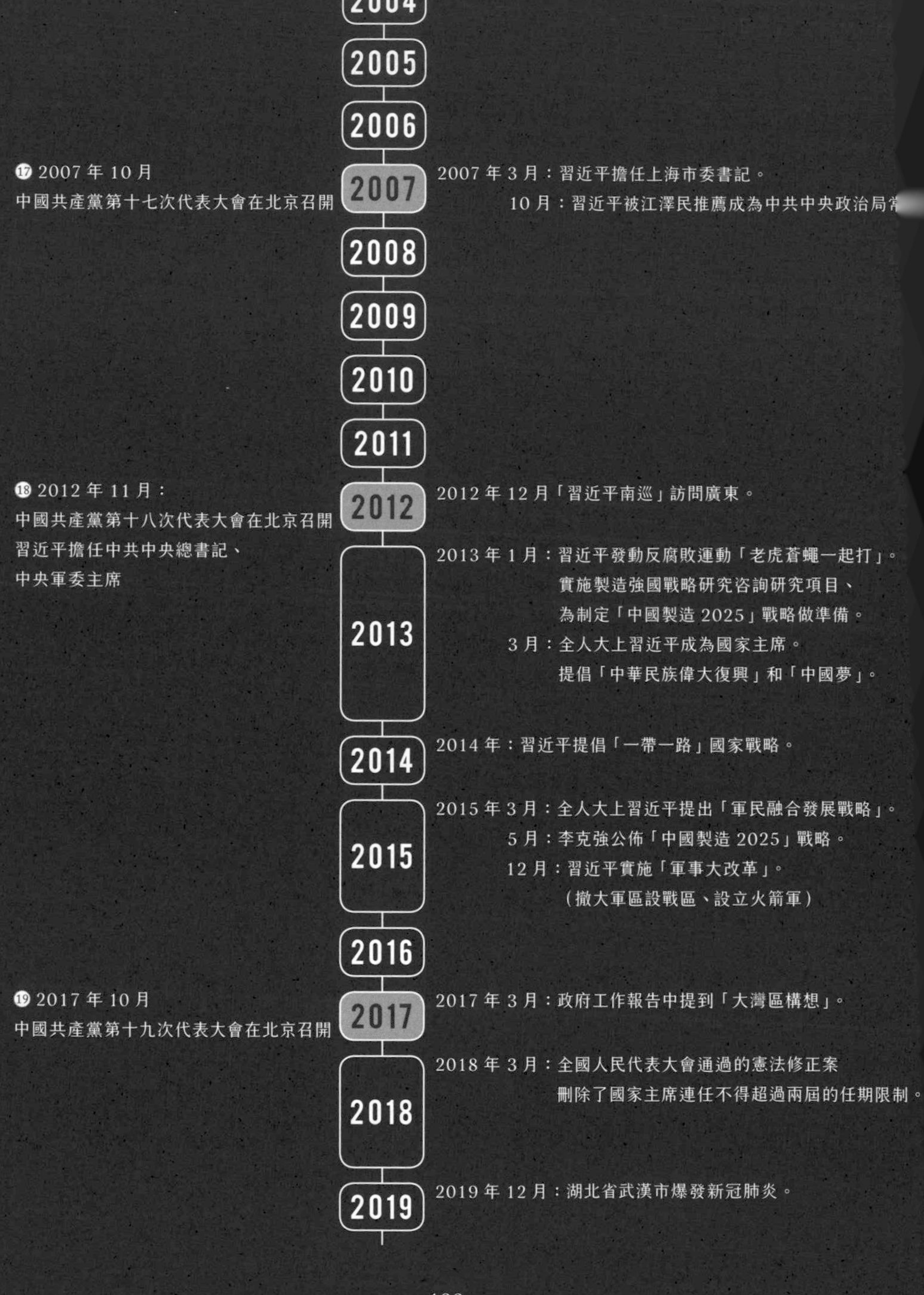
2004
2005
2006
⑰ 2007 年 10 月
中國共產黨第十七次代表大會在北京召開
2007
2007 年 3 月：習近平擔任上海市委書記。
10 月：習近平被江澤民推薦成為中共中央政治局常
2008
2009
2010
2011
⑱ 2012 年 11 月：
中國共產黨第十八次代表大會在北京召開
習近平擔任中共中央總書記、
中央軍委主席
2012
2012 年 12 月「習近平南巡」訪問廣東。
2013
2013 年 1 月：習近平發動反腐敗運動「老虎蒼蠅一起打」。
實施製造強國戰略研究咨詢研究項目、
為制定「中國製造 2025」戰略做準備。
3 月：全人大上習近平成為國家主席。
提倡「中華民族偉大復興」和「中國夢」。
2014
2014 年：習近平提倡「一帶一路」國家戰略。
2015
2015 年 3 月：全人大上習近平提出「軍民融合發展戰略」。
5 月：李克強公佈「中國製造 2025」戰略。
12 月：習近平實施「軍事大改革」。
（撤大軍區設戰區、設立火箭軍）
2016
⑲ 2017 年 10 月
中國共產黨第十九次代表大會在北京召開
2017
2017 年 3 月：政府工作報告中提到「大灣區構想」。
2018
2018 年 3 月：全國人民代表大會通過的憲法修正案
刪除了國家主席連任不得超過兩屆的任期限制。
2019
2019 年 12 月：湖北省武漢市爆發新冠肺炎。

2020

2021

2022

2020 年 6 月：全國人民代表大會常務委員會，
制定香港國安法。

2021 年 7 月 1 日：中國共產黨建黨一百週年。

⑳ 2022 年
中國共產黨第二十次代表大會即將召開

渠成文化 對話中國文庫 6

習近平對鄧小平的復仇
——陷害其父習仲勳的罪魁禍首正是鄧小平

作者：遠藤譽
圖書策畫：匠心文創
發行人：陳錦德
出版總監：柯延婷
專案主編：王丹
專案企劃：謝政均
美術設計：Dot SRT 蔡尚儒
編輯校對：蔡青容
日文版權：ビジネス社
《裏切りと陰謀の中国共産党建党 100 年秘史
習近平 父を破滅させた鄧小平への復讐》
E-mail：cxwc0801@gmail.com
網址：www.facebook.com/CXWC0801
出版日期：2022 年 4 月 初版一刷

總代理：旭昇圖書有限公司
地址：新北市中和區中山路二段 352 號 2 樓
電話：02-2245-1480（代表號）
印製：安隆印刷
定價：新臺幣 300 元
ISBN：978-626-95075-2-8

對話中國文庫系列，
由美國智庫 Dialogue China, Inc. 策劃出版。

企製好書匠心獨具．暢銷創富水到渠成

國家圖書館出版品預行編目（CIP）資料

習近平對鄧小平的復仇／遠藤譽著．——初版．——臺北市：匠心文化創意行銷有限公司，2021.12，464 面；14.8×21 公分．
ISBN 978-626-95075-2-8（平裝）
1. 中國共產黨 2. 歷史

576.25 110019972